Philip Yancey

Gott findet uns, wo wir ihn nicht suchen

R BROCKHAUS

Die amerikanische Originalausgabe erschien
unter dem Titel FINDING GOD IN UNEXPECTED PLACES
bei Servant Publications, Ann Arbor/Michigan

Deutsch von Wolfgang Günter

Umschlag: Dietmar Reichert, Dormagen
Gesamtherstellung: Breklumer Druckerei Manfred Siegel KG
ISBN 3-417-24749-7
Bestell-Nr. 224 749

INHALT

Vorwort

Seit einigen Jahren sind meine Frau und ich bei den so genannten *Renaissance Weekends* auf Hilton Head Island zu Gast. Hier treffen wir immer wieder auf viele Führungspersönlichkeiten aus den Vereinigten Staaten. Bei den Mahlzeiten findet man sich zum Beispiel neben einem Astronauten wieder, der auf dem Mond spazieren ging, neben einem Opernsänger an der Met oder neben einem Fernsehkorrespondenten des Weißen Hauses. Vielleicht sitzt man sogar neben einem Mitglied der ehemaligen Präsidentenfamilie – die Clintons fuhren mehr als zehn Jahre zu diesen Treffen.

Janet und ich haben in verschiedenen Gremien mit Admiralen, Botschaftern, Kongressabgeordneten und Bundesrichtern zusammengearbeitet. Meistens stellt man uns als »evangelikale Christen« vor, und dieses Etikett beschwört in den maßgeblichen Kreisen in Washington seltsame Vorstellungen herauf. Für die meisten Menschen, die an den *Renaissance Weekends* teilnehmen, ist das gleichbedeutend mit der »religiösen Rechten«. Sie denken an Fanatiker, die Abtreibungsärzte umbringen und die Hinrichtung von Homosexuellen fordern. Sie denken an die Teilnehmer von politischen Demonstrationen, die große Transparente schwenken und dazu lautstark brüllen.

In den 90er Jahren kam es zu einer Polarisierung der US-Gesellschaft. Gerichtsentscheidungen und die allgemeine Stimmung drängten die Religion an den Rand, und manche Christen benehmen sich immer mehr, als ob sie zu einer Randgruppe gehörten. Wenn sie unter Stress stehen, neigen Christen oft dazu, sich aus der Welt zurückzuziehen. Sie klappen ihre Zugbrücke hoch und suchen hinter dem schützenden Burggraben Zuflucht. Diese Entwicklung macht mich traurig, weil sie im Widerspruch zu der unmissverständlichen Forderung Jesu steht, wie das Salz in der Suppe und wie ein Licht inmitten der Dunkelheit zu wirken.

Die »Burg«, in die sich die Christen zurückziehen, ist die Kirche. Auch das macht mich traurig, weil Gott sich nicht in die vier Wände eines Heiligtums einsperren lässt. Jesus selbst entdeckte Gott nicht bei den Frommen in der Synagoge, sondern bei einer armen Witwe, die nur noch zwei kleine Geldstücke besaß, und bei einem Zolleinnehmer, der keines der vorgeschriebenen Gebete auswendig hersagen konnte. Er lernte von den Spatzen, die auf dem Markt verkauft wurden, von den Weizenfeldern und einer Hochzeit und sogar von einer Ausländerin, die fünf gescheiterte Ehen hinter sich hatte. Ja, Jesus war ein Meister darin, Gott an unerwarteten Orten zu finden.

Ich selbst habe auch oft über die Kirchenmauern hinausgeblickt, um Gott zu entdecken. Weil ich in einer fundamentalistischen Südstaatengemeinde aufwuchs, stellten sich Rassismus, Furcht und Verurteilung meiner Suche nach Gott oft in den Weg. Ich hörte von der Gnade, aber ich erlebte Gesetz und Gesetzlichkeit. In der wunderschönen und geordneten Welt der Natur entdeckte ich zuerst den Schöpfer, der uns mit einer guten und von Gnade erfüllten Erde beschenkt hat. Als ich später Werke von Augustinus, C. S. Lewis und Martin Luther King jr. las, überzeugte mich das davon, dass es irgendwo Christen geben müsse, die nicht nur verurteilten, sondern mit Liebe erfüllt waren. Als ich anfing, an Gott zu glauben, entdeckte ich gewissermaßen seine Fußspuren an Orten, an denen ich sie nie vermutet hätte.

John S. Dunne erzählt von den ersten spanischen Seefahrern, die nach einer beschwerlichen Seereise den südamerikanischen Kontinent erreichten. Die Karavelle segelte in das Mündungsgebiet des Amazonas hinein, das so breit war, dass die Seeleute es zunächst für eine Ausbuchtung des Atlantiks hielten. Sie kamen überhaupt nicht auf den Gedanken, dass sie das Wasser trinken konnten, weil sie glaubten, dass sie sich immer noch im Salzwasser befänden, und schließlich verdursteten einige von ihnen. Diese Szene, in der die Männer vor Durst sterben, während sie auf dem größten Süßwasserreservoir der Erde herumsegeln, ist für mich zu einer Metapher unseres Zeitalters geworden. Manche Menschen verhungern geistlich, während um sie herum das Manna verkommt.

Einige meiner Freunde wollen mir weismachen, dass die Wissenschaft Gott verdrängt hat, auch wenn Genforscher, die durch ihre Mikroskope und Astronomen, die durch ihre Teleskope schauen, in immer größerer Zahl von Ehrfurcht gebietenden Wundern erzählen, für die sie keine Erklärung haben.

Die Menschen schütteln verzweifelt den Kopf über den Zustand dieser Welt, obwohl sich im Lauf der letzten fünfzehn Jahre über sechshundert Millionen Menschen aus der größten Tyrannei, die unser Jahrhundert gesehen hat, befreien konnten; fast ohne dass ein Schuss abgefeuert wurde. In Osteuropa fiel ein Gott zur Erde wie eine Götterstatue, die ein Blitzschlag von ihrem Sockel geschmettert hat, und davor standen Christen, die nur mit der Macht des Gebets bewaffnet waren. In Südafrika machte der Führer der letzten theologisch motivierten rassistischen Partei den Weg zur Versöhnung bereit. Warum diese Veränderung? F. W. de Klerk gab selbst den Grund dafür an: Nach seiner Amtseinführung erzählte er seiner Gemeinde unter Tränen, dass ihn Gott berufen habe, das ganze Volk von Südafrika zu erretten, obwohl er wusste, dass ihn sein eigenes Volk deswegen ablehnen würde.

Die Aufgabe eines Journalisten ist es, einfach hinzusehen. Wir sind gewissermaßen professionelle Augen. Als christlicher Journalist habe ich gelernt, nach Spuren Gottes zu suchen. Diese Spuren habe ich an ganz überraschenden Orten gefunden: unter den Chefpropagandisten einer ehemals atheistischen Nation, in einem Leprakrankenhaus in Indien, in einem Slum von Atlanta und sogar in einem Fitness-Club in Chicago, bei einem Treffen von Amnesty International, in einer Fernsehshow mit Phil Donahue, an einem Wochenende, das ich mit zwanzig Juden und Muslimen verbrachte, in den Gefängnissen von Peru und Chile und sogar in einigen Shakespeare-Dramen. Dieses Buch, das auf meine Artikel in *»Christianity Today«* und anderen Magazinen zurückgreift, berichtet von dem, was ich in den letzten Jahren erlebt habe.

Ich verlange nicht von Ihnen, dass Sie alles glauben, was ich glaube, dass Sie den gleichen Weg gehen, den ich gegangen bin. Ich bitte Sie lediglich darum, offen zu sein, wenn Sie die Welt durch meine Augen betrachten.

Teil I

Gott finden, ohne wirklich nach ihm gesucht zu haben

1
Gemunkel aus einer anderen Welt

Ein griechischer Mythos erzählt, dass die Menschen einst genau wussten, wann sie sterben würden. Jeder Mensch auf der Erde versank in tiefe Melancholie, denn die Sterblichkeit hing wie ein Schwert über ihnen. Das änderte sich, als Prometheus das Feuer erfand. Jetzt konnten die Menschen über sich selbst hinauswachsen und ihr Schicksal selbst in die Hand nehmen; sie konnten danach streben, den Göttern immer ähnlicher zu werden. Die Aufregung über diese neuen Möglichkeiten ließ sie vergessen, wann sie sterben mussten.

Haben wir heute noch mehr verloren als das? Haben wir möglicherweise sogar den Gedanken verdrängt, dass wir sterben müssen?

Manche Schriftsteller, so zum Beispiel der Sozialtheoretiker Ernest Becker in seinem Buch *»The Denial of Death«* (»Die Verleugnung des Todes«), argumentieren in diese Richtung. Ich aber glaube, dass wir hinter dem Lärm des Alltags noch das Gemurmel aus einer anderen Welt wahrnehmen können. Der Tod hört nicht auf uns zuzuflüstern, und ich habe sein Raunen an drei Orten vernommen, die einem in diesem Zusammenhang kaum in den Sinn kommen würden: in einem Fitness-Club, einer politischen Aktivistengruppe und einer Therapiegruppe im Krankenhaus. Ich habe sogar theologische Obertöne – allerdings nur Obertöne – an diesen überraschenden Orten gehört.

Ich trat dem *Chicago Health Club* bei, als eine Fußverletzung mich zwang, mich nach Alternativen zum Laufen umzusehen. Es dauerte eine Weile, bis ich mich an die künstliche Atmosphäre dieses Clubs gewöhnt hatte. Die Teilnehmer standen Schlange, um die High-Tech-Rudermaschinen zu benutzen, die mit einem Bildschirm ausgestattet waren, auf dem ein animiertes Schrittmacherboot zu sehen war, obwohl der Michigan-See, ein echter See, der echte Ruder erfordert, nur vier

Blocks entfernt liegt. In einem anderen Raum stand eine Maschine, auf der man das Treppensteigen üben konnte – und das in einer Stadt, in der es rundherum viele Wolkenkratzer gibt. Und ich staunte über die ausgeklügelte Technik, die der ganz alltäglichen Beschäftigung des Radfahrens zusätzlich computergesteuerte Ablenkung verlieh.

Ich staunte auch über die menschlichen Körper, die all diese Geräte benutzten: atemberaubende Frauen in schwarz-rosa Bodys und muskelbepackte Männer, die in dichten Trauben um die Bänke herumstanden, auf denen man Gewichte heben konnte. Die Wände waren mit Spiegeln verkleidet, und ein schneller Blick bestätigte, dass Dutzende von Augenpaaren auf sich selbst und ihre Nachbarn gerichtet waren, um herauszufinden, zu welchem Ergebnis der Schweiß und das angestrengte Grunzen führen würden.

Der Fitness-Club ist ein moderner Tempel. Hier gibt es Initiationsriten und komplizierte Rituale. Das Objekt der Anbetung steht andauernd im Blickpunkt. Ich habe hier einen Anflug von Theologie entdeckt, denn diese Hingabe an den menschlichen Körper legt Zeugnis von einem genialen Schöpfer ab, der diesen Körper geschaffen hat. Der Mensch ist es wert, bewahrt zu werden. Und doch ist der Fitness-Club im Grunde ein heidnischer Tempel. Seine Mitglieder wollen einen einzigen Teil des Menschen vor dem Verfall bewahren: den Körper, also den vergänglichsten Teil von allen.

Ernest Becker schrieb sein Buch und starb, bevor die Fitness-Welle Amerika erfasste, aber ich glaube, er würde in ihr ein deutliches Symptom dafür sehen, dass wir den Tod verleugnen. Fitness-Clubs, Schönheitsoperationen, Haartropfen, die Glatzen vorbeugen, Hautcremes und eine endlose Reihe von Illustrierten, die sich mit Sport, Badeanzügen und gesunder Ernährung befassen, tragen dazu bei, unsere Aufmerksamkeit vom Tod auf das Leben zu lenken. Leben in diesem Körper! Und wenn wir uns alle Mühe geben, unseren Körper vor dem Verfall zu bewahren, dann wird vielleicht der Wissenschaft eines Tages das Undenkbare gelingen: Vielleicht wird sie die Sterblichkeit besiegen und uns erlauben, für immer am Leben zu bleiben wie die zahnlose, haarlose Rasse der Struldbugs in *»Gullivers Reisen«*, die ihr Erinnerungsvermögen verloren hat.

Einmal, als ich auf einem dieser Heim-Trainer ins Nichts strampelte, dachte ich über eine Bemerkung des Philosophen Søren Kierkegaard nach: Der entscheidende Unterschied zwischen Menschen und Tieren bestehe darin, dass wir uns unseres eigenen Todes bewusst seien. Ich schaute mich im Fitnessraum um und fragte mich, wie sehr wir modernen Menschen uns eigentlich von den Tieren unterscheiden. War diese hektische Aktivität, die uns in diesem Augenblick gefangen hielt, nur etwas, mit dem wir den Tod verdrängten oder verschoben? Halten wir uns als amerikanische Nation nur fit, damit wir nicht an den Tag denken müssen, an dem das Herz aufhört, Blut durch unseren muskulösen Körper zu pumpen, und wir still und steif in einem Sarg liegen?

Martin Luther, der große Reformator des sechzehnten Jahrhunderts, sagte einmal, dass wir, selbst wenn wir bei bester Gesundheit sind, den Tod immer vor Augen haben sollten, damit wir nicht erwarten, für immer auf dieser Erde zu leben, sondern sozusagen mit einem Bein in der Luft stehen. Seine Worte klingen heute seltsam, wenn wir daran denken, dass die meisten von uns, ob nun Heiden oder Christen, unsere Tage damit zubringen, an alles Mögliche außer an den Tod zu denken. Selbst innerhalb der Kirche richtet sich das Augenmerk auf die guten Dinge, die uns der Glaube *heute* bringen kann: körperliche Gesundheit, inneren Frieden, finanzielle Sicherheit, eine stabile Ehe.

Sport ist von gewissem Nutzen, wie ja auch der Apostel Paulus seinen Schützling Timotheus wissen ließ, aber die Gottesfurcht ist zu allen Dingen nütze. Sie verheißt uns Gutes in diesem Leben und im nächsten. Als ich die computererzeugten Berge hinaufstrampelte, musste ich mich fragen: Was ist mein geistliches Gegenstück zum *Chicago Health Club*? Und dann, noch beunruhigender: Wie viel Zeit und Energie stecke ich in jedes der beiden?

Zwei Jahre lang nahm ich einmal im Monat am Treffen der Ortsgruppe von Amnesty International teil. Dort begegnete ich guten und ernsthaften Menschen: Studenten, Managern und Akademikern, die zusammenkommen, weil sie es unerträglich finden, dass man fröhlich weiterleben kann, während anderswo Menschen gefoltert und umgebracht werden.

Die Ortsgruppen von Amnesty International wenden eine absurd einfache Technik an, um Verstöße gegen die Menschenrechte zu bekämpfen: Sie schreiben Briefe. Unsere Gruppe adoptierte drei Menschen, die aus Gewissensgründen im Gefängnis saßen: Jorge, ein Gewerkschaftsführer, der die Rechte der Arbeitnehmer bei Coca-Cola in Chile vertrat, Ahmad aus Pakistan und Joseph aus Polen, die beide langjährige Haftstrafen wegen »unpatriotischer Aktivitäten« verbüßen mussten. Jede Woche redeten wir über ihr Schicksal und tauschten uns darüber aus, welche Briefe wir an hochrangige Beamte in ihren jeweiligen Ländern geschrieben hatten.

Als wir einmal in einem komfortablen Stadthaus beisammensaßen, Kekse knabberten, frisches Gemüse aßen und Kaffee schlürften, versuchten wir uns vorzustellen, wie Jorge, Ahmad und Joseph ihre Tage und Abende verbrachten. Die Briefe, die wir von ihren Familien erhielten, schenkten uns einen erschütternden Einblick in ihre Haftbedingungen. Obwohl wir dagegen ankämpften, hing die ganze Zeit eine mutlose Stimmung im Raum. Seit zwei Jahren hatten wir von Jorge nichts mehr gehört, und die chilenischen Beamten hatten aufgehört, unsere Briefe zu beantworten. Wahrscheinlich zählte er inzwischen zu den »Verschwundenen«.

Diese aufrichtige Betroffenheit erinnerte mich an viele Gebetstreffen, bei denen ich dabei gewesen bin. Auch hier konzentrierten wir uns auf besondere menschliche Nöte. Doch hier, bei Amnesty International, wagte niemand zu beten, und das trug vielleicht zu unserer Hilflosigkeit bei. Obwohl die Organisation auf christlichen Prinzipien beruhte, hatte sie doch schon lange jeden Anflug von Sektenmentalität abgeworfen.

Das ist schon seltsam, dachte ich eines Abends. Hier ist eine Organisation, die ausschließlich zu dem Zweck existiert, Menschen am Leben zu erhalten. Tausende von intelligenten, hingebungsvollen Menschen versammeln sich deswegen in kleinen Gruppen. Aber eine Frage wird niemals angesprochen: Warum sollen wir Menschen am Leben erhalten?

Ich habe diese Frage einigen Mitgliedern von Amnesty International gestellt. Sie reagierten darauf mit beunruhigtem Schweigen. Schon die Formulierung der Frage kam ihnen ketzerisch vor. *Warum* wir Menschen am Leben erhalten sollten? Die Antwort liegt doch auf der Hand, oder nicht? Leben ist gut; der Tod ist schlecht (ich vermute, sie meinten damit, dass tierisches Leben gut sei, denn wir aßen gerade Gemüse, als wir über diese Fragen sprachen).

Diesen Mitgliedern entging die Ironie, dass Amnesty International gerade deswegen gegründet wurde, weil nicht alle Figuren der Geschichte ihre Gleichung als selbstverständlich betrachteten. Für Hitler, Stalin oder Saddam Hussein kann der Tod von Wert sein, wenn man damit andere Ziele erreicht. Menschliches Leben gilt niemals als höchster Wert.

Amnesty International erkennt den Wert des menschlichen Lebens an. Anders als, sagen wir, der *Chicago Health Club*, lässt AI nicht nur besonders attraktive und gesunde Menschen gelten: Die Menschen, um die wir uns kümmerten, hatten Wunden und Schläge davongetragen, ihnen fehlten Zähne, sie waren ungekämmt und sichtlich unterernährt. Was aber macht diese Menschen unserer Anteilnahme würdig? Um es ganz direkt auszudrücken: Ist es möglich, das Abbild Gottes in einem Menschen zu ehren, wenn es keinen Gott gibt?

Solche Fragen bei einem Treffen von Amnesty International zu stellen, bedeutet auf unbehagliches Schweigen zu stoßen. Vielleicht schließen sich daran einige Erklärungen an. *Wir sind keine religiöse Organisation. ... Mit solchen sektiererischen Meinungen haben wir nichts zu tun. ... Es gibt darüber eben unterschiedliche Meinungen. ... Das Wichtigste ist das Schicksal unserer Gefangenen ...*

Wir leben in einer seltsamen Gesellschaft. Gerade die Fragen, die wir unbedingt stellen sollten, werden völlig ignoriert. Der französische Mathematiker Blaise Pascal lebte in einer Zeit, als die Aufklärung soeben begonnen hatte und die westlichen Denker sich zum ersten Mal über den Glauben an eine Seele und das Leben nach dem Tod lustig machten. Diese Dogmen kamen ihnen primitiv und unklug vor. Von diesen Menschen sagte Pascal: »Glauben Sie wirklich, Sie hätten uns eine Freude gemacht, als Sie uns erzählten, unsere Seele sei nur etwas Wind und Rauch, gerade weil Sie uns das in einem hochmütigen und selbstzufriedenen Ton sagten? Ist das etwas, was man fröhlich sagen sollte? Ist es nicht im Gegenteil etwas, das man traurig sagen sollte, als die traurigste Sache der Welt'?«

Ich gehöre immer noch zu Amnesty International und spende dafür. Ich glaube an ihre Sache, wenn auch aus anderen Gründen. Warum verdienen es Fremde wie Ahmad, Joseph und Jorge, dass ich ihnen meine Zeit und meine Energie widme? Mir fällt nur ein Grund ein: Sie besitzen einen unendlich großen Wert, weil sie nach dem Bild Gottes erschaffen wurden.

Amnesty International steht natürlich für eine tiefer gehende Theologie als der *Chicago Health Club*: Diese Organisation blickt durch die Haut und die äußere Erscheinung auf den inneren Menschen. Aber die Mitglieder machen vor einem entscheidenden Punkt Halt. Denn was verleiht dem Innersten eines Menschen seinen Wert, wenn nicht die Seele? Und sollten nicht gerade aus diesem Grund Christen bei Themen wie Menschenrechten eine Führungsrolle übernehmen? Die Bibel lehrt, dass alle Menschen, Jorge, Ahmad und Joseph eingeschlossen, unsterbliche Wesen sind, die immer noch das Zeichen ihres Schöpfers tragen.

Die Leute des *Chicago Health Clubs* tun ihr Bestes, um den Tod zu besiegen oder wenigstens aufzuschieben. Amnesty International arbeitet hart daran, ihn zu verhindern. Aber eine andere Gruppe, an der ich einmal im Monat teilnahm, wird jedes Mal direkt damit konfrontiert.

Mein Nachbar Jim, bei dem gerade Krebs im letzten Stadium diagnostiziert worden war, lud mich zu einem Treffen der Gruppe *Make Today Count* (»Lass das Heute zählen«) ein, eine Unterstützungsgruppe für Menschen mit unheilbaren Krankheiten. Dort begegneten wir anderen Menschen, die meisten von ihnen in den Dreißigern, die gegen Krankheiten wie Multiple Sklerose, Hepatitis, Muskeldystrophie und Krebs kämpften. Für jedes Mitglied dieser Gruppe standen zwei Dinge im Mittelpunkt: überleben, und wo das nicht mehr ging, die Vorbereitung auf den Tod.

Wir saßen im Wartebereich eines Krankenhauses auf leuchtend orangefarbenen Plastikstühlen (die man zweifellos ausgewählt hatte, um diesen Ort etwas freundlicher aussehen zu lassen). Wir versuchten, die gelegentlichen Lautsprecherdurchsagen zu ignorieren, die die Ärzte auf ihre Stationen riefen. Das Treffen begann damit, dass sich jedes Mitglied »eincheckte«. Jim flüsterte mir zu, dass dies immer der traurigste Teil sei, weil oft jemand seit dem letzten Treffen im vorigen Monat verstorben war. Der Sozialarbeiter erzählte dann von seinen letzten Tagen und seiner Beerdigung.

Die Mitglieder von *Make Today Count* waren mit dem Tod konfrontiert. Sie hatten gar keine andere Wahl. Ich hatte erwartet, eine gedämpfte Stimmung vorzufinden, aber das Gegenteil war der Fall. Natürlich flossen reichlich Tränen, aber diese Menschen sprachen ohne Hemmungen über Krankheit und Tod. Diese Gruppe war der einzige Ort, an dem sie offen über diese Fragen diskutieren konnten.

Nancy gab mit ihrer neuen Perücke an, die sie gekauft hatte, weil sie nach der Chemotherapie alle Haare verloren hatte. Sie scherzte, dass sie schon immer glatte Haare gewollt und der Gehirntumor ihr schließlich eine gute Ausrede verschafft hatte. Steve, ein junger Mann, der an Morbus Hodgkin litt, gab zu, dass er vor dem, was vor ihm lag, schreckliche Angst hatte. Seine Verlobte weigerte sich, mit ihm über seine Zukunft zu diskutieren. Wie konnte er zu ihr durchdringen?

Martha sprach über ihren Tod. Die ALS (Amyotrophe Lateralsclerose) hatte ihre Arme und Beine gelähmt. Jetzt hatte sie Schwierigkeiten beim Atmen, und wenn sie nachts einschlief, lief sie Gefahr, wegen Sauerstoffmangels nicht wieder aufzuwachen. Martha war fünfundzwanzig. »Was genau macht dir Angst, wenn du an den Tod denkst?«, fragte sie jemand. Martha dachte eine Minute nach und antwortete dann: »Ich denke daran, was ich alles verpassen werde – die großen Filme des nächsten Jahres zum Beispiel, und die Wahlergebnisse. Und ich habe Angst, dass man mich eines Tages vergessen wird. Dass ich einfach von der Bildfläche verschwinde und niemand mich vermissen wird.«

Mehr als andere Menschen, denen ich jemals begegnet bin, befassten sich die Mitglieder dieser Gruppe mit den letzten Fragen. Anders als die Mitglieder des *Chicago Health Clubs* konnten sie den Tod nicht ableugnen; ihr Körper erinnerte sie jeden Augenblick daran, dass sie früh sterben würden. Jeden neuen Tag »dröhnten ihnen die rasselnden Ketten der Sterblichkeit in den Ohren«, um es in Augustinus' Worten zu sagen. Zu gerne hätte ich sie zu meinen hedonistischen Freunden mitgenommen, wäre mit ihnen in ihre Partys geplatzt und hätte ausgerufen: »Wir werden alle sterben. Ich habe den Beweis. Um die Ecke gibt es einen Ort, an dem ihr euch selbst davon überzeugen könnt. Habt ihr schon einmal über den Tod nachgedacht?«

Aber würde es länger als ein paar Minuten nachwirken, wenn wir uns so den Tod bewusst machen? Der Romanschriftsteller Saul Bellow lässt eine seiner Figuren sagen, dass die Lebenden wie Vögel über die Wasseroberfläche schwirren, und manchmal taucht einer ab. Er kommt nicht wieder zum Vorschein und wird nie wieder gesehen. Aber das Leben geht weiter. Jeden Tag sterben in Amerika fünftausend Menschen.

Eines Abends erzählte Donna, ein Mitglied der Gruppe *Make Today Count*, von einer Fernsehsendung. Darin berichtete Elisabeth Kübler-Ross von einem Jungen aus der Schweiz, der an einem inoperablen Gehirntumor litt. Kübler-Ross forderte ihn auf, ein Bild zu malen, das seine Gefühle wiedergab. Er zeichnete einen großen hässlichen Panzer und hinter dem Panzer ein kleines Haus mit geöffneten Fenstern, einer Wiese und Bäumen im Sonnenschein. Vor dem Panzer, direkt vor dem Geschütz, zeichnete er eine winzige Figur mit einer roten Stoppkelle in der Hand. Das war er selbst.

Donna sagte, dass dieses Bild ihre Gefühle ganz genau eingefangen hätte. Kübler-Ross beschrieb die fünf Stadien der Trauer, die schließlich in der Annahme münden. Und Donna wusste, dass sie auf diese Annahme hinarbeiten musste. Aber sie konnte das Stadium der Furcht nie überwinden. Wie der kleine Junge vor dem Panzer sah sie den Tod als Feind.

Jemand brachte das Gespräch auf Religion und auf ein Leben nach dem Tod, rief damit aber dieselbe Reaktion wie in meiner Amnesty International-Gruppe hervor: Langes Schweigen, Räuspern, ein paar Leute rollten mit den Augen. Den Rest des Abends beschäftigte sich die Gruppe damit, wie Donna ihre Furcht überwinden und ihren bevorstehenden Tod annehmen könnte.

Schweren Herzens verließ ich das Treffen. Unsere materialistische Kultur verlangt von uns, unsere tiefsten Gefühle zu verbergen. Donna und der kleine Junge aus der Schweiz mit dem Gehirntumor waren instinktiv auf einen Eckstein der christlichen Theologie gestoßen. Der Tod ist ein Feind, ein schrecklicher Feind, der letzte Feind, den es zu besiegen gilt. Wie konnten die Mitglieder einer Gruppe, die jeden Monat zusah, wie Familien zerstört wurden und Körper immer hinfälliger wurden, sich wünschen, den Tod anzunehmen und willkommen zu heißen? Ich konnte mir nur eine angemessene Reaktion auf Donnas bevorstehenden Tod vorstellen: *Verflucht seist du, Tod!*

Es gab noch einen anderen Aspekt christlicher Theologie, den *Make Today Count* leider niemals diskutierte. Der Junge aus der Schweiz hatte in seinem Bild seine Vision des Himmels untergebracht, Gras, Bäume und das Haus mit seinen geöffneten Fenstern. Das Sterben anzunehmen hätte nur dann einen Sinn, wenn man irgendwo hingeht, an irgendeinen Ort, der ein Zuhause bedeutet. Darum glaube ich, dass die Lehre vom Himmel zu den Lehren gehört, die in unserer Zeit am meisten vernachlässigt werden.

»Es ist für nichtgläubige Menschen sehr schwer zu sterben«, sagte Ernest Becker, als er sich in den letzten Monaten seines Lebens Gott zuwandte.

Im Prado in Madrid hängt ein Gemälde von Hans Baldung (gestorben 1545) mit dem Titel *»Die drei Lebensalter und der Tod«*. Es wirkt wie eine bewusste Parodie der klassischen Darstellung der drei Grazien. Auf dem Boden liegt ein neugeborenes Kind. Drei blasse, längliche Figuren erheben sich über dem Kind. Links steht eine fast nackte Frau, ein Archetyp der klassischen Schönheit, ihre Haut glänzt wie Alabaster, sie hat einen wohlproportionierten Körper mit glatter Haut, das Haar ist zu Zöpfen geflochten, die über ihren Rücken hinabwallen. Rechts von ihr steht eine alte Frau mit vertrockneten, hängenden Brüsten und einem eckigen, eingefallenen Gesicht. Mit der rechten Hand fasst sie die junge Frau an der Schulter und zieht sie mit einem höhnischen, zahnlosen Grinsen zu sich heran.

Der linke Arm dieser alten Frau fasst den einer dritten Person, einer schrecklich anzusehenden Figur, die direkt dem Hirn von Hieronymus Bosch mit seinen grotesken Fantasien entsprungen sein könnte. Man kann nicht sagen, ob es sich um einen Mann oder eine Frau handelt. Die makabre, verwesende Leiche trägt keine menschlichen Züge mehr, aus dem Bauch des Kadavers krabbeln die Maden heraus. Der Kopf ist kahl, fast ein nackter Schädel. Die Leiche hält eine Sanduhr in der Hand.

Hans Baldungs Bild macht das sichtbar, was die Menschheit nach Prometheus verloren hat. Die schöne junge Frau hat das Wissen um die Stunde des Todes wiedererlangt. Geburt, Jugend, Alter – jedes Lebensalter wird vom Tod überschattet.

Eine Darstellung fehlt in diesem Gemälde, nämlich die des auferstandenen Körpers. Es ist schwer, mit dem Bewusstsein des Todes zu leben, noch schwerer vielleicht, mit dem Bewusstsein eines Lebens nach dem Tod zu leben. Wir hoffen auf einen neu erschaffenen Körper, während wir einen alternden und kranken Körper bewohnen. Charles Williams gestand einmal ein, dass die Unsterblichkeit seine Fantasie niemals angeregt hätte, so sehr er es auch versuchte. »Unsere Erfahrung auf der Erde macht es uns schwer, uns etwas Gutes vorzustellen, ohne dass ein Haken an der Sache wäre«, formulierte er.

Der Apostel Paulus schrieb die folgenden Sätze für Menschen, die sich ebenso wie wir nichts Gutes vorstellen konnten, ohne dass ein Haken an der Sache wäre:

»Darum werden wir nicht müde; sondern wenn auch unser äußerer Mensch verfällt *[trotz aller Bemühungen des Chicago Health Clubs, die Entropie umzukehren]*, so wird doch der innere von Tag zu Tag erneuert. Denn unsre Trübsal, die zeitlich und leicht ist *[zeitlich und leicht! Dass Paulus im Gefängnis saß, geschlagen wurde und Schiffbruch erlitt, erinnert mich an die Berichte über gefolterte Häftlinge, die ich bei Amnesty International gehört habe]*, schafft eine ewige und über alle Maßen gewichtige Herrlichkeit, uns, die wir nicht sehen auf das Sichtbare, sondern auf das Unsichtbare. Denn was sichtbar ist, das ist zeitlich; was aber unsichtbar ist, das ist ewig. ... Denn solange wir in dieser Hütte sind, seufzen wir und sind beschwert *[mir kommen die eingefallenen Gesichter aus der Gruppe* Make Today Count *in den Sinn, auf denen die Spuren der Chemotherapie deutlich sichtbar waren]*, weil wir lieber nicht entkleidet, sondern überkleidet werden wollen, damit das Sterbliche verschlungen werde von dem Leben. Der uns aber dazu bereitet hat, das ist Gott, der uns als Unterpfand den Geist gegeben hat.« (2. Korinther 4,16–5,5)

Ja, wir müssen uns wieder bewusst werden, dass wir sterblich sind. Aber das ist nicht alles. Wir brauchen mitten in unserem Elend den Glauben, dass der Tod nicht das letzte Wort hat, sondern nur das vorletzte. Alles Sterbliche wird vom Leben verschlungen werden. Eines Tages wird alles Todesgeflüster verstummen.

2 Nicht nackt genug

Als ich aus einem Vorort in die Chicagoer Innenstadt zog, war ich überrascht, dass die Atmosphäre dort weitaus stärker sexuell aufgeladen war als in den Außenbezirken. Die Fitness-Clubs im Zentrum, Werbetafeln, die Ständer mit den Illustrierten, die Pornoläden und wie die Menschen sich kleideten, offenbarten, nun ja, *mehr*. Viel mehr.

Es ist doch seltsam, dass eine Kultur mit einer so fortschrittlichen Lebensart so viel Wert auf Sexualität legt, einen primitiven Trieb, den die Menschen mit den Tieren teilen. Aber auf all meinen Reisen habe ich dieses immer wiederkehrende Muster bemerkt. Im Amazonasdschungel hat auch Sex seinen Platz, sicherlich steht er aber deutlich unter einer erfolgreichen Jagd oder einem Gemeinschaftsfest. In New York, Paris oder Tokio geht es dagegen ohne Sexualität einfach nicht. Die Anzeigenmacher verlassen sich auf diesen Trieb, wenn sie guten Wein, Computer oder Zahnseide verkaufen wollen.

Wenn sich ein christlicher Schriftsteller mit diesem Thema beschäftigt, dann werden meiner Erfahrung nach sofort Verteidigungsmauern errichtet. Die Leser erwarten eine moralinsaure flammende Anklage der exzessiven Sexualität in unserer heutigen Gesellschaft. Ich persönlich glaube jedenfalls nicht, dass solch ein Vorgehen irgendeinen Wert besitzt. In erster Hinsicht hat das Moralisieren kaum eine Chance, gegen den starken menschlichen Sexualtrieb anzukommen.

Außerdem, und das ist noch wichtiger, frage ich mich, ob die Kirche nicht überhaupt eine völlig falsche Position gegenüber der Sexualität bezogen hat. Nur zu oft hat sie Sexualität als ernste Bedrohung, als Rivalin der Frömmigkeit betrachtet. Wenn man einen außer Rand und Band geratenen Geschlechtstrieb besitzt, muss man seine Sexualität eben unterdrücken und die überschüssige Energie in andere Bahnen lenken, etwa das gesteigerte Bedürfnis nach Gott. –

Zwischen dem dritten und dem zehnten Jahrhundert gaben die maßgeblichen Kirchenmänner Erlasse heraus, die Geschlechtsverkehr am Samstag, Mittwoch und Freitag sowie in den jeweils vierzigtägigen Fastenzeiten vor Ostern, Weihnachten und Pfingsten verboten. Sie wurden samt und sonders religiös begründet. Dann fügten sie noch weitere Fasten- und Namenstage der Apostel hinzu, Tage der weiblichen Unreinheit, bis man schließlich an dem Punkt angelangt war, an dem nach einer Schätzung des Historikers John Boswell nur noch vierundvierzig Tage im Jahr für den ehelichen Geschlechtsverkehr zur Verfügung standen. Weil die menschliche Natur nun einmal so ist, wie sie ist, wurden die kirchlichen Vorschriften völlig ignoriert.

Ich frage mich nach den Motiven solcher Erlasse. Können wir so einfach die Sehnsucht nach der Vereinigung mit dem anderen Geschlecht durch die Sehnsucht nach der Vereinigung mit Gott ersetzen? Das bezweifle ich. Denn selbst als Adam vor dem Sündenfall im Garten Eden noch mit Gott von Angesicht zu Angesicht sprechen konnte, litt er an Einsamkeit und spürte ein Verlangen, das erst gestillt wurde, als Gott Eva erschuf.

Ich sehe Sexualität und Frömmigkeit nicht als Rivalen, sondern glaube, dass sie miteinander in enger Verbindung stehen. Je länger ich beobachte, dass unsere Gesellschaft verrückt nach Sexualität ist, desto mehr nehme ich darin ein Verlangen nach Transzendenz wahr.

Meine Nachbarn in den Hochhäusern und Apartmentblocks, ja selbst in den Vororten, haben die Transzendenz aus ihrem Leben weitgehend ausgeklammert. Nur wenige von ihnen gehen noch zur Kirche; sie glauben, dass die Wissenschaft die meisten Geheimnisse des Universums geklärt hat, wie zum Beispiel Krankheiten oder das Wetter. Bis auf die New-Age-Anhänger lehnen sie abergläubische Praktiken wie zum Beispiel Astrologie ab.

Aber Sexualität – hier gibt es noch ein Geheimnis, auf das sich dieses Prinzip nicht anwenden lässt. Sexualität kann man nicht erklären. Wer alles über Sex weiß, vielleicht sogar einen Abschluss in Gynäkologie erworben hat, hat damit die magische Anziehungskraft von Sex nicht gebrochen. Vielleicht kommen meine Nachbarn niemals näher an eine übernatürliche Erfahrung heran, es sei denn, sie betrachten ein Foto von Michelle Pfeiffer in einem eng anliegenden roten Kleid oder nehmen jeden einzelnen Farbklecks in der alljährlichen Ausgabe ihrer Sportillustrierten unter die Lupe, die der Bademode gewidmet ist. Ist es ein Wunder, dass man diese Models oft als »göttlich« bezeichnet?

Von diesem Standpunkt aus ist Sexualität keine Rivalin der Frömmigkeit, sondern weist darauf hin. Wenn eine Gesellschaft ihre Sehnsucht nach Transzendenz so vollkommen abblockt, warum sollten wir dann überrascht sein, wenn sich diese Sehnsucht eine andere Bahn sucht und sich in bloßer Körperlichkeit äußert? Das Problem liegt möglicherweise nicht darin, dass Menschen sich nackt ausziehen, sondern dass sie nicht nackt genug sind: Wir stoppen an der Haut, statt noch tiefer, bis in die Seele, zu gehen.

Ich sprach einmal mit dem Priester und Schriftsteller Henri Nouwen, als er gerade aus San Francisco zurückgekehrt war. Er hatte verschiedene Organisationen besucht, die sich um AIDS-Kranke kümmern, und er empfand tiefes Mitleid mit ihnen, wenn er von den Folgen ihrer Promiskuität hörte. »Sie sehnen sich so sehr nach Liebe, dass es sie buchstäblich umbringt«, sagte er.

Immer mehr begreife ich überbordende Sexualität als eine moderne Spielart des alten Götzendienstes, dass man sich also einer Idee hingibt, die sich als nicht tragfähig erweist. Als Gott die Israeliten wegen ihres Götzendienstes zurechtwies, verurteilte er sie nicht deswegen, weil sie etwas oder jemanden anbeten wollten. Er hatte auch nichts gegen ihre unmittelbaren Bedürfnisse einzuwenden, die sie in die Arme der Götzen trieben: den Wunsch nach Fruchtbarkeit, nach gutem Wetter, nach militärischem Erfolg. Aber er wies sie zurecht, weil sie diese Dinge von toten Holzklötzen und Metallfiguren erwarteten statt von ihm selbst.

Was das Alte Testament als Götzendienst bezeichnet, nennen wir in der westlichen Welt heute Sucht. Oft geht es dabei um eigentlich gute Dinge – Sexualität, Essen, Arbeit, Schokolade –, die aber den Platz, der ihnen zusteht, verlassen und das Leben eines Menschen zu kontrollieren beginnen. Für ein Mitglied der Anonymen Alkoholiker ist der

Alkohol ein »Götze«, der alle seine Hoffnungen und Träume repräsentiert. Der Götze Alkohol erweist sich aber wie das Goldene Kalb als nicht tragfähig, wenn man sich ihm vollkommen hingibt. Er enttäuscht einen immer.

Es spricht Bände, dass unsere säkularisierte Gesellschaft nur ein wirkungsvolles Mittel gefunden hat, um das für eine Sucht typische Verhaltensmuster zu durchbrechen: Programme in zwölf Einzelschritten, die alle die Unterwerfung unter eine »höhere Macht« fordern. Verzweifelt suchen Menschen, die mit ihrem Leben nicht mehr zurechtkommen, nach einem Elixier, das ihren Durst nach Transzendenz stillt.

Der französische Priester Jean Sullivan bemerkte einmal zu unserer modernen Gesellschaft: »Menschen suchen nicht nach irgendetwas, sondern nach dem Absoluten, selbst wenn sie glauben, dass sie sich davon abwenden, oder wenn sie es unbewusst auf der Suche nach materiellen Gütern unterdrücken.« Seine Spiritualität zu unterdrücken ist genauso gefährlich wie seine Sexualität zu unterdrücken.

Mir kamen einige dieser Gedanken in den Sinn, als ich wieder einmal das Gespräch las, das Jesus mit einer Samariterin führte, die fünf Ehen hinter sich hatte und jetzt mit einem sechsten Mann zusammenlebte. Folgendes fiel mir dabei auf. Zunächst einmal erinnerte ich mich wieder daran, dass Jesus immer barmherzig mit Menschen umging, die in irgendeiner Hinsicht versagt hatten. Damals war es üblich, dass der Mann die Scheidung einreichte, die Samariterin war also von fünf Männern ohne weitere Förmlichkeiten verstoßen worden.

Dann fiel mir auf, wie geschickt Jesus den Bogen vom brennenden Durst dieser Frau nach Wasser und auch nach menschlicher Nähe zum Durst nach Transzendenz schlägt. »Wer von diesem Wasser trinkt, den wird wieder dürsten; wer aber von dem Wasser trinken wird, das ich ihm gebe, den wird in Ewigkeit nicht dürsten«, sagt er.

Die aus der Gemeinschaft ausgestoßene Samariterin war der erste Mensch, dem sich Jesus als Messias offenbarte. Nach dem Gespräch am Brunnen bewirkte diese Frau eine Bekehrungswelle in ihrem Dorf. Als ihr brennendster Durst gestillt wurde, Durst, den sie nicht einmal bemerkt hatte, bevor Jesus sie darauf hinwies, wurden alle anderen Arten von Durst, die sie verspürte, auf den Platz verwiesen, der ihnen zukam.

3
Das lebendige Wasser

Als sich 1994 die Medien über einen Sex-Report hermachten, der kurz zuvor in Amerika veröffentlicht worden war, musste ich an ein Buch denken, *»Sex and Culture«*, das bereits 1934 erschienen war. Ich hatte es in den fensterlosen Gewölben einer großen Universitätsbibliothek entdeckt, und ich fühlte mich dabei wie ein Archäologe, der ein Artefakt aus den Katakomben ausgräbt.

Der Gelehrte J. D. Unwin wollte die Freudsche Behauptung testen, die besagt, dass die gesamte Zivilisation ein Nebenprodukt des unterdrückten Sexualtriebs sei. Er untersuchte zu diesem Zweck sechsundachtzig verschiedene Gesellschaften. Seine Ergebnisse überraschten viele Gelehrte, vor allem ihn selbst, denn alle sechsundachtzig wiesen einen Zusammenhang zwischen absoluter Monogamie und der Fähigkeit einer Zivilisation nach, zu wachsen und sich zu entwickeln. In anderen Worten: Die eheliche Treue war der wichtigste Einzelfaktor für den Aufstieg einer Gesellschaftsordnung.

Unwin war nicht religiös und fällte auch kein Urteil: »Ich habe keine Meinung, ob das richtig oder falsch ist.« Trotzdem kam er zu der Schlussfolgerung: »In den Aufzeichnungen der Menschheit gibt es kein einziges Beispiel für eine Gesellschaft, die ihre Energie erhalten hat, wenn eine neue Generation von ihrer Vorgängergeneration Werte ererbt hat, die nicht auf vorehelicher Keuschheit und ehelicher Treue basieren.«

Unwin beschäftigte sich mit der Geschichte der Menschheit in verschiedenen Jahrhunderten und untersuchte die römische, griechische, sumerische, maurische, babylonische und angelsächsische Zivilisation. Er entdeckte, dass diese Gesellschaften ohne Ausnahme kulturell und geografisch ihre Blütezeit in den Epochen erlebten, in denen eheliche Treue hoch im Kurs stand. Irgendwann lockerten sich dann die

Moralvorstellungen, und daraufhin verfielen diese Gesellschaften und erlebten nur dann eine neue Blütezeit, wenn sie wieder zu strengeren moralischen Maßstäben zurückfanden.

Unwin schien vor einem Problem zu stehen, als er dieses Muster erklären wollte. »Wenn man mich fragt, warum das so ist, muss ich entgegnen, dass ich es nicht weiß. Kein Wissenschaftler weiß es. ... Man kann den Prozess beobachten und beschreiben, aber man kann ihn nicht erklären.« Trotzdem faszinierte ihn dieser Trend so sehr, dass er eine besondere »Alpha-Klasse« für Großbritannien vorschlug. Diese vielversprechenden Menschen sollten vor der Ehe ein Keuschheitsgelübde ablegen und in der Ehe absolut treu sein, und zwar ausschließlich zum Besten des britischen Imperiums, das ihre Begabungen und Talente nötig hatte.

Unwin starb, bevor er seine Theorie zu den »sexuellen Grundlagen einer neuen Gesellschaft« fertig gestellt hatte, aber vorläufige Ergebnisse wurden in einem anderem Buch, *»Hopousia«* mit einem Vorwort von Aldous Huxley, veröffentlicht.

Ein Jahrzehnt vor Unwins Forschungstätigkeit verbreiteten die Anhänger Wladimir Lenins eine völlig andere »Glas-Wasser-Theorie« zur Sexualität. Für sie war der Sexualtrieb nicht geheimnisvoller, nicht unantastbarer als das Verlangen nach Essen oder einem Glas Wasser, und sie schrieben das sowjetische Gesetzbuch entsprechend um. Diese Theorie stürzte bald in sich zusammen, und die Sowjetunion wurde – wenigstens oberflächlich betrachtet – fast puritanisch, was Sexualmoral betraf.

Heute hören wir immer wieder neue Versionen dieser »Glas-Wasser-Theorie«. »Nach vielen Jahrhunderten können wir heute endlich den Geschlechtsverkehr von der verbissenen Beschäftigung mit dem Kinderkriegen trennen«, schrieb Barbara Ehrenreich in einem Essay im *»Time«*-Magazin. Dann ging sie in Einzelheiten: »Was könnte moralischer sein als weiterzugeben, dass Homosexualität ein brauchbarer Lebensstil ist? Oder dass Selbstbefriedigung harmlos und normal ist? Oder dass Petting in den meisten Situationen sehr viel mehr Sinn ergibt als der Zeugungsakt? Die einzige Ethik, die in einer übervölkerten

Welt funktionieren kann, ist eine, die darauf besteht, dass Frauen frei sind, Kinder geliebt werden, und dass der Geschlechtsakt – am besten unter Erwachsenen, die Zuneigung füreinander empfinden und damit einverstanden sind, miteinander zu schlafen – ganz und gar in das Reich des Spiels gehört.«

Ehrenreichs Appell, die Sexualität zu »de-moralisieren«, riecht nach den 60er Jahren und dem Ausbruch der sexuellen Revolution. Die Furcht vor AIDS mag die Begeisterung für hemmungslosen Geschlechtsverkehr zeitweilig gedämpft haben, aber ich höre kaum, dass Gesellschaftswissenschaftler eine umfassende Sexualethik fordern. In unserer Gesellschaft sieht man Geschlechtsverkehr ausschließlich als biologischen Akt, nicht anders als Essen und Trinken. Wenn wir erst einmal unsere Verhütungstechnik perfektioniert haben, können wir ohne Bedenken miteinander schlafen.

Seltsamerweise sperrt sich der Geschlechtsakt aber gegen diesen Reduktionismus. Die Eifersucht zeigt immer noch ihr hässliches Gesicht, und der betrogene Ehemann bringt immer noch den Geliebten seiner Geliebten um, als ob Sexualität nicht nur etwas mit Genitalien, sondern mit gemeinsamem Leben zu tun hätte. Und trotz Sexualkunde und Geburtenkontrollen in nie gekanntem Ausmaß gibt es in unserer Gesellschaft mehr ungewollte Schwangerschaften als jemals zuvor.

Ehrlich gesagt, weiß ich nicht, was ich mit J. D. Unwins Theorien zu Sexualität und Gesellschaft anfangen soll. Sein Buch ruht in den unterirdischen Gängen der Bibliotheken, weil es eine Botschaft verkündet, die nur wenige hören wollen, und seine moralische Begründung für eheliche Treue (»Zieh den Reißverschluss für das britische Imperium hoch«) hält der schieren Kraft der Hormone nicht stand. Darüber hinaus erscheint sein Kriterium der »Expansionsenergie« heute in einer Zeit des Antiimperialismus und sich gesundschrumpfender Unternehmen in anderem Licht.

Ohne es zu merken, könnte sich Unwin allerdings einem christlichen Standpunkt zur Sexualität genähert haben, von dem die moderne Gesellschaft weit abgekommen ist.

Für einen Christen ist Sexualität kein Selbstzweck, sondern eine Gabe Gottes. Wie alle Gaben muss sie nach Gottes Maßstäben, nicht nach unseren, gebraucht werden.

Wenn wir den Fortschritt zum Gott erheben und den Planeten zerstören, den Gott uns gegeben hat, um ihn zu erhalten, dann werden wir auch uns selbst damit zerstören. Wenn wir Macht und Erfolg anbeten und die größte Zivilisation errichten, die die Welt jemals gesehen hat – dann wird sie auch eines Tages fallen, wie Unwins geschichtlicher Abriss zeigt. Und wenn wir die Sexualität zum Gott erheben, dann wird dieser Gott auch versagen, und zwar so, dass es den Einzelnen und möglicherweise auch die ganze Gesellschaft betrifft.

Der Journalist G. K. Chesterton sagte einmal, dass der Mann, der an einem Freudenhaus anklopft, nach Gott sucht. Diese Bemerkung erinnert mich immer an das Gespräch, das Jesus mit der Samariterin am Brunnen führte, in dem er sie mit dem Wasser des Lebens bekannt machte, als sie nach Liebe dürstete.

Es gibt zwei nicht miteinander zu vereinbarende Arten, Sexualität zu betrachten, und in jeder der beiden steckt ein Paradoxon. Die »Glas-Wasser-Theorie« hebt die Sexualität unerwartet auf einen Thron, der ihr nicht zukommt und den sie nicht ausfüllen kann; wenn wir sie anbeten, zerstört sie die Gesellschaft. Die Theorie vom lebendigen Wasser dagegen hebt sie vom Thron und verleiht ihr damit ihren eigentlichen Wert, weil sie der Sexualität den Platz zuweist, der ihr eigentlich zukommt. Sie ist ein Geschenk, das unseren Horizont übersteigt.

4
Aufblicken

In letzter Zeit habe ich viel über das Universum nachgedacht. Über das ganze Universum. Seitdem ich die elegische Prosa des Astronomen Chet Raymo kenne, lege ich immer meinen Kopf weit in den Nacken, sobald der Himmel dunkel wird. Weil ich in Chicago lebe, sehe ich allerdings meistens nur den Mond, die Venus und die Flugzeuge im Anflug auf den Flughafen, und ich muss mich auf Raymos Wort verlassen, dass dahinter noch etwas liegt.

Es kratzt an unserem Selbstwertgefühl, wenn wir etwas über das Universum erfahren. Unsere Sonne, die solche Energie besitzt, dass sie unsere bleiche Haut bronze färbt und aus jeder Pflanze auf unserer Erde Sauerstoff herausholen kann, rangiert nach galaktischen Maßstäben am unteren Rand der Liste. Wenn der Riesenstern Antares dort wäre, wo unsere Sonne ist – 150 Millionen Kilometer von uns entfernt –, würde sich die Erde in seinem Innern befinden. Dabei sind Antares und unsere Sonne nur zwei von etwa 500 Milliarden Sternen in der unendlichen Weite der Milchstraße. Eine Euro-Münze, die wir auf Armeslänge vor unsere Augen halten, würde 15 Millionen Sterne verdecken, wenn unsere Augen gut genug sehen könnten.

Von unserer Hemisphäre aus gesehen ist nur eine andere Galaxie, der Andromedanebel, groß und nah genug (die Kleinigkeit von zwei Millionen Lichtjahren entfernt), dass wir sie mit bloßen Augen wahrnehmen können. Lange vor der Erfindung des Teleskops wurde er schon auf unseren Sternkarten eingezeichnet, und bis vor kurzem konnte niemand wissen, dass dieser kleine Lichtfleck eine Galaxie ist, doppelt so groß wie die Milchstraße, und eine halbe Billion Sterne beherbergt. Oder dass dieser Sternhaufen in unserer unmittelbaren Nachbarschaft nur eine von 100 Milliarden Galaxien ist, in denen es gleichfalls von Sternen wimmelt.

Ein Grund, warum der Nachthimmel trotz dieser vielen leuchtenden Sterne dunkel bleibt, liegt darin, dass diese Galaxien sich mit atemberaubender Geschwindigkeit voneinander entfernen. Morgen werden einige Galaxien fünfzig Millionen Kilometer weiter entfernt von uns sein als heute. In der Zeit, die man benötigt, um diesen Satz zu tippen, haben sie sich bereits über 8.000 Kilometer von uns entfernt.

Einmal habe ich die Milchstraße in ihrer ganzen Pracht gesehen, als ich ein Flüchtlingslager in Somalia besuchte. Unsere Galaxie erstreckte sich über den Nachthimmel wie eine funkelnde diamantenbesetzte Prachtstraße. Seit dieser Nacht, als ich fernab von jeder Straßenbeleuchtung im warmen Sand auf dem Rücken lag, ist mir der Himmel nie wieder so leer und die Erde nie wieder so groß vorgekommen.

Ich hatte den ganzen Tag damit zugebracht, mich mit den Menschen zu unterhalten, die dort humanitäre Hilfe leisteten. Kurdistan, Ruanda, Sudan, Äthiopien – die Namen ändern sich, aber das entsetzliche Elend hat überall das gleiche Gesicht: Mütter mit eingefallenen Brüsten, die keine Milch mehr geben, schreiende, sterbende Babys, Väter, die in einem baumlosen Gebiet verzweifelt nach Feuerholz suchen.

Nachdem ich mir drei Tage lang die Geschichten angehört hatte, die von diesem menschlichen Elend erzählen, konnte ich nicht mehr über das Flüchtlingslager in einem entlegenen Winkel hinaussehen. Bis ich die Milchstraße erblickte. Sie erinnerte mich augenblicklich daran, dass die Gegenwart nicht alles war. Die Geschichte würde weitergehen. Stämme, Regierungen, ja ganze Zivilisationen können aufblühen und wieder in Vergessenheit geraten, viele Menschen ins Unglück stürzen, aber ich durfte mein Gesichtsfeld nicht auf diese Leidensszenen um mich herum beschränken. Ich musste hochblicken zu den Sternen.

»Kannst du die Bande des Siebengestirns zusammenbinden oder den Gürtel des Orion auflösen? Kannst du die Sterne des Tierkreises aufgehen lassen zur rechten Zeit oder die Bärin samt ihren Jungen heraufführen? Kennst du des Himmels Ordnungen, oder bestimmst du seine Herrschaft über die Erde?« Diese Fragen stellte Gott einem Mann namens Hiob, der nur noch sein eigenes Leid im Blick hatte. Es ist erstaunlich, dass diese Fragen Hiob offenbar halfen. Seine Geschwüre juckten immer noch, aber Hiob verstand ansatzweise, dass Gott sich in einem Universum von über 100 Milliarden Galaxien noch um andere Dinge zu kümmern hat.

Diese Rede Gottes im Buch Hiob kommt mir immer sehr schroff vor. Aber vielleicht vermittelt sie eine wichtige Botschaft: Der Herr des Universums hat das Recht, schroff zu antworten, wenn er von einem winzigen unbedeutenden Menschen angegriffen wird, auch wenn der seine Klage zu Recht vorbringt. Wir Nachfahren Hiobs dürfen nicht das ganze Bild aus dem Blick verlieren, ein Bild, das wir am besten in einer mondlosen und sternenklaren Nacht in uns aufnehmen.

Man kann den Fortschritt eines Volks fast nach seinem Interesse an der Astronomie beurteilen. Jede große Zivilisation der Vergangenheit, ob nun die der Inkas oder Mongolen, der Chinesen, Ägypter, Griechen oder der Europäer zur Zeit der Renaissance, erzielte entscheidende Durchbrüche auf dem Gebiet der Astronomie. Die Ironie in der Geschichte der Menschheit liegt darin, dass eine Zivilisation nach der anderen die Fähigkeit erwirbt, ihre eigene Bedeutungslosigkeit zu durchschauen, die Tatsache aber nicht akzeptiert und dann von der Bildfläche verschwindet.

Wie steht es mit uns? Wir haben die Vikingsonden und Apolloraketen abgeschossen, wir haben das Hubble-Weltraumteleskop auf eine Umlaufbahn befördert und ein gewaltiges Radioteleskop in der Wüste von Neu-Mexiko errichtet. Machen uns unsere Leistungen stolz oder demütig? Beten wir Gott jetzt mehr oder weniger an?

Etwa gleichzeitig zu meiner Lektüre von Chet Raymo sah ich einen Film, der von der Crew eines Space Shuttles mit einer speziellen Omnimax-Kamera aufgenommen wurde. Die Gewitter beeindruckten mich am meisten. Aus dem Weltraum gesehen zucken die Blitze nach einem zufälligen Muster über den Erdball und lassen die Wolkendecke über eine Strecke von einigen hundert Kilometern hell aufleuchten. Es flackert, das Licht breitet sich aus, leuchtet auf und verblasst dann. Am unheimlichsten ist es, dass es dabei totenstill ist.

Mir fiel auf, welchen Unterschied dabei die Perspektive macht, aus der man etwas betrachtet. Auf der Erde verkriechen sich die Menschen in ihren Häusern, Autos halten unter Brücken an, Tiere kauern im Wald, Kinder schreien ängstlich in die Nacht. Aber aus dem Weltraum sahen wir nur ein sanft leuchtendes Licht, das sich ausbreitete und wieder zusammenzog, Gezeiten des Lichts.

Chet Raymo, der tagsüber schläft und in der Nacht zum Himmel aufblickt, kommt aus dem Staunen nicht mehr heraus. Das ist so, wenn man das Universum beobachtet.

Raymo schildert, wie diese fliehenden Galaxien auf den Urknall der Schöpfung hinweisen, in dem die gesamte Materie des Universums in einer gigantischen Explosion entstand, die lediglich eine Sekunde dauerte. Er erklärt, wie unglaublich schlecht die Chancen standen, dass sich aus einer solchen Explosion durch Zufall etwas Gutes entwickelte:

> »Wenn eine Sekunde nach dem Urknall das Verhältnis von der Dichte des Universums zu seiner Expansionsrate nur um den 10^{15}ten Teil (das ist eine Eins mit fünfzehn Nullen) vom angenommenen Wert abgewichen wäre, wäre das Universum entweder schnell kollabiert oder hätte sich so schnell aufgeblasen, dass sich die Sterne und Galaxien nicht aus der ursprünglich vorhandenen Materie hätten bilden können. ... Wenn jedes einzelne Sandkorn auf jedem Strand der Erde ein mögliches Universum wäre – das heißt, ein Universum, das sich mit den Gesetzen der Physik, wie wir sie kennen, verträgt – und darunter nur eines, das die Existenz intelligenten Lebens ermöglicht, dann ist dieses eine Sandkorn das Universum, das wir bewohnen.«

Nach der Lektüre von Chet Raymo wandte ich mich wieder einem Abschnitt zu, den ich mir schon vor langer Zeit angestrichen hatte. Er stammt aus dem außergewöhnlichen Buch *»Aufbruch ins Eis«*, dem Bericht des Kommandanten Richard Byrd über seine sechsmonatige einsame Reise durch die Antarktis. Byrd blickte oft nach oben; die Landschaft auf der Erde war ein einziges blendendes Weiß. Er befand sich weiter südlich als irgendein anderer Mensch, und er sah am Himmel Dinge, die niemand sonst sehen konnte – zum Beispiel breite Farbbänder, die sich durch die Lichtbrechung vor der Sonne hinzogen.

Nach einem Nachmittagsspaziergang in der Kälte (während der Polarnacht sanken die Temperaturen bis auf –67° C) setzte sich Byrd hin und schrieb auf, was er auf diesen Spaziergängen gesehen hatte:

> »Ich kam zu der Überzeugung, dass der Rhythmus zu geordnet war, zu harmonisch, um das Ergebnis eines blinden Zufalls zu sein, und dass deshalb dem Ganzen ein Sinn zugrunde liegen musste, und dass der Mensch ein Teil dieses Ganzen und nicht nur ein zufälliges Nebenprodukt war. Dieses Gefühl ging über den Verstand hinaus, es rührte bis auf den Grund der menschlichen Verzweiflung und ich befand, dass es keinen Anlass zu dieser Verzweiflung gab. Das Universum war ein Kosmos, kein Chaos; und der Mensch gehörte mit vollem Recht zu diesem Kosmos wie der Tag und die Nacht.«

Man muss sich Mühe geben und auch eine gehörige Portion Glauben mitbringen, um das Gesamtbild im Auge zu behalten. In mancher Hinsicht fühle ich mich dann ganz klein und unbedeutend, in anderer Hinsicht wieder unendlich wichtig. Wenn der Gott, der dieses Universum mit äußerster Präzision geschaffen hat, auch nur das kleinste bisschen Interesse daran zeigt, was auf unserem winzigen Planeten vorgeht, dann ist es doch das Mindeste, was ich tun kann, dass ich mich manchmal von den Lichtern der Stadt losreiße und zum Himmel aufblicke.

5
Von Walen und Eisbären

»Die Erde ist erfüllt vom Himmel
Jeder Busch entflammt von Gott
Doch nur wer sieht, zieht sich die Schuhe aus.«
Elizabeth Barren Browning

Ich gebe zu, dass man mich mit dem Argument, die Natur weist auf einen Schöpfer hin, leicht einfangen kann. Für mich weist die gesamte Natur auf den Einfallsreichtum und das Genie unseres Schöpfers hin. Betrachten Sie mit mir diese Beispiele, die ich auf einer Reise durch Alaska kennen gelernt habe:

- Ein fast unsichtbarer Fisch treibt sich in den arktischen und antarktischen Gewässern herum. Er kann nur deshalb überleben, weil sein Blut besondere Eigenschaften aufweist. Ein spezielles Eiweiß wirkt als Gefrierschutz, so dass sich keine Eiskristalle bilden können, und das Blut enthält kein Hämoglobin, also keine roten Pigmente. Der Fisch ist deshalb praktisch durchsichtig.
- Die Luftfahrtindustrie beneidet ganz gewöhnliche Enten, Gänse und Schwäne um ihr Navigationsvermögen. Auf ihrer Reise in den Süden kommen einige Gänsearten auf eine Dauergeschwindigkeit von 80 km/h, und sie legen über 1.500 Kilometer zurück, bevor sie zum ersten Mal Rast machen.
- Auch Eisbären sind keine Amateure, was Navigation betrifft. Wenn man einen Eisbären einfängt, betäubt und 500 Kilometer weiter aussetzt, findet er in aller Regel nach Hause, sogar über das sich ständig verändernde Packeis, wo es keine markanten Punkte und kaum Geruchsspuren gibt. Aber im Vergleich zum Lachs schneiden Bären und Vögel ziemlich schlecht ab. Die Alaska-Lachse schwimmen

jahrelang im gesamten Pazifikraum umher, bevor sie (geleitet von ihrem Geruchssinn? Oder vielleicht durch ein Magnetfeld?) in den Fluss zurückkehren, in dem sie geboren wurden.

- Moschuskälber werden im März oder April geboren, wenn die Temperaturen bei fast minus 35° C liegen. Wenn das kleine Kalb aus dem Mutterbauch einen guten halben Meter zur Erde fällt, ändert sich die Umgebungstemperatur schlagartig um über 70° C. Das Muttertier muss also das dampfende Kalb schnell ablecken, um es von Blut und Flüssigkeit zu befreien, damit es nicht erfriert. Innerhalb von ein paar Minuten steht das Kalb auf den Beinen und beginnt zu saugen.
- Grislis und Eisbären haben es vergleichsweise einfach. Bärenmütter erleben eine schmerzlose Geburt, weil sie mitten im Winterschlaf stattfindet. Das Bärenjunge kämpft sich durch den Geburtskanal, sieht sich in der ihm unbekannten Welt um und findet von alleine heraus, wo es saugen muss. (Stellen Sie sich die Überraschung der Bärenmutter vor, wenn sie im Frühling aufwacht.)
- Noch ein Nachtrag zu den Eisbären. Viele Jahre wunderten sich die Forscher darüber, dass Eisbären und Polarseehunde nie auf den Infrarot-Aufnahmen zu sehen waren, die vom Flugzeug aus gemacht wurden, um sich einen Überblick über den Tierbestand zu verschaffen. Auf Ultraviolett-Fotografien waren sie dagegen deutlich wahrzunehmen, obwohl weiße Gegenstände Licht normalerweise absorbieren und nicht reflektieren. 1978 entdeckte ein Wissenschaftler der US-Army den Grund: Ein Eisbär besitzt überhaupt keine weißen, sondern durchsichtige Haare. Unter einem Rasterelektronenmiskroskop erscheinen sie als hohle farblose Röhrchen. Sie wirken wie Lichtleiter, lassen die wärmenden ultravioletten Strahlen nicht entkommen und führen sie dem Körper des Bären zu. Gleichzeitig isoliert das Bärenfell so gut, dass sich die Oberflächentemperatur des Bären nicht von den eisigen Außentemperaturen unterscheidet – und dies erklärt, warum die Bären auf den Infrarot-Aufnahmen nicht zu sehen sind.

Wenn ich solche Einzelheiten über die Natur erfahre, dann ist mir zumute, als ob ich ein Loblied auf den Eisbären oder den Moschusochsen schriebe. Für solch ein Loblied gibt es eine gute Vorlage: In der majestätischen Rede am Ende des Hiobbuchs weist Gott selbst auf die Wunder der Natur hin, weil sie seine Macht und Weisheit überzeugend belegen. Als er und Hiob zum Schluss ihre »Schlussplädoyers« vorbringen, muss Hiob in Sack und Asche Buße tun.

Wie gesagt, ich bin ein leichtes Opfer, wenn man mir beweisen will, dass die Natur auf einen Schöpfer hinweist. Und dennoch muss ich einräumen, dass nicht jeder Mensch in dieser Weise auf die Natur reagiert. Der Schriftsteller Walker Percy hat es so formuliert: »Es mag Anzeichen für die Existenz [Gottes] geben, aber sie weisen in beide Richtungen, sind deshalb zweideutig und beweisen deshalb gar nichts. ... Die Wunder des Universums überzeugen gerade diejenigen nicht, die sich am meisten mit ihnen beschäftigen, nämlich die Wissenschaftler selbst.«

Warum ist dieses Argument, dass die Natur auf einen planvollen Schöpfer hinweist, nicht überzeugender? Percy hat Recht: Die Natur sendet sehr gemischte Signale aus. Ich verließ Alaska voller Staunen und Bewunderung; aber die Beutetiere des Eisbären sehen die Dinge vermutlich aus einer anderen Perspektive. Und vielleicht hätte ich mich weniger bereitwillig zu einem Loblied hinreißen lassen, wenn ich stattdessen über die Moskitos in Alaska oder die Gallmücke nachgedacht hätte (deren Junge im Körper ihrer Mutter ausgebrütet werden und sich buchstäblich den Weg nach draußen essen, wobei sie ihre Mutter verspeisen).

Genauso wie die Menschheit präsentiert sich die restliche Schöpfung als seltsame Mischung aus Schönheit und Schrecken, aus vorbildlicher Zusammenarbeit und gnadenlosem Konkurrenzkampf. Mit den Worten des Apostels Paulus: »Denn wir wissen, dass die ganze Schöpfung bis zu diesem Augenblick mit uns seufzt und sich ängstet« (Römer 8,22). Die Natur ist nicht unsere Mutter, sondern unsere gefallene Schwester.

C. S. Lewis bemerkte hin und wieder, dass ein Christ nicht in die Natur geht, um dort Theologie zu lernen – die Botschaft ist einfach zu verzerrt –, sondern um theologische Begriffe mit Bedeutung zu erfüllen: »Die Natur hat mich niemals gelehrt, dass es einen herrlichen und unendlich majestätischen Gott gibt. Das musste ich auf andere Weise lernen. Aber die Natur hat den Begriff *Herrlichkeit* für mich mit Bedeutung erfüllt. Ich weiß immer noch nicht, wo ich diese Bedeutung sonst hätte finden können.«

Ich habe auf meiner Reise durch Alaska nicht viel über Theologie gelernt. Aber als ich in einem Gletscherbach herumwatete, der rot leuchtete, weil dort so viele laichende Lachse schwammen, und als ich einen Adler beobachtete, der einen Seebarsch aus einer Bucht fischte, füllte ich einige Wörter mit Bedeutung. Wörter wie *Freude* und *Ehrfurcht*.

Als ich an einem Fjord mit dem seltsamen Namen »Turnagain Arm« (*Knick-noch-einmal-Arm*) nur ein paar Kilometer außerhalb von Anchorage entlangfuhr, sah ich, wie einige Autos am Straßenrand hielten. Wenn in Alaska Autos am Straßenrand halten, bedeutet das meistens, dass irgendwo Tiere zu beobachten sind. Vor dem Hintergrund des schiefergrauen Himmels wirkte das Wasser fast grünlich, unterbrochen von kleinen weißen Schaumkronen. Bald begriff ich, dass das keine Schaumkronen waren, sondern Wale – silberweiße Belugas. Ein Walkalb säugte keine zwanzig Meter von mir entfernt.

Vierzig Minuten stand ich da. Ich lauschte dem Rhythmus des Meeres und beobachtete die anmutigen, fast unwirklichen Formen der auftauchenden Wale. Die Menschen standen still, sogar ehrfürchtig da. Wir reichten Ferngläser herum, sagten kein Wort, sahen einfach zu. Immer mehr Autos hielten an. Hunde jagten einander an der Küste, während ihre Besitzer völlig in das Schauspiel vertieft waren. In diesem Augenblick zählte nichts anderes – weder der reservierte Tisch im Restaurant, die Zeitplanung für die Reise noch mein Leben in Chicago.

Wir sahen uns einer majestätischen Szene voll stiller Schönheit gegenüber. Wir fühlten uns alle klein. Wir standen schweigend zusammen, bis sich die Wale wieder auf den Weg ins offene Meer machten. Und dann kletterten wir die Böschung hinauf und stiegen in unsere Autos, um wieder unser geschäftiges, durchorganisiertes Leben aufzunehmen, das uns auf einmal nicht mehr so wichtig schien. Und es war noch nicht einmal ein Sonntag.

6
Die Schöpfungsgeschichte in der Wildnis

Nachdem wir dreizehn Jahre im Zentrum von Chicago gelebt hatten, zogen meine Frau und ich in ein entlegenes Dorf in den Rocky Mountains. Hin und wieder ertappe ich mich dabei, dass ich einige unvergessliche Persönlichkeiten aus unserem alten Viertel vermisse: den Dosensammler, dann einen Geisteskranken, der den ganzen Tag im Café saß und vorgab, eine nicht angezündete Zigarette zu rauchen, und schließlich diesen exzentrischen Mann, der mit einem Plakat die Clark Street auf und ab lief, und auf dem Plakat war zu lesen: »ICH BRAUCHE EINE FRAU!«

In unserem neuen Heim bekommen wir mehr Tiere als Menschen zu Gesicht. Elche äsen auf dem Hügel hinter unserem Haus, Spechte klopfen gegen unsere Holzwände, und ein Rotfuchs, den wir Foster genannt haben, kommt jeden Abend vorbei und schaut, ob wir etwas für ihn haben. Neulich saß er draußen vor der Tür und hörte sich eine Weile eine Musiksendung an, während ich mein Büro tapezierte. Ein paarmal schüttelte er ratlos den Kopf, als er die Bluegrass-Musik hörte, aber im Großen und Ganzen schien er die Show zu genießen.

Bald nachdem wir eingezogen waren, begann ich die Bibel vom ersten Buch Mose an durchzulesen, und nach kurzer Zeit entdeckte ich, dass die Bibel in einer neuen Umgebung anders klingt. Ich las die Schöpfungsgeschichte im Winter, als tiefer Schnee lag. Die Berge glitzerten in der morgendlichen Sonne, und jede Kiefer trug einen kristallweißen Mantel. Es war leicht, sich die Freude vorzustellen, die die ursprüngliche Schöpfung umgab. Eine Zeit, in der »mich die Morgensterne miteinander lobten und jauchzten alle Gottessöhne«, wie Gott es später Hiob gegenüber schilderte.

In derselben Woche schreckte mich allerdings ein dumpfer Knall aus meiner Lektüre auf. Ein kleiner Zeisig mit gegabeltem Schwanz und gelben Streifen auf den Flügeln war gegen mein Fenster geflogen. Bäuchlings lag er nun im Schnee, atmete schwer, und aus seinem Schnabel tropfte Blut. Zwanzig Minuten lag er da, hob immer wieder benommen den Kopf. Schließlich machte er noch einen verzweifelten Versuch davonzuflattern, dann ließ er seinen Kopf in den Schnee sinken und starb.

Ich war soeben Zeuge einer kleinen Tragödie geworden. In den Mittagsnachrichten hörte ich von den Massakern in Bosnien und dem Blutvergießen in Afrika. Irgendwie war es aber der Tod dieses kleinen Vogels, der mir wirklich bewusst machte, was ich gerade in der Bibel gelesen hatte. Er illustrierte im Kleinen den abgrundtiefen Sturz zwischen 1. Mose 2 und 3, zwischen Paradies und gefallener Schöpfung.

Der Verfasser des 1. Buchs Mose war ein Meister der Untertreibung. »So wurden vollendet Himmel und Erde mit ihrem ganzen Heer« (2. Mose 2,1). Mit diesen knappen Worten fasst er den gewaltigen Prozess zusammen, in dessen Verlauf Quasare und Sternnebel entstanden, Blauwale und Garnelen, Pinguine und Zeisige. Obwohl die ersten beiden Kapitel des 1. Mosebuchs wahrscheinlich lange nach dem Sündenfall verfasst wurden, lassen sie doch kaum erahnen, welche Tragödie noch auf die Menschen wartete. »Sie schämten sich nicht«, sagt der Verfasser über Adam und Eva, ein Kommentar, der für den Leser nur dann Sinn ergibt, wenn er weiß, was Scham ist.

In 1. Mose 2 finden wir einen weiteren Kommentar des Verfassers, der mir bisher immer entgangen war. In einer bemerkenswerten Szene lässt Gott viele Tiere an Adam vorbeiziehen, »um zu sehen, wie er sie benennen würde«. Der allmächtige Gott, Schöpfer des Universums, nimmt die Rolle des Beobachters ein und »sieht« gespannt zu, was Adam tun wird.

Uns Menschen ist die Würde der Kausalität verliehen, wie Blaise Pascal sagt, also die Würde, eine Handlungskette in Gang zu setzen. In den ersten beiden Kapiteln des 1. Mosebuchs zeigt es sich, dass das Würde und Bürde zugleich ist. Die Menschen eignen sich elementare

Kenntnisse des Familienlebens, der Landwirtschaft, Musik und Werkzeugherstellung an. Aber sie vervollkommnen auch die Kunst des Mordens und der Unzucht und üben sich in anderen Unarten, die für unsere Spezies charakteristisch sind. Schon bald »bedauert« Gott seine Entscheidung, den Menschen geschaffen zu haben: »Da reute es ihn, dass er die Menschen gemacht hatte auf Erden, und es bekümmerte ihn in seinem Herzen« (1. Mose 6,6).

Das ganze Alte Testament hindurch scheint Gott abwechselnd die Position des Zuschauers und die des Handelnden einzunehmen. Manchmal, wenn das Blut der Toten aufschreit, wenn das Unrecht überhand nimmt, wenn das Böse alle Schranken überschreitet, dann handelt Gott entschieden und manchmal sogar gewaltsam. Die Berge rauchen, im Boden öffnet sich ein Abgrund, Menschen sterben. Das Neue Testament zeigt uns allerdings einen Gott, der selbstlos die Würde der Kausalität mit uns teilte und sich dazu herabließ, ihr zum Opfer zu fallen. Er, der das Recht gehabt hätte, die Erde zu zerstören – und das zu Noahs Zeit auch fast getan hätte –, entschloss sich stattdessen, diese Welt um jeden Preis zu lieben.

Manchmal frage ich mich, wie schwer es für Gott gewesen sein muss, nicht in die Geschichte einzugreifen. Was er gefühlt haben muss, als er sah, wie seine herrliche Schöpfung, der Regenwald, die Wale, die Elefanten, nach und nach fast ausgerottet wurde. Was er wohl fühlte, als die Juden selbst fast ausgerottet wurden? Als er seinen Sohn verlor? Was hat Gott seine Zurückhaltung gekostet?

Wenn ich an den Sündenfall denke, dann fällt mir meistens als Erstes ein, welche Auswirkungen er auf uns Menschen hatte, nämlich die Strafen, die in 1. Mose 3 geschildert werden. Dieses Mal fiel mir besonders auf, welche Auswirkungen der Sündenfall auf Gott hatte. Nur zwei Kapitel widmet die Bibel der Herrlichkeit der ursprünglichen Schöpfung. Alles, was folgt, schildert nur den schmerzvollen Weg der Neu-Schöpfung.

Die Bibel beginnt und schließt mit ähnlichen Bildern. In der Offenbarung ist aus dem Garten eine Stadt geworden, durch die sich ein Fluss zieht, und an beiden Flussufern stehen Bäume des Lebens. Kein Engel bewacht mehr mit flammendem Schwert diesen Baum, der reichlich Früchte trägt, und selbst seine Blätter »dienen zur Heilung der Völker«. Wenn die Offenbarung mit den schlichten Worten verkündet: »Und es wird nichts Verfluchtes mehr sein«, dann spielt sie damit auf 1. Mose 3 an.

Unser Leben spielt sich zwischen Erinnerung und Vorgeschmack auf den Himmel ab. Wenn ich aus meinem Fenster blicke, ganz egal ob ich nun die Rocky Mountains oder die seltsamen Menschen aus der Clark Street sehe, dann vermittelt das nur einen schwachen Eindruck davon, was Gott sich in 1. Mose 1 und 2 eigentlich gedacht hatte und was er in Offenbarung 21 und 22 versprochen hat. Voller Ehrfurcht staune ich darüber, welche gewaltigen Anstrengungen nötig sind, um das wieder gutzumachen, was der Mensch kaputtgemacht hat. Und all das nur darum, weil Gott sich zurückhielt, weil er sehen wollte, was Adam – was du und ich – tun würde.

7
Das Universum wird erschüttert

Zweifel drängen sich mir gewöhnlich gleich in einem großen Paket und alle zur selben Zeit auf. Über unterschiedliche Nuancen verschiedener Glaubensrichtungen mache ich mir kaum Gedanken, aber hin und wieder ertappe ich mich dabei, dass ich mich frage, was es mit dem gesamten Glauben auf sich hat.

Ich stehe zum Beispiel im futuristischen Flughafenterminal von Denver und beobachte wichtig aussehende Geschäftsleute in Anzügen, die die Aktentasche wie eine Waffe unter den Arm geklemmt haben und an der Espressobar eine kurze Pause einlegen, ehe sie sich auf den Weg zu ihrem nächsten Ziel machen. *Denkt einer von ihnen jemals an Gott?* Das frage ich mich.

Christen glauben seltsamerweise an zwei parallele Universen. Ein Universum besteht aus Glas und Stahl, aus Wollkleidung und Lederaktentaschen und dem Geruch frisch gemahlenen Kaffees. Das andere besteht aus Engeln, finsteren geistigen Mächten und zwei Orten irgendwo da draußen, die wir Himmel und Hölle nennen. Dass wir das materielle Universum bewohnen, spüren wir am eigenen Leib; aber dass wir uns auch als Bürger der anderen, unsichtbaren Welt betrachten, lässt sich nicht ohne weiteres glauben.

Hin und wieder durchdringen sich für mich diese beiden Welten, und diese seltenen Momente festigen meinen Glauben. Einmal schnorchelte ich über einem Korallenriff, und plötzlich wurden die Farbenpracht und die abstrakte Formenvielfalt um mich herum zu einem Fenster, durch das ich auf einen Schöpfer blickte, der sich an Leben und Schönheit freut.

Als mir meine Frau einmal vergab, obwohl ich es nicht verdient hatte, wurde auch das zu einem Fenster, das mir einen Blick auf die göttliche Gnade erlaubte.

Hin und wieder erlebe ich solche Augenblicke, aber schnell sickern giftige Gase der materiellen Welt ein. Sexappeal! Macht! Geld! Militärische Stärke! Man will mir weismachen, dass nur diese Dinge wirklich zählen und nicht die erbärmlichen Plattitüden, die Jesus in der Bergpredigt verkündigt hat. Für mich, der ich in einer gefallenen Welt lebe, haben Zweifel viel mehr mit *Vergesslichkeit* zu tun als mit Unglauben.

Anders als bei den meisten Menschen kommen bei mir in der Weihnachtszeit keine nostalgischen Gefühle auf. Mein Vater starb, als ich noch ein kleiner Junge war, kurz vor den Feiertagen, und diese Erinnerung überschattet bis heute meine Freude an diesem Fest. Vielleicht rührt mich deshalb der Anblick von Krippen und schneebedeckten Tannen kaum. Und doch wird mir Weihnachten von Jahr zu Jahr wichtiger, in erster Linie, weil es auf meine Zweifel antwortet und als Gegengift zu meiner Vergesslichkeit wirkt.

Durch Weihnachten kommen die beiden Welten zusammen. Wenn man die Bibel Seite an Seite mit einem Sachbuch über die großen Zivilisationen liest, wird man merken, wie selten so etwas geschieht. Das Sachbuch rühmt die Pracht des alten Ägypten und der Pyramiden; das 2. Buch Mose erwähnt die Namen zweier hebräischer Ammen, interessiert sich aber nicht dafür, wer zu dieser Zeit als Pharao in Ägypten herrschte. Das Sachbuch lobt die griechischen und römischen Beiträge zur Zivilisation; in der Bibel werden sie nur am Rande erwähnt, und wenn, dann eher negativ. Die großen Zivilisationen bilden nur die Kulisse für Gottes große Taten unter den Juden.

Aber die beiden Bücher stimmen in dem überein, was sie über Jesus zu sagen haben.

Als ich heute Morgen meinen Computer einschaltete, ließ Microsoft Windows das Datum auf dem Bildschirm erscheinen und bestätigte so stillschweigend, was die Evangelien und die Geschichtsbücher aussagen: Was immer man glauben mag, die Geburt Jesu war so wichtig, dass sie die gesamte Geschichte in zwei Teile teilt. Alles, was jemals auf diesem Planeten geschah, fällt in die Zeit entweder vor oder nach Christus. –

Warum kam Jesus auf diese Erde? Theologen neigen zu einer Erklärung aus der menschlichen Perspektive: Er kam, um uns zu zeigen, wie Gott ist, um uns zu zeigen, wie ein Mensch sein sollte, um sein Leben als Opfer hinzugeben. Aber ich glaube, dass die Fleischwerdung auch in anderer, nämlich kosmischer Hinsicht ihre Bedeutung hat.

Gott liebt Materie. Man kann seine Handschrift überall erkennen: in den Felsstücken, die wunderbare Kristallstrukturen offenbaren, wenn man sie aufbricht, in den Wolken, die um die Venus herumwirbeln, in den großen Ozeanen, die so voller Leben sind (90 Prozent aller Lebewesen stammen aus dem Meer). Nach dem 1. Buch Mose zu urteilen, bereitete es Gott Freude, das Universum zu erschaffen.

Und doch tat sich mit der Schöpfung auch ein Abgrund zwischen Gott und seinen Geschöpfen auf, ein Abgrund, dem man durch das ganze Alte Testament hindurch nachspüren kann. Mose, David, Jeremia und andere, die kühn genug waren, um gegen Gott anzutreten, schleuderten ihre Anklagen gegen den Himmel: »Herr, du weißt gar nicht, wie es hier unten ist!« Am deutlichsten brachte es Hiob zum Ausdruck: »Hast du denn Menschenaugen, oder siehst du, wie ein Sterblicher sieht?«

Damit hatten sie nicht ganz Unrecht, und das räumte Gott selbst ein, als er sich entschloss, den Planeten Erde zu besuchen. Der Verfasser des Hebräerbriefs findet eine überraschende Formulierung, als er darüber nachdenkt, dass Jesus in seinem Leben »Gehorsam lernte«, »vollkommen gemacht wurde« und ein Hoherpriester wurde, der mit uns »mitleiden« konnte. Es gibt nur einen Weg, Mitleid und Mitgefühl zu erlernen, nämlich, indem man tatsächlich mit-leidet und mit-fühlt.

Von den vielen Gründen für die Fleischwerdung Gottes war einer sicherlich der, Hiob eine Antwort zu geben. *Hast du denn Menschenaugen?* Ja, das ist wirklich so.

Ich, ein Bürger der unsichtbaren Welt, kenne den Kampf nur zu gut, den das Festhalten am Glauben an eine andere, unsichtbare Welt mit sich bringt. Weihnachten stellt unser Weltbild auf den Kopf und führt uns vor Augen, welchen Kampf der Herr beider Welten bestehen musste, als er sich dazu herabließ, sich den Regeln unserer Welt zu beugen.

In Bethlehem kamen die beiden Welten zusammen; was Jesus auf der Erde erreichte, ermöglichte es Gott, eines Tages alle Unstimmigkeiten und Disharmonien in beiden Welten aufzulösen. Kein Wunder, dass der Engelchor spontan ein Lied anstimmte und damit nicht nur ein paar Hirten, sondern die ganze Welt erschütterte.

Teil II

Gott im Beruf finden

8
Wie man Gott mit einem Mausklick dient

Als wir in Chicago lebten, leitete meine Frau ein Hilfsprojekt, das den Ärmsten der Armen unter den alten Leuten in der Stadt zugute kam. Eine typische Unterhaltung beim Abendessen lief etwa so ab:

»Wie war dein Tag, Janet?«

»Ziemlich hart. Ich habe eine obdachlose Familie kennen gelernt, die im Lincoln Park übernachtet und seit drei Tagen nichts gegessen hat. Danach habe ich erfahren, dass Peg Martin mit neunundachtzig Jahren gestorben ist. Und dann habe ich entdeckt, dass die Mitglieder einer Gang den Kirchenbus aufgebrochen und ihn über und über mit Graffiti besprüht haben.«

Wenn Janet dann in allen Einzelheiten von ihrem Tag erzählt hatte, fragte sie mich, wie es mir ergangen war. »Also, lass mich nachdenken. Ich habe den ganzen Tag den Computerbildschirm angestarrt. Und – ach ja, ich habe ein sehr gutes Adverb gefunden!«

Unser Tagesablauf oder unsere Persönlichkeiten hätten nicht unterschiedlicher sein können. Janet – lebhaft, den Menschen zugewandt, unternehmungslustig – arbeitete in einem Büro in der Hill Street, einer etwas zweifelhaften Gegend, die auch als Kulisse einer Fernsehserie diente. Sie erlebte im Lauf eines Arbeitstages dauernd Abenteuer und begegnete vielen Menschen: Oft teilte sie an siebzig Menschen Mittagessen aus, und fast jeden Tag hatte sie mit einigen Dutzend Klienten zu tun.

Nachdem wir nach Colorado gezogen waren, begann sie in einem Hospiz zu arbeiten. Ein Patient, der dort eingeliefert wird, stirbt nach durchschnittlich zehn Tagen. Heute kommt Janet nach Hause und erzählt Geschichten von Familien, die verzweifelt, zornig oder auch mutig auf den Tod eines Angehörigen reagieren, immer aber leidenschaftlich, weil es die Trauer nicht anders zulässt.

In der Zwischenzeit, ob nun in Chicago oder in Colorado, sitze ich in meinem Kellerbüro vor dem flackernden Computerbildschirm auf der Suche nach dem perfekten Wort. (Bisher können Computer Texte nur verarbeiten, aber nicht selbst schreiben.) Das »Hauptereignis« des Tages ist es, wenn der Postbote vorbeikommt. Hin und wieder klingelt das Telefon. Und einmal in der Woche oder so verabrede ich mich mit jemandem zum Mittagessen. Das Alltagsleben eines Schriftstellers ist nicht gerade glamourös.

Man kann sich nicht vorstellen, welche Aufregung ich empfand, als ich zum ersten Mal Philip Roths Schilderung des Schriftstelleralltags in seinem Buch *»Der Ghost Writer«* las.

> »Ich formuliere Sätze um. Das ist mein Leben. Ich schreibe einen Satz und dann verbessere ich ihn. Dann sehe ich ihn mir an und verbessere ihn noch einmal. Dann esse ich zu Mittag. Dann komme ich zurück und schreibe noch einen Satz. Dann trinke ich Kaffee und verbessere den neuen Satz. Dann lese ich mir noch einmal die beiden Sätze durch und verbessere sie beide. Dann lege ich mich aufs Sofa und denke nach. Dann stehe ich auf, werfe die beiden Sätze heraus und fange noch einmal von vorne an.«

Damit hat er mein Leben genau beschrieben. Der riesige Unterschied zwischen meinem Leben und dem Leben meiner Frau hat mich immer gestört. Ich bin eher introvertiert und zweifle an mir selbst, und oft neige ich dazu, meine eigene Arbeit schlecht zu machen und mich schuldig zu fühlen, weil ich keine Arbeit habe, in der ich unmittelbar mit Menschen zu tun habe. »Janet setzt das in die Praxis um, was ich geschrieben habe«, sagte ich oft nur halb im Scherz zu meinen Freunden. Unausgesprochen lag darin die Behauptung, dass das, was ich tat, irgendwie weniger wert war.

Ich vermute, dass dies eine spezielle Ausprägung des »Einsame-Hausfrauen-Syndroms« ist: Wenn ich den ganzen Tag zu Hause sitze und mich ausschließlich mit Schreiben beschäftige, kann ich mir kaum vorstellen, dass das, was ich tue, die Welt oder irgendjemanden, der auf dieser Welt lebt, verändert. Und doch bekomme ich Briefe von meinen Lesern, aber diese Briefe kommen erst an, wenn ein Buch fertig ist, und der Einfluss meiner Bücher, den sie schildern, ist eher indirekt. Ich kann im Gegensatz zu meiner Frau keine unmittelbaren Wirkungen feststellen. Sie sieht, wie sich der Gesichtsausdruck eines Menschen verändert, wenn sie etwa einem Hungrigen zu essen gibt, einem Obdachlosen ein Bett verschafft und einen Trauernden tröstet.

Außerdem kommt Janet jeden Tag mit Geschichten nach Hause, die so voller einzigartiger Details sind, dass jeder Schriftsteller vor Neid erblasst. Ich erinnere mich daran, dass sie eine Frau namens Beulah im Krankenhaus besuchte. Beulah wurde 1892 als Kind einer Amme auf einer Plantage in Louisiana geboren. Ihre Mutter, die lange vorher aus der Sklaverei befreit wurde, war auf dieser Plantage geblieben, und als Beulah aufwuchs, spielte sie mit den reichen weißen Kindern auf der Veranda. Später verschlug es sie nach New Orleans, Tennessee und Chicago. Sie war bereits zweiundsiebzig, bevor der Kongress das erste Bürgerrechtsgesetz verabschiedete!

Diesen Abend kam Janet nach Hause und erzählte, was Beulah seit ihrer Kindheit an den Ufern des Mississippi alles erlebt hatte. Ob Erster oder Zweiter Weltkrieg, die Weltwirtschaftskrise oder russische Revolution: Egal, welches bedeutende Ereignis des zwanzigsten Jahrhunderts man auch nimmt, Beulah kannte dazu eine Geschichte.

Ich höre mir solche Geschichten an und denke: *Wenn ich Janets Job hätte, dann würde ich nie wieder unter einer Schreibblockade leiden.* Aber dann holt mich die nüchterne Realität wieder auf den Boden der Tatsachen zurück. *Die Sache hat zwei Haken, Philip: Erstens würdest du in Janets Job fürchterlich schlechte Arbeit leisten, und zweitens hättest du dann keine Zeit mehr, um zu schreiben.* Und deshalb gehe ich am nächsten Morgen, wenn ich meine Frühstücksflocken gegessen habe, hinunter in mein Büro und verbringe wieder einen Tag damit, meine Tastatur insektenähnliche Geräusche von sich geben zu lassen.

Im Lauf der Zeit habe ich begriffen, dass die großen Unterschiede zwischen uns, was Persönlichkeit, die Sicht der Welt um uns herum und unseren Tagesablauf betrifft, in Wirklichkeit eine Stärke darstellen. Janet schenkt mir ein neues Paar Augen, mit denen ich eine Welt wahrnehme, die ich kaum kenne. Das fordert mich heraus und regt mich an. Mein eigener Glaube wird auf die Probe gestellt, wenn ich höre, wie sie versucht, Hoffnung in das Leben von Menschen hineinzutragen, die so wenig besitzen. Manchmal, wie in diesem Fall, finden ihre Erfahrungen sogar einen direkten Weg in meine Bücher.

Auf der anderen Seite kann ich Janet Ruhe, Zeit zum Nachdenken und inneres Gleichgewicht anbieten. Ich versuche, unser Heim zu einem ruhigen Hafen zu machen, einem Ort, an dem sie ihre Wunden lecken kann, neue Perspektiven gewinnen und Kraft für die Kämpfe des morgigen Tages auftanken kann. (Schon wieder das umgedrehte Hausfrauen-Syndrom – haben dies nicht schon seit Jahrhunderten die Frauen ihren Karrieremännern angeboten?)

Das Neue Testament gebraucht häufig das Bild eines menschlichen Körpers, wenn es von der Gemeinde spricht. Ein Körper mit vielen verschiedenen Körperteilen, die alle etwas anderes können, kann viel mehr ausrichten als ein einzelliges Lebewesen. Individuelle »Zellen« mögen sich benachteiligt fühlen: Eine menschliche Zelle im Auge wird beispielsweise nie erfahren, wie es ist, wenn man fühlt oder hört. Sie kann nur sehen. Aber weil sie sich spezialisiert hat, kann diese Zelle im Auge zu einem völlig neuen Seherlebnis beitragen. Einzellige Amöben können gerade genug sehen, um vor dem Licht zu fliehen, aber das war es auch schon.

Ich habe herausgefunden, dass dasselbe Prinzip auch für die Ehe gilt. Ich betrachte Janet nicht mehr als meine Konkurrentin. Vielmehr staune ich über unsere Unterschiede, was Temperament und Gaben betrifft, wie sie mit Situationen fertig wird, die mich wahrscheinlich in den Wahnsinn treiben würden. Ich habe gelernt, stolz auf ihre Arbeit zu sein, sie als einen Teil meines Dienstes für Gott zu betrachten. Indem ich ihr diene und ihr ein offenes Ohr schenke, stütze ich sie und trage so dazu bei, dass ihre wichtige Arbeit weitergeht.

An guten Tagen behalte ich dieses Prinzip im Gedächtnis, bete für Janet und schaue mich nach Möglichkeiten um, ihr unter die Arme zu greifen, damit sie für ihre anstrengende, wunderbare – und sogar heilige – Arbeit ausgerüstet ist.

Was die schlechten Tage betrifft – da werden Sie mich wahrscheinlich mit einem leichten Schielen vor dem Computer hocken sehen, weil ich gerade von den großen Romanen träume, die ich schreiben könnte, wenn ich meine Tage in der Hill Street statt in meinem Keller verbringen würde.

9
Die Macht der Schrift

In einer Szene des Films *»Black Robe – Am Fluss der Irokesen«* versucht ein Jesuitenmissionar einen Huronenhäuptling davon zu überzeugen, seinem Stamm Lesen und Schreiben beibringen zu lassen. Der Häuptling begreift nicht, welchen Nutzen es bringen könnte, irgendwelche Zeichen auf das Papier zu kritzeln, bis der Jesuit eine eindrucksvolle Demonstration vorführt. »Sag mir irgendetwas, was ich nicht weiß«, fordert er ihn auf. Der Häuptling denkt einen Augenblick nach und erwidert: »Die Mutter meiner Frau starb letzten Winter im Schnee.«

Der Jesuit schreibt einen Satz auf und geht ein paar Schritte hinüber zu seinem Kollegen, der einen kurzen Blick auf den Zettel wirft und dann zum Häuptling sagt: »Deine Schwiegermutter ist in einem Schneesturm umgekommen?« Der Häuptling weicht beunruhigt zurück. Gerade hat er die magische Kraft des Schreibens erlebt, die Informationen erlaubt, jede Entfernung zu überwinden und kraft ihrer Symbole eine schweigsame Reise anzutreten.

In Augustinus' *»Bekenntnissen«* findet man eine wundervolle Schilderung von St. Ambrosius, der die Kunst beherrschte, schweigend zu lesen, ohne seine Lippen zu bewegen. Augustinus und seine Freunde kamen oft zusammen, um dieser außergewöhnlichen Vorstellung beizuwohnen. Sie wunderten sich immer wieder darüber, dass Ambrosius unausgesprochene Worte wie durch Telepathie verstehen und behalten konnte.

Übrigens konnten bis ins dreizehnte Jahrhundert nur sehr wenige Menschen auf diese Weise lesen. (Interessanterweise führte die Praxis des stillen Lesens zu einem Aufschwung des privaten Gebets. Bis zu diesem Zeitpunkt betrachteten Gläubige Beten und Bibellesen als Gruppenaktivitäten.)

Ich habe einmal eine lange und teilweise langweilige Studie über die Entstehung und Entwicklung der Schrift von Henri-Jean Martin gelesen, die viele Beispiele dafür bringt, wie die Schreibkunst unsere Welt beeinflusst hat. Fast die gesamte Geschichte hindurch wurden schriftliche Aufzeichnungen nur als Ergänzung zum verlässlicheren Medium der mündlichen Weitergabe betrachtet. Die Gelehrten hielten epische Gedichte oder Listen mit trockenen Fakten schriftlich fest, um eine Gedächtnisstütze zu haben, aber wenn sie neue Ideen verbreiten wollten, taten sie das nicht schriftlich. Die Epiker fühlten sich durch die Schrift sogar eingeengt. Wenn sie ihre Werke vor Publikum rezitierten, konnten sie sie beliebig ausschmücken. Wenn aber Sprachmelodie und Gesichtsausdruck wegfielen, die alle Sinne ansprechende Atmosphäre beim Lagerfeuer oder im Festsaal fehlte und kein Dialog mit dem Publikum mehr stattfand, dann konnte einem die Schrift schon als blasses, unzulängliches Medium vorkommen.

Die Kirche hegte immer eine Hassliebe zum geschriebenen Wort, obwohl die Schrift zu dem Zweck erfunden worden war, Wahrheiten über heilige Dinge festzuhalten. (Genau aus diesem Grund wehrten sich übrigens Druiden gegen die Schrift – sie wollten nicht, dass ihre Geheimnisse bekannt würden.) Es waren Geistliche, die die Schrift nach Europa brachten, und im Mittelalter wurden in den Klöstern die Schriften der Klassiker aufbewahrt, während die Gesellschaft um sie herum auseinander brach.

Und doch versuchte die Kirche durch Bücherverbrennungen, Zensur und die Verfolgung von Schriftstellern die Kontrolle nicht aus der Hand zu geben.

Aber diese Zensur verlor im Verlauf der protestantischen Reformation, die übrigens mit der Erfindung des Buchdrucks zusammenfiel, ihre Wirkung. Die Reformatoren betrachteten die Schrift als ein Medium, das Freiheit gewährte. Indem sie die Bibel und andere Bücher in die Volkssprache übertrugen und unter die Leute brachten, konnten sie ihre Lehre von der Gedankenpolizei der Kirchenhierarchie freihalten. Natürlich trat auch bald eine protestantische Gedankenpolizei auf den Plan, aber sie konnte nicht so viel ausrichten: Das Wort war ein für allemal befreit worden. –

Als ich Henri-Jean Martins Buch zur Geschichte der Schrift las, musste ich an meine eigene Pilgerreise denken. Ich wuchs in einer fundamentalistischen Südstaatengemeinde auf, in der offener Rassismus, apokalyptische Furcht vor dem Kommunismus und amerikanischer Patriotismus gelehrt wurden. Christliche Lehren wurden uns einfach vorgesetzt und durften nicht hinterfragt werden. Garniert wurde das alles mit heftigen Gefühlsausbrüchen.

Lesen bedeutete für mich ein Fenster in eine andere Welt, aus der ein Lichtstrahl zu mir hereindrang. Ich kann mich noch gut daran erinnern, welchen Eindruck ein vergleichsweise harmloses Buch wie *»Wer die Nachtigall stört«* bei mir hinterließ, das die Apartheid-Überzeugungen meiner Freunde und Nachbarn in Frage stellte. Als ich später Bücher wie die Autobiografie von Malcom X und Martin Luther Kings Briefe aus dem Stadtgefängnis von Birmingham las, brach meine ganze Welt zusammen. Wie der überraschte Huronenhäuptling erfuhr auch ich am eigenen Leib die Macht, die es einem Menschen gestattete, einem anderen seine Gedanken mitzuteilen, ohne dass es dabei einen anderen Vermittler gebraucht hätte als einen flachgewalzten Brei aus Holzfasern.

Ich lernte das geschriebene Wort insbesondere deswegen schätzen, weil es mich frei machte. Die Pastoren und Redner in den Kirchen, die ich besuchte, redeten meistens laut und eindringlich und konnten auf unseren Gefühlen wie auf einem Musikinstrument spielen. Aber wenn ich allein in meinem Zimmer saß, begegnete ich anderen Vertretern des Reiches Gottes. Mit jeder Seite, die ich umblätterte, entschied ich mich dafür, ihnen zuzuhören. C. S. Lewis, G. K. Chesterton, Augustinus – ihre leiseren Stimmen waren es, die mich über die Entfernung von Raum und Zeit hinweg davon überzeugten, dass es irgendwo Christen gab, die nicht nur das Gesetz, sondern auch Gnade kannten, nicht nur Gericht, sondern auch Liebe, nicht nur Leidenschaft, sondern auch Verstand.

Ich glaube, ich wurde deswegen Schriftsteller, weil ich die Macht des geschriebenen Wortes an mir selbst erfahren habe. Ich sah, dass man Wörter, die unbrauchbar geworden waren, zurückholen konnte, wenn man ihre ursprüngliche Bedeutung wiederentdeckte. Ich sah, dass das geschriebene Wort in die kleinsten Felsspalten vordringen und Menschen, die in luftdichten Schachteln gefangen waren, mit Sauerstoff versorgen konnte. Ich sah, dass Gott seine wichtigste Selbstoffenbarung als »das Wort« bezeichnete. Und dieses Wort macht uns so frei, dass wir es uns kaum vorstellen können.

Ich empfinde Stolz und Scham, was meinen Beruf betrifft. Manchmal haben wir Worte wie Schlagstöcke benutzt, nicht wie Hebel. Wir haben Worte benutzt, um Menschen zu versklaven, nicht um sie zu befreien. Trotzdem hat das geschriebene Wort überlebt. Ich denke an die irischen Mönche, die Wochen, ja sogar Monate damit zubrachten, einzelne Buchstaben eines kostbaren Manuskripts auszumalen. Damit hielten sie das Wort in einem Zeitalter lebendig, in dem nur wenige Menschen lesen konnten oder wollten. Ich denke an Schriftsteller wie Solschenizyn, der mit Hilfe der *Samisdat*-Untergrundpresse handgetippte Zeugenaussagen aus erster Hand in Umlauf brachte.

Vielleicht beginnt bald ein neues dunkles Zeitalter, in dem die Radiowellen den Teufeln gehören und gedruckte Worte sich neben Multimedia-CD-ROMs und der virtuellen Realität grau und blass ausnehmen. Aber ich habe trotzdem Hoffnung. Auch wenn die Kirche im Lauf ihrer Geschichte immer wieder von Hysterie und autoritärer Führung erschüttert wurde, haben die Worte der Wahrheit überlebt und sich als lebendige Kraft erwiesen, die einzelne Menschen und ganze Kulturen verändern konnte. Ich habe ihre Macht am eigenen Leib erfahren. Ich bete, dass die Kirche, wenn es wieder zu einer Verfolgung kommen sollte, sich daran erinnern wird, dass Worte am stärksten wirken, wenn sie Freiheit beinhalten, wenn sie befreien.

10
Die seltsame Welt der christlichen Medien

Weil ich so viel Zeit allein in meinem Kellerbüro verbringe, fühle ich mich manchmal wie ein Maulwurf, der in die Sonne blinzelt, wenn ich tatsächlich einmal aus meinen vier Wänden herauskomme. Als ich einmal auf eine Werbetournee ging, habe ich das besonders stark empfunden. Einige Wochen lang besuchte ich Radio- und Fernsehstationen, um dort mein neues Buch *»Von Gott enttäuscht«* vorzustellen.

Ich ahnte schon, dass ich in Schwierigkeiten geraten würde, als ich bei meinem ersten Termin in Dallas das Programm zusammen mit einem Komiker bestreiten musste. Er konnte mit seiner Stimme und seinen Händen Geräusche von Tieren auf einem Bauernhof nachahmen, auch Rennwagen und Zugunglücke imitieren. Wir beide steckten das Terrain ab: Er könnte ein startendes Flugzeug perfekt imitieren, und ich würde dann erklären, warum Gott es zulässt, dass ein Flugzeug abstürzt. Wieso fühlte ich mich bloß wie ein Darsteller in einem absurden Theaterstück?

Von dort fuhr ich zu einem baptistischen Fernsehsender, um Zuschaueranrufe in einer Seelsorgesendung zu beantworten. Das Programm war außergewöhnlich gut geplant, wies aber trotzdem einige seltsame Aspekte auf. Mein Thema »Von Gott enttäuscht« sprach besonders Anrufer an, die schreckliche Geschichten erlebt hatten: Kindesmissbrauch, Alkoholismus, Krebs, AIDS und vieles andere. Als diese Zuschauer am Telefon über ihre Traumata sprachen, konnte ich nur hilflos in die Kamera blicken und voller Mitgefühl nicken. Aus den Augenwinkeln sah ich, wie die Produzenten der Show mit großen Plakaten herumliefen: »Dieser Mann ist ein Spinner. Nehmen Sie ihn aus der Leitung!« – »Schnell zum Ende kommen – noch dreißig Sekunden bis zur Werbung.« –

Auf einer Schnellstraße in Los Angeles verbrachte ich drei Stunden und fünfzig Minuten total verzweifelt in einem dichten Stau und hörte eine Radiosendung, bei der ich eigentlich hätte sprechen sollen. »Wir wissen, dass Sie irgendwo im Stau festsitzen, Philip«, versuchte mich die Moderatorin zu beruhigen. »Fahren Sie vorsichtig. Machen Sie sich keine Sorgen.« Ich fuhr vorsichtig – was hätte ich bei einem Tempo von nicht einmal zehn Stundenkilometern auch anderes machen sollen? Und Sorgen machte ich mir auch, denn: Ich habe es nicht mehr bis zur Sendung geschafft.

In San Francisco gestaltete ich zusammen mit einem ehemaligen Showgirl aus Las Vegas eine Sendung. Diese Frau stand an der Spitze einer Kampagne, die es sich zum Ziel gesetzt hatte, in jeder größeren Stadt der USA einen sechzigstöckigen Gebetswolkenkratzer in Form eines Kreuzes zu errichten. Sie hatte sich bekehrt, nachdem sie sich auf dem Operationstisch dem Tod nahe gefühlt hatte. »Meine Karriere hatte einen Knick gemacht, und deshalb musste ich mir wieder meine Brüste vergrößern lassen«, erzählte sie. Als sie unter Narkose auf dem OP-Tisch lag, begleitete sie ein Engel in die Hölle. Hier sah sie einen riesigen Lastwagen, der ganz und gar aus menschlichem Fleisch zusammengesetzt war (»Selbst die Schmutzfänger waren aus Fleisch!«) und der Teenager Amerikas von der Ladefläche in einen See kippte. Ich frage sie: Wie kann irgendein Buch, das Theologie auf populäre Weise darbietet, mit solchen Geschichten konkurrieren?

Ich beendete meine Rundreise mit einem Besuch bei *Heritage USA*, den Überresten der ehemaligen Organisation von Jim und Faye Bakker. Schon zweimal war ich vorher dort gewesen, einmal auf dem Höhepunkt von Bakkers Karriere, und später, als Jerry Falwell dort das Regiment führte. Heute war die Stimmung deutlich anders. Die an Disneyland erinnernden Gebäude im Zentrum des Geländes schimmerten in der Dämmerung wie Las Vegas nach dem Abwurf einer Neutronenbombe. In dieser Geisterstadt gab es jede Menge Gebäude, aber keine Menschen. Nirgendwo war etwas von dem alten Überschwang zu spüren. Fenster waren zugenagelt, Baukräne standen untätig herum, die

Wasserrutsche war ausgetrocknet. Es gab allerdings noch ein Fernsehteam, das mehr schlecht als recht seine Arbeit erledigte. Man hatte so viel Personal abgebaut wie irgend möglich, und das Team stand unter der Aufsicht der Konkursbehörde.

Als ich an meine letzten Besuche zurückdachte, fiel mir vor allem auf, dass sich die Mitarbeiter selbst am meisten geändert hatten. Viele von ihnen waren von den Bakkers eingestellt worden. Sie hatten sie verehrt, aber als deren schockierende Verfehlungen aufgedeckt worden waren, hatte sie das völlig desillusioniert. Wer danach noch blieb, tat das, weil er wirklich an seine Aufgabe und seine Berufung glaubte. Die Mitarbeiter wirkten demütig, aufrichtig, gebrochen. Sie wirkten christlich.

Nach dreiwöchigen Erfahrungen im Niemandsland christlicher Medien kehrte ich zurück mit einigen subjektiven und unwissenschaftlichen Beobachtungen:

1. Christliche Fernsehsender stellen eine überdurchschnittliche Anzahl von schönen Frauen mit langem Haar und langen Röcken ein. Die meisten von ihnen sprechen mit einem Südstaatenakzent.
2. In 50 Prozent aller Fälle schaut der Moderator erst fünf Minuten vor der Sendung in das Buch des Gastautors hinein.
3. Bei charismatischen Sendern kann man sich einfach nicht vorstellen, warum jemand ein Buch darüber schreiben sollte, dass er von Gott enttäuscht ist.
4. Die Sendungen, die von den Südlichen Baptisten und den Siebenten-Tag-Adventisten gestaltet wurden, waren am besten organisiert, und die Gastgeber waren wirklich an einem gehaltvollen Gespräch interessiert. (Aber versuchen Sie einmal, in einem Studio der Siebenten-Tag-Adventisten eine gute Tasse Kaffee zu bekommen!)
5. Bei nichtchristlichen Sendern waren die Anrufer von einer einzigen Frage besessen: »Wie kann ein liebender Gott so viel Leid zulassen?« Bei christlichen Sendern war es genau andersherum: »Ja, Gott schickt uns das Leid, und jetzt sage ich weshalb ...«

Ich brauchte eine Weile, um mich an die *Künstlichkeit* der Medien zu gewöhnen.

Im normalen Leben achten wir auf Körpersprache und Augenkontakt, um die Beziehung zum Rest der Welt einzuschätzen. Wenn wir vor einer Gruppe sprechen, und alle sitzen mit halb geschlossenen Augen und verkniffenem Mund da, dann gibt es Grund zu der Annahme, dass die Kommunikation misslungen ist. Aber das Fernseh- und Radiopublikum bleibt natürlich unsichtbar. Hört mir jemand wirklich zu? Ich weiß es nicht. Im Fernsehstudio heucheln Moderator oder Moderatorin nur dann Interesse, wenn sie im Blickfeld der Kamera sitzen. Andernfalls schauen sie sich vielleicht schon die nächste Frage an, flüstern mit dem Produzenten, prüfen ihr Aussehen im Taschenspiegel oder rücken die Krawatte zurecht.

Wenn Zuschauer direkt während der Sendung anrufen können, was immer beliebter wird, dann wird damit eine ganz neue Stufe der Künstlichkeit erreicht. Ich habe schnell begriffen, warum sich Politiker auf Schlagworte verlassen. Die Botschaft muss sich dem Medium anpassen, nicht umgekehrt. Als eine Frau anrief und schluchzend von der Tragödie ihres Lebens berichtete, die ihr zu schaffen machte, konnte ich ja wohl kaum entgegnen: »Es tut mir Leid, aber ich kann Ihnen nicht in neunzig Sekunden erklären, wie man ein solch tief sitzendes Problem löst.« Stattdessen suchte ich nach einer kompakten Zusammenfassung, die ihr selbst in dieser verkürzten Form eine neue Perspektive eröffnen oder einfach Hoffnung vermitteln konnte. Neunzig Sekunden später kam die Werbung, und von dieser Frau habe ich nie wieder etwas gehört.

Manchmal leiteten die Anrufer ihre Geschichten mit dem Satz ein: »Das habe ich noch nie jemandem erzählt.« Dieses Geständnis verursachte mir eine Gänsehaut, weil es die eigentliche Stärke – und die Schwäche – christlicher Sender berührt: Einige dieser Menschen hatten zu ihrem Fernsehapparat eine engere Beziehung als zu irgendeinem lebendigen Menschen.

11
Abraham, Jesus und Mohammed in New Orleans

Die Schriftstellerei führt auch dazu, dass ich hin und wieder zu ungewöhnlichen Treffen eingeladen werde. Eines, an das ich mich besonders gut erinnern kann, fand in New Orleans statt und wurde von M. Scott Peck organisiert, einem Psychiater und Schriftsteller. Peck vertritt die Theorie, dass man erst einmal eine Gemeinschaft aufbauen muss, bevor man Probleme lösen kann, und er brachte dreißig ganz unterschiedliche Menschen zusammen, um diese Theorie zu überprüfen.

Er lud zehn Juden, zehn Christen und zehn Muslime ein, einen Mikrokosmos, der vielleicht den schwierigsten Konflikt der westlichen Zivilisation repräsentiert. Die zentrale Frage, die uns bewegte, lautete: »Können Menschen, die völlig unterschiedliche Dinge für absolut wahr halten, zusammenleben ohne sich umzubringen?« Wir trafen uns am Wochenende vor Rosenmontag in einer katholischen Tagungsstätte. (Versuchen Sie einmal, dem Anhänger einer anderen Religion die christlichen Ursprünge dieser Sex-und-Alkohol-Orgie begreiflich zu machen.) Drei Tage diskutierten wir über alles, worüber wir gerne diskutieren wollten.

Manche kulturellen Unterschiede traten sofort zu Tage. Wenn Scott Peck seine Seminare leitet, besteht er darauf, dass man in »Ich«-Sätzen spricht und sich persönlich öffnet. Die Juden gingen begeistert darauf ein. »Vergessen Sie nicht, wir haben die Psychotherapie erfunden«, witzelte ein Rabbi. Aber den muslimischen Teilnehmern fiel das sehr schwer. Ein Imam versuchte es zu erklären: »Wir haben eine kulturelle Aversion gegen Psychotherapie. Sie werden kaum jemals hören, dass ein Muslim über Persönliches spricht. Man tut das einfach nicht.«

Die Folge davon war, dass wir Christen uns manchmal in der Zuschauerrolle wiederfanden und beobachteten, wie die Muslime mit der Verkündung von absoluten Wahrheiten auf die Gedanken der Juden reagierten, mit denen sie sich selbst in Frage stellten. Das provozierte im Gegenzug noch weitere »Ich«-Aussagen von jüdischer Seite und dann wiederum weitere feste Glaubenssätze von Seiten der Muslime. Es war gut, als Zuschauer zu fungieren; denn das Verhältnis der Christen zu beiden Religionen war geschichtlich belastet, und unsere neue Rolle als Vermittler gefiel mir weitaus besser als die Pogrome und Kreuzzüge der Vergangenheit.

In New Orleans war oft davon die Rede, dass eine Religion die andere »abgelöst« hätte, und das half mir die augenscheinliche Gelassenheit der Muslime zu verstehen. Die Juden hatten etwas gegen den Gedanken einzuwenden, dass das Christentum das Judentum *abgelöst* hat. »Ich fühle mich wie ein Kuriosum der Geschichte, so als ob mein Glaube jetzt ins Altenheim abgeschoben wird«, sagte jemand. »Es stört mich, wenn jemand vom *alttestamentlichen* Gott spricht oder überhaupt vom *Alten* Testament.« Ich musste ihm Recht geben: Das Christentum versteht sich als Religion, die das Judentum abgelöst hat. Jesus hat den »neuen Bund« verkündet, als er aus dem Sedermahl am Anfang des Passahfestes das machte, was wir heute als »Abendmahl« kennen. Später bezeichnete der Apostel Paulus das alttestamentliche Gesetz als »Zuchtmeister« oder »Erzieher«, der uns zu Christus führt.

Mir war allerdings niemals klar gewesen, dass die Muslime den Islam als eine Religion betrachten, die Christen- und Judentum abgelöst hat. Ihrer Sichtweise zufolge wuchs der Islam auf dem Boden dieser beiden Religionen und nahm Teile davon in sich auf, ebenso wie das Christentum auf dem Boden des Judentums gewachsen war und Teile davon in sich aufgenommen hatte. Abraham war ein Prophet; Jesus war ein Prophet; aber Mohammed war *der* Prophet. Das Alte Testament hat seinen Platz ebenso wie das Neue; aber der Koran ist die endgültige Offenbarung. Als ich hörte, wie man mit solcher Herablassung über meinen eigenen Glauben sprach, bekam ich einen Eindruck davon, wie sich die Juden in den letzten zweitausend Jahren gefühlt haben müssen.

Ironischerweise war es die gemeinsame Sprache des Schmerzes, die diese drei Gruppen zusammenbrachte. Viele der jüdischen Teilnehmer hatten Angehörige im Holocaust verloren, und einige hatten auch in den Kriegen Israels gegen seine arabischen Nachbarn als Freiwillige gedient. Auf der muslimischen Seite erzählte eine Frau von den entsetzlichen Zerstörungen, die das Stadtviertel von Beirut, Libanon, in dem sie zu Hause gewesen war, praktisch unbewohnbar gemacht hatten. Ein anderer Muslim schilderte das Massaker in Deir Yassin von 1948, als Mitglieder der israelischen Stern-Gruppe 250 Bewohner seines Dorfes umbrachten und die Leichen in einen Brunnen warfen. Er war mit zehn Jahren flink genug, um ihnen zu entkommen. Aber ein Soldat erschoss kaltblütig seinen zweijährigen Bruder und seine 96-jährige Großmutter.

Manchmal wirkt Leid wie ein trennender Graben, manchmal wie eine Brücke. Der Muslim, der den Soldaten in Deir Yassin entkam, hatte Jahre später einen Verkehrsunfall in den Vereinigten Staaten. Es war eine jüdische Krankenschwester, die anhielt, einen Verband aus ihrem parfümierten Taschentuch herstellte und die Glassplitter aus seinem Gesicht zog. Er glaubt, dass sie ihm das Leben rettete. Die Frau dieses muslimischen Mannes, eine Ärztin, erzählte, dass sie einmal einen Mann behandelte, der eine seltsame Tätowierung auf dem Handgelenk trug. Als sie ihn danach fragte, berichtete er ihr vom Holocaust, einem historischen Ereignis, von dem sie weder während der Schul- noch der Universitätsausbildung gehört hatte, weil das in arabischen Ländern nicht zum Lehrplan gehört. Zum ersten Mal konnte sie das Leid der Juden verstehen.

Warum tun sich Menschen immer wieder solche Dinge an? Jugoslawien, Irland, Sudan, die West Bank – der Kreis findet kein Ende. Wie bereits Gandhi bemerkte, kann sich das Prinzip »Auge um Auge, Zahn um Zahn« nicht für alle Zeiten selbst am Leben erhalten, denn irgendwann werden die gegnerischen Parteien blind und zahnlos dastehen.

Unser Treffen in New Orleans hat die Lage im Nahen Osten nicht verändert oder den Frieden zwischen den drei großen monotheistischen Religionen wahrscheinlicher gemacht. Aber es hat uns verändert. Denn zum ersten Mal beschäftigten wir uns mit Verbindungen und Gemeinsamkeiten, nicht nur mit Grenzen. Wir lernten Hillel, Dawud und Bob kennen, menschliche Gesichter hinter den Etiketten Jude, Muslim und Christ.

Jede Gruppe hielt einen Gottesdienst – die Juden am Freitag, die Muslime am Samstag und die Christen am Sonntag –, zu dem die anderen als Beobachter eingeladen waren. Im jüdischen Gottesdienst wurde aus den Psalmen und der Thora gelesen und gesungen. Der muslimische Gottesdienst bestand fast ausschließlich aus ehrfürchtigen Gebeten, die an den Allmächtigen gerichtet sind. Wir Christen feierten das Abendmahl und erzählten, wie uns das hilft, uns an den Tod Christi zu erinnern, uns auf seine Wiederkunft zu freuen und in der Gegenwart zu leben, weil wir durch seinen Tod mit Gott versöhnt wurden.

Alle drei Gottesdienste wiesen erstaunliche Ähnlichkeit auf und erinnerten uns daran, wie viel diese drei Religionen gemeinsam haben. Vielleicht wird die Debatte gerade darum so emotional geführt, weil wir ein gemeinsames Erbe haben: Auseinandersetzungen in der Familie sind erbitterter als anderswo, und Bürgerkriege sind blutiger als andere.

Ein Rabbi sagte über dieses Wochenende: »Ich wollte gar nicht herkommen. Ich hätte fast abgesagt. Vor zehn Tagen besuchte ich Auschwitz. Ich stand an dem Ort, an dem so viele Tausend Menschen umgekommen waren – nur weil sie das Verbrechen begangen hatten, Juden zu sein. In Auschwitz baten mich einige Katholiken, mit ihnen zu beten. Wie hätte ich das tun können? Ich wusste, dass die katholische Kirche geschwiegen hatte, als man Mitglieder meiner Familie gezwungen hatte, ihre eigenen Gräber auszuheben.

Ich war noch nicht bereit, mich mit Muslimen und Christen zu treffen. Ich konnte meinen Schmerz noch nicht hinter mir lassen. Dieses Wochenende war schwer für mich, aber jetzt kann ich sagen, dass ich froh bin, dass ich hier war. Ich habe den Heilungsschmerz gespürt, nicht den Schmerz, den eine frische Wunde verursacht.

Wir haben voneinander Geschichten gehört. Das hat uns berührt.

Und doch hassen sich die Institutionen, die wir vertreten, immer noch, und sie hören nicht auf damit, sich gegenseitig umzubringen. Kann dieses Wochenende mehr sein als eine schöne Erfahrung für alle, die hier mitgemacht haben? Gibt es eine Möglichkeit, dass sich die Systeme verändern, gibt es einen Weg, aus dieser Spirale der Gewalt auszusteigen?«

Damit war der Rabbi auf die ursprüngliche Frage zurückgekommen, die über diesem Wochenende stand: »Können Menschen, die völlig unterschiedliche Dinge für absolut wahr halten, zusammenleben ohne sich umzubringen?« Das allerdings ist eine Frage, die ein Wochenende in New Orleans nicht beantworten kann.

12
Eine lohnende Karriere

Ich habe drei Bücher gemeinsam mit Dr. Paul Brand geschrieben, einem Missionsarzt und Lepraspezialisten, der sein Leben fast zu gleichen Teilen in drei verschiedenen Ländern verbrachte: ein Drittel in England, ein Drittel in Indien und ein Drittel in den Vereinigten Staaten. Schriftsteller sind Parasiten – wir saugen anderen Menschen das Leben aus –, und ich werde immer Dankbarkeit dafür empfinden, dass ich die Möglichkeit hatte, einen wenn auch kleinen Anteil an diesem Leben zu haben. Dr. Brand ging auf die achtzig zu, als ich ihm half, seine Autobiografie zu schreiben, und ich reiste nach England und Indien auf der Suche nach dem, was ihn dort prägte. »Bitte«, bat mich seine Tochter einmal, »versuchen Sie ein wenig Ordnung in das fröhliche Durcheinander im Leben und in den Gedanken meines Vaters zu bringen.«

In Indien wurden wir wie Könige auf Staatsbesuch willkommen geheißen. Als wir uns dem Haus näherten, in dem Brand seine Kindheit verbracht hatte, kam uns eine Menschenmenge vom Hügel entgegen. Die Frauen, in ihren hellen Saris so farbenprächtig wie tropische Vögel, legten uns Blumenkränze um den Hals und geleiteten uns zu einem Festmahl, das auf Bananenblättern angerichtet worden war. Nach dem Essen versammelten sich hundert Menschen in der Kapelle, die Brands Vater mit eigenen Händen erbaut hatte, und gestalteten ein einstündiges Programm mit Liedern, Danksagungen und zeremoniellen Tänzen.

Der Empfang in verschiedenen Privathäusern beeindruckte mich sogar noch mehr. Bei einem Mann, Namo, hing ein zwanzig Jahre altes Foto von Dr. Brand an der Wand. Darunter hatte er geschrieben: »Möge der Geist, der in ihm ist, auch in mir leben.« Als Namo mir seine

Geschichte erzählte, konnte ich gut verstehen, dass er für den Arzt, der ihn damals operierte, solche Gefühle hegte.

Als Jugendlicher musste Namo die Universität mitten im Abschlussjahr verlassen; die verräterischen Lepraflecken breiteten sich auf seiner Haut aus, und seine Hände versteiften sich zu Klauen. Er wurde aus der Schule, aus dem Dorf und schließlich auch von seiner Familie verstoßen. Namo machte sich auf den Weg in ein Leprakrankenhaus in Südindien, wo ein junger Arzt mit neuen Operationstechniken experimentierte. Allein in Indien litten drei Millionen Menschen an Lepra, weltweit zwölf Millionen, aber Brand war der erste Chirurg, der versuchte, ihre Deformationen zu behandeln.

Namo erinnerte sich an diesen schwarzen Tag: »Ich war so zornig über meinen Zustand, dass ich fast nicht sprechen konnte. Stotternd erzählte ich Dr. Brand, dass ich meine Hände zu nichts mehr gebrauchen konnte. Bald würden auch meine Füße nutzlos sein. Was mich betraf, konnte er sie abschneiden.« Namo deutete mit der Hand eine entsprechende Bewegung an. »Jedenfalls konnte er meinetwegen alles tun, was er wollte, wenn er dadurch irgendetwas lernen konnte.«

Glücklicherweise hatte Namo mit seiner Prognose Unrecht. Medikamente brachten den Krankheitsverlauf zum Stillstand. Nachdem er fünf Jahre eine schier endlose Serie von Operationen über sich hatte ergehen lassen, konnte er seine Hände und Füße wieder gebrauchen. Er machte eine physiotherapeutische Ausbildung und begann mit anderen Leprapatienten zu arbeiten. Schließlich wurde er Leiter der Physiotherapie am *All India Institute*.

Noch am selben Tag besuchte ich Sadan, ebenfalls ein ehemaliger Patient von Dr. Brand. Er sah aus wie eine Miniaturausgabe von Gandhi: Knochig und fast kahl hockte er im Schneidersitz auf der Bettkante. Mit seiner hohen Stimme erzählte er im Singsang seine herzzerreißende Lebensgeschichte: Seine Klassenkameraden machten sich über ihn lustig, ein Busfahrer trat ihn mit dem Fuß aus dem Bus, viele Arbeitgeber weigerten sich, ihn trotz seiner Ausbildung und seiner Begabung einzustellen, und selbst Krankenhäuser wiesen ihn ab.

»Als ich nach Vellore kam, verbrachte ich die Nacht auf der Veranda der Brands, weil ich sonst nirgendwo hingehen konnte«, erzählte

Sadan. »Ich kann mich noch daran erinnern, wie Dr. Brand meine infizierten Füße mit ihren Geschwüren in die Hand nahm. Ich war schon bei vielen Ärzten gewesen. Einige von ihnen hatten sich meine Hände und Füße aus sicherer Entfernung angesehen, aber Dr. Brand und seine Frau waren die ersten Mediziner, die es wagten, mich anzufassen. Ich hatte fast vergessen, wie sich eine menschliche Berührung anfühlt.«

Dann schilderte Sadan die ausgeklügelte Folge von medizinischen Prozeduren – Sehnenverpflanzungen, Nervenbehandlungen, Zehenamputationen und die Operation des grauen Stars –, die Dr. Brand und seine Frau, eine Augenärztin, vornahmen. Sadan redete eine halbe Stunde. Sein zurückliegendes Leben war ein Katalog menschlichen Leids. Aber als wir bei ihm zu Hause unsere letzte Tasse Tee schlürften, kurz bevor unser Flug nach England ging, machte Sadan noch eine erstaunliche Bemerkung: »Und dennoch muss ich sagen, dass ich heute glücklich bin, dass ich diese Krankheit hatte.«

»Glücklich?«, fragte ich ungläubig.

»Ja«, erwiderte Sadan. »Wenn ich nicht an Lepra erkrankt wäre, dann hätte ich eine normale Familie gegründet, wäre dem Reichtum hinterhergejagt und hätte versucht, gesellschaftlich aufzusteigen. Ich hätte niemals so wunderbare Menschen wie Dr. Paul und Dr. Margaret kennen gelernt, und ich wäre nie dem Gott begegnet, der in ihnen wohnt.«

Der Empfang, der uns in England bereitet wurde, sah völlig anders aus. Auch dort machte ich mich auf die Suche nach den Spuren von Dr. Brands Vergangenheit. Ich besuchte das alte Haus, in dem seine Eltern, ein Missionarsehepaar, ihren Heimaturlaub verbracht hatten, ich stand auf dem Dach des Krankenhauses, wo er als Student während der Luftangriffe Wache gestanden hatte, und ich besuchte das *Royal College of Surgeons*, wo er zwei glanzvolle Vorlesungen gehalten hatte. Niemand aber hing uns Blumenkränze um den Hals, niemand sang Lieder oder legte Zeugnis von seinen Leistungen ab.

Dort, wo er seine ersten medizinischen Abenteuer erlebt hatte, wirkte Dr. Brand allenfalls wie ein Anachronismus. In der Universitätsklinik gingen wir von einem Pförtner zum anderen, um etwas über seine ehemaligen Kollegen in Erfahrung zu bringen. »Wer? Würden Sie den Namen bitte buchstabieren?«, wurden wir immer wieder gefragt. Schließlich fanden wir in einem düsteren Korridor eine Reihe von Fotos, die einige von Brands Lehrern zeigten – Ärzte, die zu ihrer Zeit genauso berühmt waren wie heute Christian Barnaard oder C. Everett Koop.

Ich ertappte mich bei dem Gedanken, welche Karriere Paul Brand gemacht hätte, wenn er in London geblieben wäre. Selbst mit seiner Arbeit unter Leprakranken in einem abgelegenen indischen Dorf hatte er sich einen gewissen Ruf verschafft: den Albert-Lasker-Preis; in den meisten Handbüchern zur Handchirurgie wurde ein Kapitel von ihm gedruckt. Auch erhielt er die *Commander of the British Empire*-Medaille von der Queen, das ist der höchste Preis, den die US-Gesundheitsbehörde vergibt; einige chirurgische Techniken wurden nach ihm benannt. Wenn er als Forscher in einem gut ausgestatteten Labor tätig gewesen wäre, wer weiß schon, welche Ehrungen er noch entgegengenommen hätte. Vielleicht den Nobelpreis?

Aber was wäre dann gewesen? Sein Bild würde bei den anderen im dunklen Korridor hängen, mittlerweile staubig und vergilbt. Sein Name würde wie der seiner Lehrer und Kollegen als Fußnote in den medizinischen Fachbüchern erscheinen. Der Ruhm in den Annalen der Medizin ist nicht von langer Dauer; mikrochirurgische Techniken lassen das, was in Brands Jugend als entscheidender Durchbruch gefeiert wurde, veraltet aussehen. Aber seine aufopfernde Arbeit als Missionsarzt in Indien trägt immer noch Früchte, weil er damit das Leben von Namo, Sadan und Hunderten von anderen Menschen verändert hat.

Die unmittelbar aufeinander folgenden Begegnungen in Indien und England wurden für mich zu einem Gleichnis, das die Vergänglichkeit des Ruhms der Unvergänglichkeit des Dienstes gegenüberstellt, den man an anderen leistet. Ob wir nun in Indien, England oder im amerikanischen Clarkston leben, unser wahrer Wert hängt nicht von einem eindrucksvollen Lebenslauf oder unserem Einkommen ab, sondern von dem, was wir anderen weitergeben.

»Wer sein Leben findet, der wird's verlieren; und wer sein Leben verliert um meinetwillen, der wird's finden« (Matthäus 10,39), lautet ein Ausspruch Jesu, der häufiger als irgendein anderer in den Evangelien zitiert wird. Welche Art von Karriere wir auch einschlagen, es wird sich immer irgendwie lohnen. Aber seit ich mit Dr. Brand Namo und Sadan besuchte und dann die »Ruhmeshalle« am *Royal College of Surgeons* besichtigte, habe ich keine Zweifel mehr, welche Art von Karriere wirklich Bestand hat.

13
Das Vermächtnis des fröhlichen Narren

Meinen einzigen ernsthaften Versuch, eine Diät zu machen, bringe ich in Gedanken immer mit dem Schriftsteller und Journalisten G. K. Chesterton in Verbindung. Zunächst ein Wort zu meiner Diät. Eigentlich wiege ich nicht zu viel, aber kurz nach meinem vierzigsten Geburtstag entdeckte ich dreizehn überflüssige Pfunde an meinem Körper, die dort nichts zu suchen hatten, und ich entschloss mich, etwas dagegen zu tun.

Meine Freunde, und zwar vor allem die, die wirklich unter Übergewicht litten, legten keinerlei Mitleid an den Tag: »Eine Diät, so so. Willst du zunehmen oder abnehmen?« Sehr witzig. Was mich betraf, war ich etwas beleidigt, dass mein Körper sich einfach ausgedehnt hatte, ohne mich vorher zu fragen.

Die Diät zeigte übrigens die gewünschte Wirkung, und nachdem ich wieder wirklich in Form war, konnte ich philosophische Betrachtungen übers Abnehmen anstellen. Vor allem entdeckte ich, dass ich seit langer Zeit ein latentes Vorurteil gegen dicke Menschen gehegt hatte. Ich hatte nie mit Gewichtsproblemen zu kämpfen gehabt und empfand kaum Mitleid mit Menschen, denen es nicht so ging.

Während meiner Diät las ich zufällig Chesterton, der seine berühmtesten Werke in den ersten Jahrzehnten des zwanzigsten Jahrhunderts verfasste, und er kam mir immer wieder in den Sinn. So weit ich weiß, hat dieser bemerkenswerte englische Gentleman eine Diät niemals auch nur in Erwägung gezogen, und die Folge davon war, dass sein Gewicht immer kurz unter der Einhundertfünfzig-Kilogramm-Marke lag. Wegen seines Leibesumfangs und seines schlechten Allgemeinzustands wurde er vom Militärdienst befreit, und das führte während des Ersten Weltkrieges zu einer recht unfreundlichen Begegnung mit einer echten Patriotin:

»Warum sind Sie nicht an der Front?«, wollte die entrüstete junge Dame wissen, als sie Chesterton auf einer Londoner Straße erspähte. Er entgegnete ganz kühl: »Meine sehr verehrte Dame, wenn Sie bitte um mich herumgehen würden, dann werden Sie sehen, dass ich dort *bin.*«

Seine markante Silhouette machte Chesterton zur beliebten Zielscheibe der Londoner Karikaturisten. Ein guter Zeichner konnte das Wesentliche in ein paar Strichen einfangen: Von der Seite sah er wie ein großes P aus. Chesterton rundete seinen Ruf mit einigen anderen exzentrischen Gewohnheiten ab, und die meisten von ihnen wurden dem Stereotyp des zerstreuten Professors vollkommen gerecht. Im folgenden Text schildert ein Biograf eine öffentliche Debatte mit George Bernard Shaw.

> »Chesterton war im Gegensatz zu Shaw niemals ein eleganter, geschliffener Redner. Er kam meistens zu spät, machte Witze über sein Gewicht (1911 wog er etwa 120 Kilogramm), und er brachte einen Haufen loser Blätter voller Notizen mit, die er mit seinen kurzsichtigen Augen zu entziffern versuchte. Wenn er seinen Kopf beugte, um sie zu lesen, klang seine hohe Stimme gedämpft, und ihm fiel der Kneifer von der Nase. Er schnaubte durch seinen Schnurrbart und lachte über seine Geistesblitze. Im Gegensatz dazu war Shaw pünktlich und gut vorbereitet, ein schlanker, gut gewachsener Mann mit einer wunderbaren, volltönenden irischen Stimme und der vollendeten Gestik eines Schauspielers.« (Aus »The Outline of Sanity« von Alzina Stone Dale.)

Ich glaube, Chesterton fehlt uns heute. Trotz seiner Marotten gelang es ihm wie keinem anderen in seinem Jahrhundert, den christlichen Glauben mit Witz, guter Laune und beachtlichen intellektuellen Fähigkeiten zu verteidigen. Mit dem Eifer eines Ritters, der die letzte Stellung hält, griff er persönlich und im gedruckten Wort Shaw, H. G. Wells, Sigmund Freud und jeden anderen an, der es wagte, die Welt ohne Gott und die Fleischwerdung Gottes zu interpretieren. (Stellen Sie sich eine Zeit vor, als eine Debatte über den Glauben noch einen Vorlesungssaal füllen konnte!)

Zu seiner Zeit suchten nüchterne Modernisten nach einer neuen einheitlichen Erklärung, die die Vergangenheit deuten und Hoffnung für die Zukunft geben konnte. Shaw betrachtete die Geschichte als Klassenkampf und schlug als Heilmittel einen utopischen Sozialismus vor. Wells interpretierte die Vergangenheit als evolutionären Marsch in Richtung Fortschritt und Aufklärung (und der Rest des Jahrhunderts widerlegte ihn gründlich). Freud hatte die Vision einer Menschheit vor Augen, die sich von allen Repressionen und den Zwängen des Unbewussten freigemacht hatte.

Ironischerweise zeichnete diese drei fortschrittlichen Männer alle ein ernstes Gesicht aus. Mit gerunzelter Stirn und finsterem Blick erläuterten sie ihre optimistischen Zukunftsvisionen. Augenzwinkernd verteidigte Chesterton in der Zwischenzeit solche »reaktionären« Vorstellungen wie Erbsünde oder den Jüngsten Tag und lachte dabei über seine eigenen Witze. In öffentlichen Debatten nahm er das Publikum meistens durch seinen Charme für sich ein, und seinen Sieg feierte er, indem er seinen gedemütigten Gegner in die nächste Kneipe einlud. Chesterton schien instinktiv zu wissen, dass ein ernster, strenger Prophet in einer Gesellschaft voller »kultivierter Verächter« kaum jemals gehört werden wird; er zog die Rolle des Narren vor.

Wir brauchen heute einen Chesterton nötiger denn je. In einer Zeit, da Kultur und Glaube weiter auseinander gedriftet sind als jemals zuvor, könnten wir seine brillanten Einfälle, seine unterhaltsame Art und vor allem seine Großzügigkeit und Freude gut gebrauchen. Wenn sich die Gesellschaft polarisiert, wie es heute geschieht, dann ist das so, als ob sich die beiden Gruppen durch einen Graben getrennt gegenüberstehen und sich gegenseitig anbrüllen. Chesterton machte es ganz anders: Er ging mitten auf eine schaukelnde Brücke, forderte jeden Einzelkämpfer heraus, und schließlich brachte er beide Seiten zum Lachen.

Chesterton sagte, dass er »harten, kalten, dünnen Leuten« misstraue, und vielleicht musste ich deshalb im Lauf meiner Diät so oft an diesen fröhlichen fettleibigen Apologeten denken. Heute sind andere Persönlichkeiten gefragt. Innerhalb der Kirche hat die Nüchternheit den Sieg davongetragen. Theologen referieren mit langen Gesichtern über »die Imperative des Glaubens«. Die religiöse Rechte warnt vor dem Holocaust durch Abtreibung und Euthanasie. Die religiöse Linke warnt vor dem Holocaust durch Atombomben und Umweltverschmutzung. Die Leiter christlicher Hilfswerke (von denen überraschend viele an Übergewicht leiden) berichten mit ernster Stimme von Welthunger und Überbevölkerung.

Und ich sitze allein in meinem Kellerbüro und versuche mit einer Blitzdiät dreizehn Pfund loszuwerden. *Dreizehn*! Chesterton konnte bei einem einzigen Abendessen so viel zunehmen. Mir fallen Shakespeares Worte aus *»Julius Caesar«* ein: »Lasst wohlbeleibte Männer um mich sein, mit glatten Köpfen, und die nachts gut schlafen. Der Cassius dort hat einen hungrigen Blick – solche Leute sind gefährlich.«

Verstehen Sie mich nicht falsch. Ich weiß, dass Völlerei als eine der sieben Todsünden galt, und Fettleibigkeit ein mit Rauchen und Trinken vergleichbares Gesundheitsrisiko darstellt. Aber ich frage mich, ob wir nicht unbewusst den »harten, dünnen, kalten Menschen« als christliches Persönlichkeitsideal übernommen haben.

Manchmal wünsche ich mir, dass wir in der Bibel mehr über die äußere Erscheinung der Hauptpersonen lesen könnten. Den Apostel Paulus stelle ich mir dünn (zu viel Gefängniskost) und etwas kühl vor. Aber was ist mit Jeremia? Haben wir Grund zu glauben, dass ein Prophet, der sich keine Mühe gab, seine Gefühle im Zaum zu halten, seinen Appetit zügelte? Was ist mit König Salomo, der seine Tafel mit ausländischen Köstlichkeiten decken ließ? Ich stelle mir vor, dass die Menschen der Bibel dasselbe Spektrum an Persönlichkeiten und äußeren Erscheinungsbildern boten, das man heute an einer ganz normalen Bushaltestelle findet.

Ich bedaure nicht, dass ich damals auf Diät gegangen bin. Aber ich habe, vor allem dank G. K. Chesterton, gelernt, dass es im Leben noch mehr gibt als schlank zu sein. Ich habe gelernt, dass mein Glaube nur zu leicht zu einer geistlichen Disziplinübung mit verkniffenem Mund und gerunzelter Stirn verkommen kann, einer Mischung aus Askese und Rationalismus.

Chesterton bemerkte einmal: »Verzweiflung liegt nicht daran, dass man des Leidens überdrüssig wird, sondern der Freude.« Trotz seines überschwänglichen Lebensstils wurde Chesterton niemals der Freude überdrüssig.

Nachdem ich mit meiner Diät mein Ziel erreicht habe, nagt noch eine Frage an mir: Ist es möglich, ein weiches Herz und eine warme Persönlichkeit zu haben und trotzdem dünn zu sein?

Teil III

Gott in einer zerbrochenen Gesellschaft finden

14
Eine Exzentrikerin an vorderster Front

Er hat eine gewaltige Alkoholfahne. Der schmutzige alte Mann mit den wässrigen Augen und dem abgetragenen Schuljackett streckt die Hand aus und leiert seinen Monolog herunter: Er braucht Geld für den Bus. Seine Geschichte klingt nicht gerade glaubwürdig, und deine Straßenweisheit sagt dir, wo deine Spende schließlich landen würde. Vielleicht solltest du ihm anbieten, ihn in ein Restaurant auszuführen oder zur Bahnhofsmission zu bringen. Aber das tust du nicht. Du schüttelst den Kopf, vergräbst die Hände in den Taschen und gehst weiter.

In der Innenstadt begegnest du lauter Leuten wie ihm. Das nagt an dir. Mutter Teresa, John Wesley oder Dwight L. Moody wären nicht einfach weitergegangen. Sie hätten dem Mann irgendwie geholfen, selbst wenn das bedeutet hätte, eine neue Arbeit anzufangen, die auf die besonderen Bedürfnisse dieses Menschen eingeht. »Das Gesicht Jesu in einer traurigen Verkleidung«, hat Mutter Teresa die Bettler Kalkuttas einmal genannt. Wie wahr. Sehr traurig.

Am Ende dieses Tages haben vernünftige Erklärungen alle Schuldgefühle zugekleistert. Schließlich hattest du Wichtigeres zu erledigen. Du kannst nicht die Not der ganzen Welt lindern. Und es gibt doch Leute, die sich auf die Aufgabe spezialisiert haben, Menschen auf der Straße zu helfen – vielleicht spendest du ihnen mal etwas Geld.

Aber trotzdem fragst du dich: Was würde passieren, wenn ein Christ die radikalen Gebote Jesu wörtlich nehmen und nach ihnen handeln würde? Wie würde im städtischen Amerika von heute ein barmherziger Samariter aussehen?

Ein Freund in Atlanta hat mir erzählt, dass solch ein Mensch wie Louise Adamson aussehen könnte. Sie ist Missionarin, aber ganz anders als die Missionare, denen du bisher begegnet bist. Eher gleicht sie einem barmherzigen Samariter mit Vollzeit-Job. Also verabredest du dich mit ihr, und zwar im engen Büro einer baufälligen presbyterianischen Kirche, die im Schatten eines Baseballstadions liegt.

Die Möbel sind einfach und stammen aus zweiter Hand. Der Teppich riecht, als ob man dreißig Jahre lang darauf die Schuhe abgestreift hätte. Du schätzt, dass Louise in den Sechzigern ist. Sie hat eine breite Nase, gesunde weiße Zähne, ein narbiges Gesicht und ergrauende Haare. Sie trägt ein einfaches lilafarbenes Kleid, das aus jedem Jahrzehnt außer dem jetzigen stammen könnte. Ihre Stimme zittert, wenn sie spricht, und du hast den Eindruck, sie könnte jeden Augenblick in Tränen ausbrechen. (Möglicherweise trügt dieser Eindruck nicht: Du zählst mit, wie oft sie tatsächlich zu weinen anfängt, und kommst bald auf dreizehn.)

Du hast viel Zeit, um all das zu registrieren, denn Louise redet pausenlos. Vor einer Dreiviertelstunde hast du ihr eine einfache Frage gestellt, und noch immer ist sie in voller Fahrt. Wenn du Louise zuhörst, ist das, als würdest du am Senderknopf deines Radios drehen und bei jedem Sender kurz hineinhören. Überall geht es um unterschiedliche Themen. Der Unterschied liegt darin, dass nicht du, sondern Louise am Knopf dreht.

»Louise, erzähl mir von dir.« So hast du das Gespräch vor fünfundvierzig Minuten begonnen, und sie fing bei ihrer Geburt an und erzählte ihr Leben in dem seltsamen Tonfall eines hebräischen Propheten. »Ich bin wie Gideon, der Letzte aus dem Hause Manasses, aus dem Maisfeld herausgerufen, aus dem Baumwollfeld ...« Das Baumwollfeld lag in Nord-Georgia; dort wuchs sie auf. Hin und wieder wechselt sie das Thema, aber schließlich kommt sie auf die gesundheitlichen Probleme in ihrer Kindheit zurück.

»Bevor ich sechs wurde, erkrankte ich dreimal an beidseitiger Lungenentzündung. Ein schwarzes Ehepaar kam oft vorbei, um meine Eltern bei meiner Pflege abzulösen. In unserem Haus gab es keinerlei rassistische Vorurteile. Eines Nachts kollabierten meine Lungen, und niemand glaubte, dass ich diese Nacht überstehen würde. Ein Nachbar bot meinen Eltern an, mein Grab auszuheben. Aber – und ich glaube, das war ein Wunder – ich wachte mitten in der Nacht auf, fing an zu atmen und verkündete, dass ich Maisbrot und Kohl essen wollte. Ich kann mich noch daran erinnern, was meine Mutter sagte: ›Louise, du gehörst nicht dir selbst. Gott hat dich gerettet, weil er etwas Bestimmtes mit dir vorhat. Du musst herausfinden, was das ist.‹«

Wieder beginnt sie zu weinen. Die Erinnerung hat tiefe Gefühle in Louise ausgelöst. »Oh, die Wege des Herrn sind so wunderbar, so unerforschlich, niemand kann sie verstehen.«

Auf einmal springt sie zwanzig Jahre vorwärts und schildert ihre Studentenzeit in Atlanta. In den 40er Jahren arbeitete sie den ganzen Tag und ging abends dreimal in der Woche zur Abendschule. Daneben beteiligte sie sich ehrenamtlich an der Missionsarbeit in den Slums von Atlanta. Die Viertel dort trugen fantasievolle Namen wie zum Beispiel Buttermilchbassin oder Wirsingstadt. »Ich hielt Bibelstunden für die Kinder ab. Die meisten Häuser waren auf Pfählen oder Betonblöcken errichtet worden, und wenn es regnete, fegten wir die Spinnweben weg und kletterten unter die Häuser, um dort unsere Treffen abzuhalten. Dort zeigte mir Gott, welche Aufgabe vor uns lag, er zeigte mir den Schmerz, das Leid und die Nöte der Menschen. Aber ich wusste, dass ich noch eine weitere Ausbildung brauchte, und nach den Collegekursen schrieb ich mich in einem Seminar der Südlichen Baptisten ein.«

Man hat dich bereits gewarnt, dass Louise nichts wegwerfen kann, und tatsächlich greift sie unter einen Tisch und zieht einen Pappkarton mit vergilbten Zeitungen hervor. Sie hat verschiedene Artikel angestrichen, die die Zustände in den Slums nach dem Krieg anschaulich schildern, und liest sie laut vor. Wieder einmal beginnen die Tränen zu fließen. »Hör dir das an. Drei Mädchen im Alter von sieben, neun und elf Jahren. Ihre Mutter, eine Prostituierte, bindet sie auf dem Bett fest und lässt sie von Männern belästigen. Kannst du dir das vorstellen? Damals wurden wir vom Elend überschwemmt. Der Rest der Welt benahm sich so, als ob es diese Elendsviertel gar nicht gäbe. Sie gleichen dem dreizehnten Stamm Israels, einem verlorenen Stamm. Hier gab es den größten Slum südlich von Chicago.«

Louise kennt die sich verändernde soziologische Landschaft der Stadt genau, aber ihre innere Landkarte unterscheidet sich beträchtlich von dem, was man in Soziologiebüchern nachlesen kann. Sie erzählt: »In den 50er Jahren erreichte die immer größer werdende Innenstadt die großen Kirchen. Gott stand da und sagte zu uns: ›Lauft nicht weg! Bleibt hier! Ich habe die Menschenmassen zu euch gebracht.‹ Wie ich es einmal von einem schwarzen Prediger gehört habe, sagte Gott am Ufer des Schilfmeeres zu Mose: ›Tut nicht einfach irgendetwas – bleibt dort stehen!‹ Und genau das befahl Gott der Kirche – dort stehen zu bleiben.

Aber das taten wir nicht, jedenfalls die meisten von uns. Wir rannten weg. Und in den 60er Jahren kam es zu Unruhen, und die Städte wurden niedergebrannt. Gott wollte, dass sein Volk die Rassenschranken niederreißt, die Unterschiede überwindet, die Türen öffnet. Wenn wir das nicht selbst täten, dann würden es andere für uns tun.

Und dann sagte Gott in den 70er Jahren: ›Diese Kirche hat sich den Herausforderungen der 50er und 60er Jahre nicht gestellt, also werde ich mit meinem Geist so vorwärts gehen, wie es mir gefällt.‹ Das war der Zeitpunkt, als sich [unter jungen Leuten] die Jesus-Bewegung ausbreitete, und es kam zu einer neuen Ausgießung des Heiligen Geistes. Gott war uns so weit voraus, dass viele Menschen nicht mehr mitkamen.«

In diesen Jahrzehnten bemühte sich Louise, nicht im Staub verloren zu gehen. Im Seminar hatte sie einen Ehemann gefunden. Er nahm eine Stelle in einer großen Kirche in der Innenstadt von Atlanta an, die ausschließlich weiße Mitglieder hatte und, wie die Einwohner von Atlanta es ausdrückten, in einem »sich wandelnden Viertel« lag. Dieses Viertel wandelte sich für den Geschmack der meisten Weißen viel zu schnell, und die Kirche spaltete sich über der Frage, ob man Schwarze als Mitglieder zulassen sollte. In einer Mitgliederversammlung kam es zur Krise und zur endgültigen Trennung.

Louise kann sich noch gut daran erinnern: »Ich war so stolz auf meinen Mann, weil er so eindeutig Stellung bezog. Die Kirche war gerammelt voll. Die Konservativen hatten Dutzende von Menschen mobilisiert, die noch auf der Mitgliederliste standen, aber schon seit Jahren nicht mehr zum Gottesdienst gekommen waren. Wir führten eine geheime Abstimmung durch, und mit einer Mehrheit von neununddreißig Stimmen wurde beschlossen, Schwarze in der Kirche nicht zuzulassen. Mein Mann kündigte und wir verloren alles – unser Einkommen, die Stellung, einfach alles. Und weißt du, ich glaube, Gottes Geist hat an diesem Tag die Kirche verlassen. Von diesem Tag an begann sie zu sterben. Das waren finstere Zeiten, als wir uns fragten, ob Gott die Stadt im Stich gelassen hatte.«

Vier Jahre später starb Louises Mann. Sie blieb in der Nähe wohnen und lebte von einem bescheidenen Einkommen, das ihr die Heimatmission der Südlichen Baptisten überwies. In den 70er Jahren arbeitete sie hauptsächlich mit Kindern, von denen sie jede Woche 1.500 in Bibelklassen unterrichtete. Als sie die Kinder kennen lernte, erfuhr sie auch deren Bedürfnisse. Schon bald verteilte sie Nahrung und Kleidung, trat als Zeugin vor dem Jugendgericht auf, um über Wesen und Persönlichkeit der Angeklagten auszusagen, besuchte Gefängnisse und Krankenhäuser. Wenn sie Kinder kennen lernte, die von Familienangehörigen missbraucht wurden, fragte sie die Eltern, ob die Kinder bei ihr einziehen dürften. Auf diese Weise wurde sie vierzehn Kindern zur »Mutter«. »Gott ist so gut! Er wusste genau, was er tat, als er mir keine eigenen Kinder schenkte. Ich hätte so viel Arbeit gehabt, dass ich für diese anderen Kinder nicht hätte da sein können.

Ich habe niemals geplant, einen offiziellen ›Dienst‹ anzutreten. Du meine Güte! Gott brachte einfach diese wunderbaren Menschen in mein Leben. Die Baptistengemeinde erlaubte mir, unter der Woche ihre Räume zu benutzen, solange am Sonntag keine Schwarzen kamen. Einmal brachte ich ein kleines schwarzes Mädchen mit, das gerade Jesus in sein Leben aufgenommen hatte. Sie fragte den Pastor, ob sie getauft werden könnte, und die Gemeinde geriet in Panik. Innerhalb von zwei Monaten zog die Gemeinde nach Stone Mountain, dreißig Kilometer östlich von Atlanta, um.

Aber aus irgendeinem Grund unterstützten mich die Baptisten weiterhin, und bald öffnete eine presbyterianische Kirche ihre Pforten. Sie gaben mir die Schlüssel und sagten: ›Louise, du kannst in unsere Kirche bringen, wen du willst – Schwarze, Gelbe, Prostituierte, Alkoholiker, einfach jeden.‹ Ist es nicht wunderbar, wie Gott für uns sorgt?

Kennst du den Psalm mit der Grube und dem Schmutz und Schlamm? Gott errettet immer noch Menschen aus der Grube, und es ist so schlimm, dass einige dieser Kirchen nicht geblieben sind und diese Menschen kennen gelernt haben.«

Die ganze Zeit hatte Louise offizielle Berichte an die Verantwortlichen der Heimatmission einreichen müssen. Ihre Methode passte in keine Kategorie. Louise nennt das, was sie tut, einen »Straße-nach-Jericho-Dienst«, nach dem Gleichnis vom Barmherzigen Samariter, der einem Schwerverletzten auf der Straße nach Jericho geholfen hatte. »Ich habe kein Gremium, kein Komitee oder sonst etwas. Ich habe meistens mit den örtlichen Gemeinden zusammengearbeitet, aber sie sind alle von hier weggezogen. Ich arbeite jetzt allein. Einige Leute spenden Kleidung und Essen, und das verteile ich dann weiter.«

Louise reagiert unwirsch, wenn man sie auf Planung und Organisation anspricht. »Wie sollte man einen ›Straße-nach-Jericho-Dienst‹ wohl organisieren? Man geht einfach die Straße hinunter und hält Ausschau nach Opfern, und vielleicht wird es schon Tag, bevor du Jericho erreichst. Man kann die Notlage eines Menschen nicht einfach strukturieren. Die Krise schlägt wie ein Tornado ohne Vorwarnung zu. Und ich bin schon so lange hier, dass mich die Leute noch vor der Polizei oder der Feuerwehr anrufen. Wir haben die Missionsarbeit so schwierig gemacht, findest du nicht? Es geht doch nur darum, für Gott zu leben und die Menschen um dich herum zu lieben. Der Herr bringt jeden Tag Struktur in mein Leben. Und am Ende jedes Tages falle ich auf die Knie, um das große Halleluja zu singen.«

Auch die presbyterianische Kirche schloss ihre Pforten, als nur noch ein paar Dutzend Mitglieder übrig waren. Sie baten Louise, das Gebäude weiterhin zu nutzen und damit Vandalen abzuschrecken. Sie zog praktisch in die heruntergekommene Sakristei ein, hielt dort ihre Bibelklassen und Kurse für unverheiratete Mütter ab und bot den Obdachlosen ein Dach über dem Kopf. Schließlich zogen ein paar junge, gut ausgebildete Christen mit sozialem Engagement in das Viertel, und in die Gemeinde kam neues Leben. »Siehst du«, sagt Louise triumphierend, »Gott hat diesen Ort niemals verlassen! Er war die ganze Zeit hier.«

Den ganzen Nachmittag hörst du dir Louises Geschichten an. Sie bewegen und inspirieren dich, aber als die Sonne schließlich hinter den Baumkronen verschwindet, hast du immer noch eine sehr vage Vorstellung von Louises genauem Tagesablauf. Was ist zum Beispiel gestern passiert? Oder heute? Wacht sie morgens auf und wartet, dass das Telefon klingelt? Du unterbrichst sie und stellst ihr diese Frage.

»Morgens? Nein, nein, normalerweise klingelt es in der Nacht. Warte mal – gestern. Ach ja. Eine Mutter, um die ich mich kümmere, rief mich abends an. Ich bin sofort rübergefahren. Sie saß auf dem Fußboden und hatte überall im Gesicht blaue Flecken. Ihr Mann hatte sie wieder geschlagen. Neben ihr stand eine große Flasche mit einem verschreibungspflichtigen Medikament, und sie erzählte mir, dass sie den ganzen Tag mit sich gekämpft hatte, es nicht zu nehmen. Zwei Kinder schrien sich im Nebenzimmer die Seele aus dem Leib. Ich hatte ein paar Lebensmittel mitgebracht. Wir haben also gekocht, die Kinder beruhigt und dann zusammen zwei Stunden lang das Haus geputzt. Zum Schluss haben wir bei der Arbeit sogar zusammen Choräle gesungen.

Als ich nach Hause kam, fühlte ich mich etwas erschöpft. Gegen Mitternacht bekam ich noch einen Anruf. Drei ältere Menschen waren seit drei Tagen nicht aus ihrer Wohnung herausgekommen und hatten seitdem keinen Bissen gegessen. Meine erste Reaktion war: ›Herr, ich bin müde. Ich will ins Bett.‹ Aber Jesus hat uns befohlen, unseren Nächsten wie uns selbst zu lieben, und wenn es sich in diesem Apartment um meine Mutter gehandelt hätte, dann hätte ich gewollt, dass ihr jemand etwas zu essen bringt. Also ging ich schnell einkaufen. Die Leute wohnen im dritten Stock. Als ich die Tüten die ersten beiden Treppen hinaufschleppte, fühlte ich mich hundemüde. Aber irgendwo im zweiten Stock war mir, als ob Gott mich mit einem B-12-Bomber getroffen hätte. Ich ging in die Wohnung und verbrachte drei Stunden bei diesen wunderbaren Frauen. Mitten in der Nacht veranstalteten wir ein Festmahl. Ich war so aufgeregt, dass ich kaum schlafen konnte, als ich nach Hause kam.«

Fühlt Louise sich manchmal ausgebrannt? »Natürlich bin ich manchmal erschöpft, und wenn es allzu schlimm wird, dann fahre ich eine Woche oder so auf die Farm in Nord-Georgia. Aber Jesus hat gesagt, dass wir zuerst nach seinem Reich trachten sollen und uns alles andere zufallen wird. Und weißt du, das stimmt wirklich. Manchmal passieren Dinge, die mich entmutigen. Letztes Jahr wurde dreimal in mein Haus eingebrochen. Meistens weiß ich, wer es war – Jugendliche, die Geld für Drogen brauchen. Letztes Mal waren es zwei, denen ich jahrelang versucht habe zu helfen. Ich bin ihnen auf die Spur gekommen, habe sie ausfindig gemacht und ihnen gesagt, dass ich keine Anklage erheben werde. Dann habe ich sie gefragt, ob ich mit ihnen beten dürfte. Dann geschah das Beste, was geschehen konnte. Von der Mutter des einen Jungen hörte ich neulich, was er ihr erzählt hat: ›Miz Adamson haut uns von den Socken. Ich breche in ihr Haus ein, und sie kommt mit einem Haufen Essen und einer Bibel zurück. Das haut mich um.‹ Ist das nicht toll? Wenn er ins Gefängnis gegangen wäre, hätte er so eine Wut im Bauch gehabt, dass er sich nichts mehr über Jesus angehört hätte. Jetzt kann er nicht aufhören, an Jesus zu denken!«

Louise bricht wieder in Tränen aus, und danach erzählt sie mir noch eine Geschichte von einem ihrer Pflegekinder. Das Jugendgericht hat ihr schon öfter die offizielle Vormundschaft über Jugendliche übertragen, im Augenblick betreut sie zwölf Kinder. Du hörst dir ihre Geschichten an, bis die Sonne untergegangen ist, in den Häusern die Lichter angehen und es Zeit ist, sich zu verabschieden. Als du dich doch von ihr verabschiedet hast und sie laut für dich um eine sichere Heimfahrt gebetet hat, begegnest du draußen auf der Straße einem der vierzehn Kinder, die Louise aufgezogen hat.

Das Mädchen heißt Faye, und als du ihr erzählst, dass du den ganzen Nachmittag mit Louise verbracht hast, beginnt sie so aufgeregt wie Louise zu sprechen. »Was für eine Frau! Jeden Tag bete ich: ›Herr, lass mich Louise ähnlicher werden. Lehre mich, die Menschen zu lieben und nicht so selbstsüchtig zu sein.‹ Ich war acht Jahre alt, als ich bei Louise einzog, und ich hatte keine Ahnung, was Liebe eigentlich war. Wir lebten in einer kleinen Mietwohnung. Elektrizität und Gas waren abgestellt, und mein Vater saß im Gefängnis. Als mein kleiner Bruder sich am ganzen Körper verbrannte, weil wir ein Feuer angezündet hatten, um uns warm zu halten, bot Louise an, uns zu helfen, indem sie mich großzog. Zum ersten Mal in meinem Leben lebte ich mit jemandem, der keine Angst hatte, mich zu berühren und zu umarmen. Sie sagte mir, das Wichtigste im Leben ist, dass Jesus mich liebt, und dann gab sie dieser Liebe helfende Hände. Manchmal wekkte sie mich um drei Uhr nachts auf und sagte: ›Komm, Liebling, wir müssen gehen.‹ Ich schlief dann auf einer Pritsche im Wagen, während sie zum Beispiel nach einer Frau sah, die bei einem Feuer alles verloren hatte.

Ich hatte eine Schwester, die mit dreizehn von zu Hause weggegangen ist und gesagt hat: ›Ich will nie wieder in diese gottverlassene Stadt zurückkehren.‹ Sie jagte dem Reichtum hinterher und heiratete einen Jungen, von dem sie glaubte, er würde sie reich machen. Das ging schief. Ihre Kinder wohnen heute wieder hier und sind drogenabhängig. Aber ich glaube, das Wichtigste, was ich von Louise gelernt habe, ist, dass Gott diese Stadt nicht verlassen hat. Nicht ein bisschen. Er ist immer noch hier.«

Louise Adamson ist wirklich exzentrisch. Ihr Haus unterscheidet sich in nichts von den anderen des Viertels, in dem sie ihren Dienst tut. Alte Sofas stapeln sich auf der Veranda und warten darauf, dass sie Bedürftigen zur Verfügung gestellt werden. Auf dem Rasen im Vorgarten stehen Spielzeugautos umher, die bald armen Familien geschenkt werden sollen. Louise passt nicht in das Bild, das man sich von einem Pastor oder Sozialarbeiter macht. Sie beschäftigt keine Mitarbeiter, hat kein Programm. Sie stellt ihren Spendern keine Quittungen für das Finanzamt aus (auch wenn sie in all den Jahren ihre eigenen Quittungen sorgfältig aufbewahrt hat – in einem Pappkarton in ihrem Wohnzimmer). Wenn du sie fragen würdest, was sie für die nächsten fünf Jahre oder auch nur die nächsten fünf Tage geplant hat, würde sie dich nur verständnislos anstarren. Sie sagt, sie muss frei sein, um auf den Geist Gottes zu hören. Jeden Morgen wacht sie einfach auf und bittet Gott, sie zu gebrauchen.

In der Zwischenzeit analysieren in den Universitäten Soziologen die Abhängigkeitsstrukturen der Unterschicht. Stadtplaner tauschen sich über Strategien aus, mit denen man die Probleme der heruntergekommenen Stadtzentren lösen kann. Regierungsgremien informieren sich über das Drogenproblem und die Obdachlosigkeit. Diese Programme werden Milliarden Dollar verschlingen, und es werden viele Jahre vergehen, bevor man Ergebnisse sieht.

Wenn du dein Auto auf die Auffahrt zur Schnellstraße steuerst, die sich um das Stadion herumzieht, kommt dir der Gedanke, dass es in dieser Stadt ganz anders aussähe, wenn jeder Christ in Atlanta das Evangelium so leben würde wie Louise. Und plötzlich merkst du, dass du es prima finden würdest, wenn es auf dieser Welt mehr Exzentriker gäbe.

15 Dr. Donahue löst das Drogenproblem

Zum ersten Mal schaute ich mir im Fernsehen eine komplette Folge der Serie *»Donahue«* an. Das Thema des Tages lautete »Crackbabys«. Die *New York Post* und das *Wall Street Journal* hatten bereits Aufsehen erregende Berichte darüber veröffentlicht; sie hätten die amerikanische Öffentlichkeit aufrütteln müssen.

Zunächst kamen die Reporter der *»Post«* zu Wort und erläuterten das Problem. Etwa vier Millionen Babys wurden als Kinder von cracksüchtigen Müttern geboren. Crack ist eine besonders wirksame Form des Kokains. Diese Babys kommen süchtig und untergewichtig auf die Welt. Oft haben sie psychische und emotionale Probleme. Die ältesten dieser Kinder überfluten jetzt die öffentlichen Schulen, die bereits mit den »normalen« Kindern mehr als genug zu tun haben. Die Crack-Kinder haben eine unglaublich kurze Aufmerksamkeitsspanne, legen aggressives Verhalten an den Tag und scheinen kaum ein Gewissen zu haben.

Kurz, die USA werden von einer großen Gruppe junger Bürger überrannt, die das Gesundheits- und Bildungssystem noch weiter belasten, und alle Anzeichen deuten darauf hin, dass sie schließlich auch die Strafanstalten für Jugendliche und später für Erwachsene bevölkern werden. Die Reporter sagten voraus, dass in den USA die Crackkinder zum sozialen Problem Nummer Eins werden würden.

Die Produzenten von Donahues Show hatten zwei Crackmütter, eine afroamerikanische und eine weiße, ins Studio eingeladen, und nachdem die Reporter der *»Post«* das Ausmaß des Problems skizziert hatten, stellte Donahue die beiden vor. Das Publikum war merklich gespannt. Die meist weiblichen Zuschauer stammten überwiegend aus der Mittelschicht. Gerade hatten sie gehört, dass Drogenkonsumenten eine neue Epidemie in der Gesellschaft verbreiteten, und jetzt hatten sie die Gelegenheit, zwei der Überträger dieser Plage kennen zu lernen.

Die weiße Crackmutter schien unter Drogen zu stehen. Sie ließ sich in den Sessel sinken, die Augen hinter einer Sonnenbrille verborgen, und gab nuschelnde, undeutliche Antworten auf die ihr gestellten Fragen.

Die Afroamerikanerin, die ihr zweites Kind erwartete, erwies sich als durchaus wortgewandt. »Ich bin jetzt seit zwei Tagen clean«, erzählte sie. »Jemand war nett zu mir und hat mir Respekt erwiesen. Sie haben mich für zwei Nächte in einem Hotel untergebracht, und zum ersten Mal wollte ich mich wirklich verändern. Ich wollte ein besserer Mensch werden. Deshalb habe ich kein Crack nehmen müssen.« Lauter Applaus.

Donahue setzte zu einer Verteidigungsrede an. »Sehen Sie, diese Frauen brauchen unser Mitleid«, sagte er und wies mit geöffneter Hand auf die beiden Frauen. »Wir müssen uns von unseren strengen Moralvorstellungen verabschieden. Es hätte keinen Sinn, diese Frauen zu bestrafen.«

Dann wandte er sich der Afroamerikanerin zu und stellte ihr eine Frage, die die meisten Zuschauer bestimmt auch im Hinterkopf hatten. »Jetzt müssen Sie uns einmal helfen, das zu verstehen. Sie haben bereits ein Crackbaby bekommen, richtig? Und Sie haben die gesundheitlichen Probleme Ihres Kindes mitbekommen. Und trotzdem sind Sie wieder schwanger. Warum?«

Die Frau dachte einen Augenblick nach. »Dazu kann ich nur sagen, dass solche Unfälle vorkommen«, entgegnete sie schließlich. Damit verlor sie augenblicklich die Sympathie der Zuschauer. Einige buhten und pfiffen. Andere schüttelten ärgerlich ihren Kopf. Als Steuerzahler würden sie in Milliardenhöhe zur Kasse gebeten werden, um für die Probleme aufzukommen, die diese Crackkinder verursachen. Unfälle mögen vorkommen – aber vier Millionen Unfälle?

Ein Sozialarbeiter, ebenfalls Studiogast, sprang ein. »Die Frauen können ihre Sucht nur auf eine einzige Weise finanzieren, nämlich durch Prostitution. Sie haben zwanzig bis dreißig Freier pro Nacht. Wegen ihres schlechten Gesundheitszustandes menstruieren sie oft nicht und merken erst im vierten oder fünften Monat, dass sie schwanger sind. Dann ist es zu spät für eine legale Abtreibung.«

Den folgenden Kommentaren und Fragen nach zu urteilen hatte das Publikum alle Sympathie und alles Mitleid bereits aufgebraucht. »Warum muss ich für ihr unverantwortliches Verhalten bezahlen?«, wollte eine Frau wissen und zitterte vor Ärger. »Sollten sie nicht selbst die Konsequenzen ihres Verhaltens tragen? Und sie tun nicht nur sich selbst weh – was ist denn mit all den unschuldigen Babys?«

Jemand anders schlug vor, jede Frau zu sterilisieren, die ein Crackbaby zur Welt gebracht hat. Donahue bohrte nach: »Sollten wir auch Alkoholikerinnen sterilisieren, die ein Kind bekommen haben? Oder Raucherinnen? Soll die Polizei etwa alle Mütter aufspüren, die nicht geeignet sind, weitere Kinder zu bekommen?« Die Frau wirkte verwirrt, blieb aber bei ihrer ursprünglichen Meinung. Irgendetwas musste getan werden.

Aber was? Die Antwort heißt Bildung, meinten die Reporter der *»Post«*. Ja, Bildung, ließ sich der Sozialarbeiter wie ein Echo vernehmen. Die wortgewandte der beiden Crackmütter nickte energisch, die nuschelnde nickte einfach so.

Ich habe diese Sendung im Wohnzimmer eines Freundes gesehen. Dabei saß ich neben einem Arzt, der in der Notaufnahme eines Chicagoer Krankenhauses arbeitet. Als die Studiogäste sich nacheinander über das Allheilmittel Erziehung ausließen, musste er auf einmal laut auflachen. »Die Drogensüchtigen, die ich behandle, wollen mich über ihre Lage aufklären«, erklärte er. »Sie stellen sich gerne als arme, unwissende Opfer dar, aber ich habe herausgefunden, dass viele von ihnen Blut- und andere Untersuchungswerte besser interpretieren können als die meisten Mitarbeiter im Gesundheitswesen.«

Wenn Bildung wirklich die Antwort wäre, wären dann so viele Mitglieder der gebildeten Mittelschicht auf Crack hereingefallen? Wenn Bildung wirklich die Antwort wäre, hätte die schwangere Frau, die als Studiogast geladen war, dann nicht ihren Drogenkonsum nach der Geburt ihres ersten Kindes aufgegeben – oder wenigstens ein sicheres Verhütungsmittel benutzt? Wenn Bildung wirklich die Antwort wäre, dann wären Raucher und Alkoholiker in den USA heute ausgestorben.

Die Anonymen Alkoholiker entdeckten vor langer Zeit, dass der Weg zur Heilung nicht nur in schnellen Lösungen liegt, die auf Wissen und Ausbildung setzen. Tatsächlich geht es bei der Veränderung eines Menschen eher um Theologie als um Bildung. Das Opfer einer Sucht muss seinen verschütteten Sinn für menschliche Würde wiederentdecken, und dieser tief greifende Prozess benötigt viel Zeit, Zuwendung und Liebe.

Die Anonymen Alkoholiker rezitieren bei jedem Treffen ihr Glaubensbekenntnis, ein Bekenntnis, das entschieden die Vorstellung zurückweist, dass irgendjemand von uns ein hilfloses unwissendes Opfer von übermächtigen Kräften ist. Ich bin ein menschliches Wesen, moralisch verantwortlich, und die Entscheidungen, die ich treffe, beeinflussen nicht nur mich, sondern auch meine Familie und die Gesellschaft um mich herum. Ich brauche Hilfe – von meinen Freunden und meiner Familie, von anderen Alkoholikern, von einer höheren Macht – aber zuerst einmal muss ich vor mir selbst zugeben, dass ich moralische Entscheidungen treffen kann.

Schon lange beeindruckt es mich, wie die Anonymen Alkoholiker scheinbare Gegensätze miteinander vereinbaren: Mitleid, das trotzdem auf moralischer Verantwortlichkeit beharrt; die Unterstützung durch die Gemeinschaft, die trotzdem die Würde des Einzelnen fördert; Selbstfindung, die sich auf den Glauben an eine höhere Macht zurückführen lässt. Es ist weiter erstaunlich, dass diese Vorstellungen nach christlicher Theologie klingen, denn die Anonymen Alkoholiker wurden von überzeugten Christen gegründet. Aber solche Ideen lassen sich nur schwer einer ganzen Gesellschaft vermitteln – schon gar nicht in einer Sendung mit Don Donahue.

16
Gesundheit und der Gottesfaktor

Als Dr. David Larson seine Facharztausbildung in Psychiatrie absolvierte, warnten ihn seine Studienberater: »Sie schaden Ihren Patienten, wenn Sie versuchen, Ihren christlichen Glauben mit psychiatrischen Methoden zu kombinieren. Das ist klinisch unmöglich.« Seine Ausbilder beharrten darauf, dass Religion meistens die psychische Gesundheit eines Menschen ruiniert.

»Stützt die Forschung wirklich diese Meinung?«, fragte sich Larson. »Oder handelt es sich um einen Mythos, der in der wissenschaftlichen Welt kolportiert wird?« Seine Neugier lässt ihn seit nunmehr fünfzehn Jahren nach der Antwort suchen. Oft sitzt er stundenlang über wissenschaftlichen Fachzeitschriften und schwer verständlichen Forschungsberichten, brütet über Korrelationen und anderen Daten und sucht nach Hinweisen, wie sich Religion auf die geistige und körperliche Gesundheit auswirkt.

Larson fiel sofort auf, dass die meisten Untersuchungen das Thema Religion überhaupt aussparen. Das war eigentlich seltsam, denn 90 Prozent der Amerikaner glauben an Gott, 40 Prozent gehen jede Woche zum Gottesdienst, und eine große Minderheit gibt immerhin an, dass Religion in ihrem Leben eine »sehr wichtige« Rolle spielt. Spiegelt es möglicherweise die antireligiösen Vorurteile in diesem Berufsfeld wider, wenn dieses Thema einfach ausgelassen wird? Weniger als die Hälfte der Psychiater und Psychologen geben an, an Gott zu glauben, und eine Untersuchung brachte an den Tag, dass fast 40 Prozent die organisierte Religion als »immer oder meistens psychologisch schädlich« betrachten.

Obwohl die meisten zeitgenössischen Untersuchungen Fragen ausklammern, die mit dem Glauben zu tun haben, fand Larson heraus, dass bei einigen von ihnen wichtige Fragen zum religiösen Engagement gestellt wurden. Er sah sich die Ergebnisse näher an und weitete dann seine Suche auf alles aus, was die Wirkung von christlichem Engagement auf die Gesundheit erhellen konnte. Die Ergebnisse schockierten ihn. Hier eine Kostprobe:

- Regelmäßige Kirchgänger leben länger. Religiosität verringert die Wahrscheinlichkeit von Herzanfällen, Arteriosklerose und Bluthochdruck erheblich.

- Religiöse Menschen sind weniger stark alkoholgefährdet und weit weniger drogengefährdet. Eine Untersuchung fand heraus, dass andererseits 89 Prozent der Alkoholiker in ihrer Teenagerzeit jegliches Interesse an Religion verloren hatten.

- Gefängnisinsassen, die eine Entscheidung für den Glauben treffen, müssen nach ihrer Entlassung weniger häufig eine weitere Haftstrafe antreten als nichtreligiöse Häftlinge.

- Die Zufriedenheit in der Ehe und das allgemeine Wohlbefinden stehen im Allgemeinen mit dem Gottesdienstbesuch in Verbindung, Kirchgänger erkranken weniger häufig an Depressionen.

- Eine religiöse Bindung bietet einen gewissen Schutz gegen eins der größten Gesundheitsprobleme der USA: die Scheidung. Wer regelmäßig zur Kirche geht, verdoppelt damit die Wahrscheinlichkeit, seine Ehe intakt zu halten.

Scheidung gefährdet die Gesundheit aus folgenden Gründen:

- Scheidung erhöht die Wahrscheinlichkeit eines frühen Todes durch Schlaganfall, erhöhten Blutdruck sowie Lungen- und Darmkrebs dramatisch. Überraschenderweise ist es fast so gefährlich, ein geschiedener Nichtraucher zu sein, wie täglich eine Packung Zigaretten oder mehr zu rauchen und verheiratet zu bleiben! (Sollten die Schriftsätze, die vor einer Scheidung von den Anwälten ausgetauscht werden, auch eine Warnung des Gesundheitsministers tragen?)

- Scheidung wirkt sich besonders bei Männern ungünstig auf die geistige Gesundheit aus. Die Selbstmordrate steigt bei männlichen Weißen nach einer Scheidung um den Faktor Vier, und es ist zehnmal so wahrscheinlich, dass sie psychiatrische Behandlung brauchen.
- Scheidung wirkt sich katastrophal auf die Kinder aus. Der Anteil von Kriminellen aus geschiedenen Elternhäusern liegt doppelt so hoch wie der aus heilen Familien. Die Familienstruktur spielt sogar eine größere Rolle als die wirtschaftliche Situation für die Prognose einer kriminellen Karriere. Kinder aus zerbrochenen Familien werden mit größerer Wahrscheinlichkeit Probleme in der Schule bekommen, Drogen nehmen und Selbstmordversuche unternehmen.

Kurz, Larson fand heraus, dass eine religiöse Bindung weit davon entfernt ist, gesundheitliche Probleme zu verursachen! Bestehende Erkrankungen werden deutlich verringert. »Im Wesentlichen liefert die Studie eine empirische Bestätigung der Weisheit, die wir im Buch der Sprüche finden«, sagt er. »Wer sich nach biblischen Werten richtet, lebt länger, genießt das Leben mehr und wird seltener krank. Die Fakten liegen auf dem Tisch, aber wir müssen sie noch bekannter machen.« Als Berater des *National Institute of Mental Health* (Nationales Institut für Geistige Gesundheit) und des neu gegründeten Paul-Tournier-Instituts versucht er eben das zu tun.

Als ich Dr. Larson kennen lernte, schrieb ich gerade zusammen mit Dr. Paul Brand, zu der Zeit Präsident der Internationalen Christlichen Medizinischen und Zahnmedizinischen Gesellschaft, ein Buch. Er erzählte mir von einer Konferenz in Arizona, an der er teilgenommen hatte, und bei der Delegierte der amerikanischen Gesundheitsbehörde, unter anderem vom Zentrum für Seuchenkontrolle und der Behörde für Lebensmittel und Drogen, zusammengekommen waren, um über Gesundheitstrends zu sprechen und die Prioritäten für die nächsten Programme festzulegen. Während der Konferenz führte Dr. Brand eine Liste aller verhaltensabhängigen Probleme, die auf der Tagesordnung standen, und notierte, wie lange jeweils darüber gesprochen wurde:

Herzkrankheiten und durch Stress verursachter Bluthochdruck, AIDS, Geschlechtskrankheiten, durch Rauchen verursachte Emphyseme und Lungenkrebs, Missgeburten, weil die Mütter Alkoholikerinnen waren oder Drogen nahmen, Diabetes und andere ernährungsbedingte Krankheiten, Gewaltverbrechen und Autounfälle unter Alkoholeinfluss. Für die Gesundheitsexperten in den USA gelten diese Krankheiten als Endemie oder sogar Epidemie.

Brand fiel auf, dass es bei einer vergleichbaren Zusammenkunft von Experten in Indien, wo er lange Jahre gearbeitet hatte, um Malaria, Polio, Ruhr, Tuberkulose, Typhus und Lepra gegangen wäre. Nachdem in den USA die meisten dieser Infektionskrankheiten besiegt sind, drängten neue Gesundheitsprobleme an ihre Stelle, und sie hängen überwiegend mit der Wahl des Lebensstils zusammen.

Diese Konferenz fand in Scottsdale in Arizona statt. Nevada, der westliche Nachbar dieses Staates, nimmt in den Todesstatistiken einen der ersten Plätze ein, während Utah, der nördliche Nachbar, weit unten rangiert. Beide Staaten sind relativ wohlhabend, ihre Bürger gut ausgebildet, und das Klima ist ähnlich. Wie Untersuchungen vermuten lassen, lässt sich der Unterschied durch unterschiedliche Lebensstile erklären. In Utah liegt der Hauptsitz der Mormonen, die Tabak und Alkohol ablehnen. In Utah sind die Familienbindungen sehr eng, und Ehen werden im Allgemeinen nicht geschieden. Im Gegensatz dazu gibt es in Nevada doppelt so viele Scheidungen, es wird weitaus mehr Alkohol und Tabak konsumiert, ganz zu schweigen von dem einzigartigen Stress, der durch Glücksspiel verursacht wird.

Dr. David Larson, der nicht weit von Washington D.C. lebt, glaubt, dass solche Fakten die Gesundheitspolitik beeinflussen sollten. »Von den Entscheidungsträgern kann man nicht erwarten, dass sie Gesetze verabschieden, die biblische Werte widerspiegeln«, räumt er ein. »Aber ich weiß inzwischen, dass ihnen zwei Dinge am Herzen liegen, nämlich erstens am Leben zu bleiben und zweitens Geld zu sparen. Wir wissen ganz sicher, dass zum Beispiel eine Scheidung allen Beteiligten schadet und die Gesellschaft viel Geld kostet; sollte die Politik also nicht etwas für stabile Ehen tun?«

Larson weist darauf hin, dass der Grad der religiösen Bindung entscheidend ist, die Konfession dagegen keine Rolle spielt. Überzeugte Mormonen, Juden, Katholiken und Protestanten sind gesünder als die restliche Bevölkerung. Der Psychoanalytiker Carl Jung schrieb:

> »Viele Hunderte von Patienten sind durch meine Hände gegangen; es waren in der Großzahl Protestanten, in der Minderzahl Juden und nicht mehr als fünf bis sechs praktizierende Katholiken. Unter allen meinen Patienten jenseits der Lebensmitte, das heißt jenseits fünfunddreißig, ist nicht ein Einziger, dessen endgültiges Problem nicht das der religiösen Einstellung wäre. Ja, jeder krankt in letzter Linie daran, dass er das verloren hat, was lebendige Religionen ihren Gläubigen zu allen Zeiten gegeben haben, und keiner ist wirklich geheilt, der seine religiöse Einstellung nicht wieder erreicht, was mit Konfession oder Zugehörigkeit zu einer Kirche natürlich nichts zu tun hat.« [Originalzitat, Gesammelte Werke, Band 11, S. 344 (Kapitel 509)]

Larson zufolge wäre es schwierig, ein besseres Rezept für ein gesundes Leben zu finden als die neun Worte von Paulus in Galater 5: Liebe, Freude, Friede, Geduld, Freundlichkeit, Güte, Treue, Sanftmut, Keuschheit. Augenzwinkernd bemerkt Paulus noch: »Gegen all dies ist das Gesetz nicht.« Larsons Meinung nach sollten wir vielleicht noch eine Fußnote hinzufügen: »Aber es sollte ein Gesetz geben, um diese Dinge zu fördern.«

Ich habe meine Zweifel, ob empirische Daten, ob selbst eine Vielzahl an empirischen Daten den Kongress in Washington jemals dazu bewegen wird, Gesetze zu verabschieden, wie sie Larsons Untersuchungen zufolge hilfreich wären. Als Nation scheinen wir weitaus mehr an dem Recht interessiert zu sein, uns selbst zu zerstören. Trotzdem weisen Larsons Forschungsergebnisse auf einen Weg hin, den die Kirche des einundzwanzigsten Jahrhunderts gehen könnte.

In einer gar nicht so weit zurückliegenden Vergangenheit erkannten in Amerika Kirche und Staat dieselben Werte an: die Unantastbarkeit und Würde des menschlichen Lebens, sexuelle Treue, stabile Familien, Disziplin.

Immer mehr aber drifteten diese Wertesysteme auseinander, und die Kirche ist möglicherweise nicht in der Lage, diesem Trend in einer säkularisierten Gesellschaft Einhalt zu gebieten. Aber wir können uns bemühen, das zu tun, wozu Jesus uns ursprünglich herausgefordert hat: das Salz der Erde, das Licht der Welt, die Stadt auf dem Berg zu sein.

Vielleicht bekehren wir nicht alle Menschen auf diesem Berg, aber wir brauchen uns nicht zu schämen, eine andere Art von Stadt auf der Oberfläche unseres geplagten Planeten zu errichten. Die Forschungsergebnisse weisen nur zu deutlich darauf hin, dass das, was im moralischen Sinn in der Stadt Gottes »gut« ist, auch im pragmatischen Sinn in der Stadt des Menschen gut ist. Um es frei nach dem Philosophen John Locke zu sagen: Das Christentum ergibt in dieser Welt ebenso viel Sinn wie in der nächsten.

17 Shakespeare und die Politiker

In einem Anflug von Idealismus fasste ich einmal an Neujahr den Vorsatz, alle achtunddreißig Dramen von Shakespeare in einem Jahr durchzulesen. Seitdem sind drei Jahre vergangen, und es sind immer noch sieben Theaterstücke übrig. So viel zu guten Vorsätzen. Und doch war diese Aufgabe zu meiner Überraschung eher unterhaltsam als anstrengend. Ich freue mich immer auf den Abend, den ich für Shakespeare reserviert habe. Ich finde seine Stücke ohne Ausnahme geistreich, tief schürfend und auf eigenartige Weise modern.

Vor einiger Zeit beschloss ich, während im Hintergrund die CNN-Nachrichten liefen, darüber nachzudenken, was ich gelernt hatte. »Liebe erkaltet, Freundschaft fällt ab, Brüder entzweien sich; in Städten Meuterei, auf dem Lande Zwietracht, in Palästen Verrat; das Band zwischen Sohn und Vater zerrissen.« Diese Worte aus *»König Lear«* klingen verdächtig nach einem Kommentator, der den Zustand der heutigen Welt beschreibt. *»König Lear«* war für den Geschmack der meisten Generationen zu düster und wurde jahrhundertelang in einer Fassung mit einem Happy-End gespielt. Heute, da der Zeitgeist mit dieser finsteren Vision etwas anfangen kann, schätzt man dieses Stück von allen Shakespeare-Dramen am meisten.

»An jedem Morgen heulen neue Witwen, neue Waisen schreien; neuer Jammer schlägt an des Himmels Wölbung« – stammt das aus *»Macbeth«* oder von Jesse Jackson? Wenn Shakespeare Verbrechen, Unrecht, Krieg, Verrat und Gier schildert, dann demonstriert das, ganz egal, was die politischen Parteien auch dazu sagen, dass diese Probleme nicht erst im Amerika der 90er Jahre aufgetreten sind, sondern dass es sie schon seit dem Garten Eden gibt.

Mir fielen auch einige Unterschiede zwischen der elisabethanischen Weltanschauung und unserer eigenen auf. Wenn ich den Politikern der demokratischen oder der republikanischen Partei zuhöre, dann habe ich den Eindruck, wir brauchten nur die Wirtschaft anzukurbeln, mit dem Drogenmissbrauch aufzuräumen und all den fehlgeleiteten Jugendlichen in den Straßengangs eine ordentliche Ausbildung zu verschaffen, damit in Amerika wieder das goldene Zeitalter anbricht. Soziale Probleme (der Ausdruck, der dem alten Begriff vom »Bösen« am nächsten kommt), behaupten sie, gingen auf Armut und mangelnde Bildung zurück.

Shakespeare wäre anderer Meinung. »Und doch, nach allem, was ich sehe, sind die ebenso krank, die sich mit allzu viel überladen, als die bei nichts darben«, bemerkte die Kammerdienerin einer reichen Erbin im *»Kaufmann von Venedig«*. Shakespeare respektierte die Rechtschaffenheit der Unterschicht wirklich. Die wahren Schurken waren reich und mächtig wie zum Beispiel Macbeth oder Richard III.; sie besaßen alle Vorteile, die ihnen Bildung, Reichtum und eine gute Erziehung verschaffen konnten. Es verblüfft mich, wie viele große Schriftsteller – Shakespeare, Balzac, Tolstoi, Dickens – nur ein verächtliches Lächeln für die Vorstellung übrig haben, dass Armut die Wurzel allen Übels ist. Für sie zeigt das Böse seine hässliche Fratze am ehesten in der Oberschicht.

»König Lear« bringt es am besten auf den Punkt: »Zerlumptes Kleid bringt kleinen Fehl ans Licht, Talar und Pelz birgt alles. Hüll' in Gold die Sünde.« Lear musste das auf die harte Tour lernen. Von seinen habsüchtigen Töchtern wurde er aus seinem Palast hinausgeworfen. Ganz allein wanderte er in einem Unwetter umher und fand schließlich Zuflucht in einer Höhle bei einem Einsiedler. Nach dieser Erfahrung konnte er zum ersten Mal das Elend der Armen und Obdachlosen verstehen:

> »Ihr armen Nackten, wo ihr immer seid, die ihr des tückischen Wetters Schläge duldet, wie soll euer schirmlos Haupt, hungernder Leib, der Lumpen offne Blöß euch Schutz verleihn vor Stürmen, so wie der? Oh daran dachte ich zu wenig sonst! – Nimm Arzenei, o Prunk! Gib preis dich, fühl einmal, was Armut fühlt, dass deinen Überfluss du jenen hinschüttst, und weise die Gerechtigkeit des Himmels auf!«

Das ist nicht die einzige Szene im *»Lear«*, die von ferne an die Menschwerdung Christi erinnert.

Die Republikaner schieben einer demokratischen Verwaltung die Schuld für die sozialen Probleme in die Schuhe, während die Demokraten die republikanische Mehrheit im Kongress dafür verantwortlich machen – oder umgekehrt, je nachdem, wie die Mehrheitsverhältnisse aussehen. Shakespeares Gestalten neigen genauso dazu, Gott die Schuld zu geben. »Entziehst du dich, o Gott, so holden Lämmern und schleuderst in den Rachen sie dem Wolf? Wann schliefst du sonst bei solchen Taten schon?«, schreit jemand nach einem blutrünstigen Mord aus. »O Gott, siehst du zu und kannst es ertragen?«, klagt ein anderer.

Es liegt eine gewisse Ironie darin, dass diese verzweifelten Schreie einen Glauben an die Vorsehung offenbaren, der allen Shakespeare-Dramen zu Grunde liegt. Man kann Gott nur anklagen, wenn man glaubt, dass er immer noch eingreift. Am deutlichsten sieht man das in den drei Dramen um Heinrich VI. Für Shakespeare bedeutete Geschichte mehr als nur den Aufstieg und Fall von Herrschern und Ländern. Der Aufruhr und die Bürgerkriege in England waren ein Zeichen für das Strafgericht Gottes. Das ist eine harte Botschaft, die ich auf CNN niemals höre.

In Shakespeares Zeit lebten die Menschen unter dem Schatten der göttlichen Belohnung und Strafe. Dieser Glaube hält normalerweise das Böse innerhalb gewisser Grenzen. In *»Richard III.«* zittert ein gedungener Mörder vor der Ausführung seiner Tat. Er fürchtet sich nicht, »ihn umzubringen, dazu hab ich ja die Vollmacht; aber verdammt dafür zu werden, wovor mich keine Vollmacht schützen kann«. Und im dritten Teil von *»Heinrich VI.«* betet Edward: »Noch ehe meine Knie vom kalten Antlitz der Erde sich erheben, werfe ich meine Hände, meine Augen, mein Herz nach dir aus, der du Könige einsetzt und vom Thron stößt.« Unseren Politikern würde solche Demut auch gut tun.

Ein letzter ironischer Zug fiel mir auf, als ich über die elisabethanische Zeit und unsere eigene nachdachte. Wenn man Shakespeares Gestalten mit unseren heutigen Politikern vergleicht, dann kommt mir unweigerlich in den Sinn, dass wir als Männer und Frauen nicht mehr dasselbe Format haben. In den USA regiert die »Politik der Marginalisierung«. Unruhestifter zetteln Unruhen an, weil sie nicht anders können; Teenager werden schwanger, weil sie ihrem Geschlechtstrieb nicht widerstehen können; Frauen, die dafür eintreten, dass man über einen Schwangerschaftsabbruch selbst bestimmen sollte, lassen abtreiben, weil »sie keine Wahl haben«. Die Botschaft ist deutlich: Wir sind das Produkt unserer Gene, unserer Familie und unserer Kultur. Mehr nicht.

Im Gegensatz dazu schreiten Shakespeares Gestalten wie starke Persönlichkeiten über die Bühne. Ich finde es wunderbar erfrischend, wenn ich von Menschen lese, die sich ihrer persönlichen *Bestimmung* bewusst sind. Sie sind weder Automaten noch Opfer, sondern freie Menschen, die Entscheidungen treffen können, manchmal schlechte und manchmal gute. Aber der Schriftsteller, ihr Meister, besteht darauf, dass sie mit den Konsequenzen leben müssen. Lady Macbeth hoffte auf eine Ausnahme: »Ein wenig Wasser spült von uns die Tat«, sagte sie, als sie und ihr Mann sich das Blut von ihren Händen waschen wollten. Wie falsch sie damit lag!

Lady Macbeth starb heimgesucht von ihrer Schuld, und ihr Mann betrauerte sie mit diesen verzweifelten Sätzen:

> »Leben ist nur ein wandelnd Schattenbild, ein armer Komödiant, der spreizt und knirscht sein Stündchen auf der Bühn' und dann nicht mehr vernommen wird; ein Märchen ist's, erzählt von einem Blödling, voller Klang und Wut, das nichts bedeutet.«

Shakespeares Dramen bieten genug Anhaltspunkte, um diesen Nihilismus zu widerlegen. Was der viktorianische Gelehrte A. C. Bradley schrieb, gilt für fast alle Gestalten, die Shakespeare erschuf: »Niemand legt eine Tragödie mit dem Gefühl aus der Hand, dass der Mensch eine armselige kleine Kreatur ist. Er mag unglücklich sein, er mag abgrundtief schlecht sein, aber er ist nicht klein.« Das genügt, um einen nostalgisch zu stimmen.

18
Warum hassen uns die Muslime?

Seit über zehn Jahren sehen die Amerikaner immer wieder, wie protestierende Muslime Bilder des US-Präsidenten verbrennen und den Tod des »großen Satans« fordern. Der Schauplatz wechselt – zunächst der Iran und Libyen, dann der Libanon, schließlich Irak und Algerien – aber der brennende Eifer nicht. Etliche religiöse Fanatiker da draußen verachten uns wirklich.

Die meisten Amerikaner wissen nicht, was sie mit diesen Szenen anfangen sollen. Wir sehen uns als freundliche Menschen, die gerne lächeln und anderen bereitwillig helfen. Unsere politischen Führer wirken eher wie nette Onkel und nicht wie Tyrannen. Das Etikett »großer Satan« stört uns besonders, denn wir halten die USA für eine christliche Nation, viel religiöser als beispielsweise Westeuropa. Immerhin gehen wir noch in die Kirche. Wie kann irgendjemand behaupten, dass wir skrupellos oder heidnisch sind?

Die meisten Historiker sagen voraus, dass sich ein großer Abgrund zwischen den beiden größten Weltreligionen, dem Christentum und dem Islam, auftun wird. In der jüngeren Vergangenheit haben wir uns so sehr an das Gegensatzpaar Kommunismus – Kapitalismus gewöhnt, dass wir darüber vergessen, wie sehr die westliche Welt einmal von religiösen Gegensätzen geprägt wurde. Es stünde uns gut an, einander Verständnis entgegenzubringen, damit wir nicht von neuem in einen achthundert Jahre alten Konflikt stolpern.

Die meisten islamischen Kritiker bemühen immer wieder den etwas angestaubten Begriff *Materialismus*. Wenn das Wort das Streben nach Wohlstand und Konsum bedeutet, dann haben nur wenige arabische Staaten etwas dagegen einzuwenden: Dank der Ölvorkommen zählt der Persische Golf zu den reichsten Regionen dieser Erde. Aber der

Begriff Materialismus steht auch für eine philosophische Überzeugung, dass nämlich das menschliche Leben hauptsächlich (oder ausschließlich) aus dem besteht, was hier und jetzt in der materiellen Welt stattfindet.

Die Anhänger des Islam sehen uns oft als Menschen, die zu viele Gedanken an dieses Leben verschwenden und deswegen die Ewigkeit, die auf uns wartet, außer Acht lassen. Saddam Hussein riskierte die Invasion in Kuwait unter anderem deswegen, weil er daran zweifelte, dass der Westen, und im Besonderen die USA, bereit wären, Tausende von Menschenleben zu opfern. Der Krieg zwischen dem Iran und dem Irak hatte im Gegensatz dazu hinreichend bewiesen, dass Hunderttausende von gläubigen Muslimen nur allzu bereitwillig als »glorreiche Märtyrer« starben, wenn man ihnen die augenblickliche Aufnahme ins Paradies versprochen hatte.

Es gehört zur Ironie der Geschichte, dass der Islam den Begriff »Märtyrer« vom Christentum übernommen hat. Die frühen Christen konnten sich gegenüber Rom behaupten, weil ihnen der ewige Lohn wichtiger war als das körperliche Überleben. Das Blut der Märtyrer war der Samen der Kirche. Heute hört man im Westen nur sehr wenig über den ewigen Lohn, aber sehr viel mehr darüber, wie man den Tod in Schach halten kann. Junge Araber, die hier studieren, lassen sich davon beeindrucken – und oft schockieren –, wie viel Energie wir in den Körper investieren. Sehen Sie sich einmal die Zeitschriften und Illustrierten an Ihrem Kiosk an, und zählen Sie nach, wie viele Titel sich Bodybuilding, Diät, Mode und unbekleideten Frauen widmen – sie alle symbolisieren die besondere Stellung, die wir der materiellen Welt zugestehen.

Puritanisch ist ein weiterer christlicher Begriff, den die islamische Gesellschaft von uns übernommen hat. Im Golfkrieg mussten US-Soldaten zum ersten Mal in der jüngeren Geschichte ohne Alkohol und *»Playboy«* auskommen, um die strengen islamischen Vorschriften in Saudi-Arabien nicht zu verletzen. Nur wenige von ihnen begriffen, dass den unterschiedlichen Moralvorstellungen im Islam und im Westen nicht nur kulturelle, sondern auch philosophische Unterschiede zu Grunde liegen.

Wenn es um moralische Werturteile geht, richtet man sich in der amerikanischen Gesellschaft offenbar nach der Frage: »Schade ich damit jemand anderem?« Also ist Pornografie legal, außer bei der Darstellung von Gewalt oder Kindesmisshandlung. Es ist völlig legal, sich zu betrinken, solange man nicht die Fensterscheibe des Nachbarn zertrümmert oder sich hinters Steuer setzt und damit andere gefährdet. Gewalt im Fernsehen geht in Ordnung, weil jeder weiß, dass die Darsteller nur eine Rolle spielen.

Diese Messlatte, mit der wir ethische Entscheidungen treffen, verrät, dass dahinter eine materialistische Grundüberzeugung lauert. Während wir die Begriffe *schaden* oder *verletzen* rein körperlich verstehen, steht im Islam eine geistige Dimension dahinter. In diesem tieferen Sinn gibt es kaum etwas Schädlicheres als etwa Scheidung, Pornografie oder Gewalt auf dem Bildschirm. Selbst die zynische Schilderung des banalen Bösen in einer Fernsehsendung wie *Melrose Place* fällt darunter. Von diesem Standpunkt aus erklärt sich der Ruf der USA als »der große Satan«.

Derselbe Materialismus zeigt sich in den Strafen, die wir bevorzugt anwenden. Amerikaner sind von solchen islamischen »Brutalitäten« wie Enthauptung, öffentlicher Auspeitschung oder der Handamputation bei Dieben schockiert. »Wie können sie nur so grausam sein?«, fragen wir uns. Aber wir sperren Teenager zusammen mit Kinderschändern in eine Zelle; denken wir dabei auch nur einmal daran, was wir damit ihren Seelen antun? »Fürchtet euch nicht vor denen, die den Leib töten, doch die Seele nicht töten können«, warnte uns Jesus. Und noch einmal: »Es ist besser für dich, dass eins deiner Glieder verderbe und nicht der ganze Leib in die Hölle geworfen werde.«

Der italienische Schriftsteller Umberto Eco (*»Der Name der Rose«*, *»Das Foucaultsche Pendel«*) verfasste eine faszinierende Schilderung seiner Reise durch Amerika mit dem Titel *»Reisen in die Hyperrealität«*. Unser Materialismus hatte bei ihm einen zwiespältigen Eindruck hinterlassen. Er bemerkte, dass die Amerikaner sogar ihren Mythen eine körperliche Gestalt verleihen. Die alten Griechen feierten ihre Helden in Liedern und Gedichten am Lagerfeuer, die Amerikaner schütteln ihnen in Disneyland die Hand.

Die religiösen Fernsehsendungen fand Eco besonders befremdlich: »Wenn man die religiösen Sendungen am Sonntagmorgen verfolgt, dann wird einem weisgemacht, dass man Gott nur als Natur, Fleisch, Energie, fassbarem Bild begegnen kann. Weil kein Prediger es wagen würde, uns Gott in Form einer bärtigen Plastikpuppe oder als Disneyland-Roboter vorzuführen, kann man Gott nur in Form von Naturgewalt, Freude, Heilung, Jugend, Gesundheit, wirtschaftlichem Erfolg begegnen. Wo bleibt das *mysterium tremendum*?«, fragte sich Eco, »wo bleibt der heilige, jenseitige, unfassbare Gott?«

Ich muss bekennen, dass ich den Islam von allen Weltreligionen am schwersten verstehe und am wenigsten schätze. Seine Lehren überzeugen mich nicht, und seine Fanatiker machen uns allen Angst, wenn sie auch eine Randerscheinung sein mögen. Und doch sollten die Fragen, die der Islam aufwirft, uns westliche Christen beschäftigen. Der Islam zeichnet sich vor allem durch den Glauben an einen heiligen, unnahbaren Gott aus. Das geistige, ewige Leben gilt im Islam sehr viel, nicht nur das materielle und sterbliche. Wir »Ungläubigen« haben einiges von den Muslimen zu lernen.

19
Ach, damals!

»Alles fällt auseinander, die Mitte hält nicht mehr;
Bare Anarchie bricht aus über die Welt.
Blutgeblendete Strömungen sind ausgelassen. Allenthalben
Wird der heilige Vorgang der Unschuld überschwemmt.
Den Besten erlahmt der Glaube, und die Schlimmsten
Sind voll von leidenschaftlicher Heftigkeit.«

W. B. Yeats

Genauso wie die Weltwirtschaftskrise und der Zweite Weltkrieg eine ganze Generation prägten, hinterließen auch die 60er Jahre ihre Spuren. Wer von uns in diesem bewegten Jahrzehnt aufwuchs, bekommt immer noch dessen Einfluss zu spüren – im Grunde kann sich unsere gesamte Gesellschaft dem nicht entziehen.

Zu Beginn der 60er Jahre war ich zehn Jahre alt, am Ende dieses Jahrzehnts also zwanzig. In mancher Hinsicht ging ich mit einem Schutzschild aus Religion und christlicher Subkultur durch dieses Jahrzehnt. Ich habe niemals an Musik Geschmack gefunden, die nach 1890 komponiert wurde, und bewusstseinserweiternde Drogen haben mich nie in Versuchung geführt. Mehr noch, die späten 60er Jahre verbrachte ich auf dem Campus eines christlichen Colleges: Während die Studenten an den staatlichen Universitäten ihre Rektoren als Geisel nahmen und in den Gebäuden Bomben hochgehen ließen, protestierten unsere waghalsigsten Demonstranten vorsichtig gegen die Pflichtandacht. Und doch wurde ich trotz meiner isolierten Lage von diesen Jahren der Unzufriedenheit tief greifend beeinflusst.

Damals glaubten wir, die Welt stünde vor einem gewaltigen Umbruch. Als die Pariser Studenten 1968 auf die Barrikaden gingen, stimmten die Konservativen ein Klagelied über das Ende der Zivilisation und den unaufhaltsamen Vormarsch des Kommunismus an. Christliche Gurus wie Francis Schaeffer sagten Unruhen voraus, die zu einer kulturellen Anarchie führen würden. Niemand, absolut niemand aber sagte voraus, was in den nächsten zwei Jahrzehnten tatsächlich eintreffen würde: Rückzug vom Öffentlichen ins Private, sprungartiger Anstieg der Universitätsabschlüsse, Yuppie-Kultur, Rückgang der Bürgerrechtler-Aktivitäten, Wahl und Wiederwahl von Ronald Reagan, Erfolg ultrakonservativer Publizisten wie Rush Limbaugh oder Newt Gingrich, Zusammenbruch des europäischen Kommunismus.

Offensichtlich waren die 60er Jahre vor allem eine vorübergehende demographische Erscheinung. Die geburtenstarken Jahrgänge gehörten zu den wenigen Generationen im Lauf der US-Geschichte, die zahlenmäßig stärker waren als die folgende Generation; und es war nur natürlich, dass ihr Lebensweg einen unverhältnismäßig großen Einfluss ausübte. Ihre ausgebeulte Bevölkerungskurve bewegte sich durch Pubertät und das junge Erwachsenenalter wie ein kleines Schwein durch den Verdauungskanal einer Boa Constrictor: Sie änderte natürlich das Erscheinungsbild der Umgebung, wurde aber schließlich wie alles andere absorbiert.

Die 60er Jahre begannen damit, dass man auf bestimmte Ideale Wert legte: Frieden, Liebe, Gemeinschaft, Gerechtigkeit, Gleichheit. Eine neue Betonung der Spiritualität trieb viele Studenten dazu, sich an Jesus zu »berauschen«. Leidenschaftliche Ideale lassen sich aber nur schwer durchhalten, und allmählich verlagerte sich der Schwerpunkt von inhaltlichen zu stilistischen Fragen. Amerikanische Firmen warfen Blue Jeans und Turnschuhe auf den Markt, von Maschinen geschnittene Fransen und vorgewaschene gebleichte T-Shirts. Leute, von denen man es nicht erwartet hätte, ließen sich einen Bart stehen, Banker, Politiker und Börsenmakler. Bands wie die Grateful Dead, die als Anti-Establishment-Rebellen begonnen hatten, wurden zu einem Milliarden-Dollar-Geschäft.

Die Ideale verschwanden oder verwässerten. Was blieb, war eine Betonung der Körperlichkeit. Was ist von den 60er Jahren geblieben? Die Begeisterung für Outdoor-Aktivitäten; Musik, deren Vibrationen man buchstäblich bis in die letzten Körperzellen spürt; ein Körperbewusstsein, das sich in Meditation, Tai Chi und anderen New-Age-Methoden ausdrückt; Drogen und natürlich die sexuelle Revolution.

Für mich liegt eine gewisse Ironie darin, dass die hohen Ideale der 60er Jahre einfach verschwunden und uns nur die Aushängeschilder geblieben sind. Es macht mich auch traurig, denn was mir die 60er Jahre bedeuten, hat mit diesen Aushängeschildern gar nichts zu tun. Ich denke mit nostalgischen Gefühlen an die Leidenschaft dieses Jahrzehnts zurück. Wenn auch wild und formlos, war diese Leidenschaft doch stark genug, Tausende von Geistlichen und Studenten dazu zu bewegen, in Bussen in die Südstaaten zu fahren, um dort für eine gerechte Sache zu kämpfen. Sie war stark genug, Studenten zum Widerstand gegen einen Krieg zu bewegen, den sie nicht unterstützen konnten. In den 60er Jahren dachte man mehr mit dem Herzen als mit dem Kopf.

»weil das gefühl zuerst kommt
wer achtet noch
auf die syntax der dinge?«
e e cummings

In den 60er Jahren stellte man die Werte, die uns bis dahin am Herzen gelegen hatten, in Frage: Amerika als Weltmacht, unbegrenztes Wirtschaftswachstum und unbekümmerter Konsum. Wenn man jemanden fragte, was er werden wolle, hörte man niemals die Antwort: »Ich glaube, ich werde mich auf die Arbeit in einer Schlichtungskommission spezialisieren, vielleicht auch auf die Finanzierung von riskanten Wertpapieren.« Damals lautete die richtige Antwort eher »Sozialarbeit« oder »juristische Beratung der unterprivilegierten Bevölkerungsschichten«. Studenten stellten ganz alltägliche Dinge in Frage, wie zum Beispiel Fußball mit seinen Macho-Ritualen oder Schönheitskonkurrenzen.

Heute blühen Schönheitskonkurrenzen, Fußball und die Wirtschaft wieder auf. Offenbar hat die Boa Constrictor den Klumpen verdaut. Das Seltsame dabei ist, dass viele Fragen, die in den 60ern aufgeworfen wurden, heute wichtiger sind als jemals zuvor. Damals machten sich die Menschen über die Umwelt Gedanken, lange bevor man solche Begriffe wie »Treibhauseffekt« oder »Ozonschicht« überhaupt kannte. Sie machten sich Sorgen, dass Präsident Johnson Schulden aufhäufte, um den Vietnamkrieg zu finanzieren; diese Summe würde kaum ausreichen, um auch nur für einen Monat die Zinsen für die amerikanische Staatsverschuldung in den 90er Jahren aufzubringen. Sie machten sich über die Überbevölkerung Sorgen, als es auf der Erde zwei Milliarden weniger Menschen gab. Vielleicht ist es das Problem des Geistes, der in den 60ern herrschte, dass er dreißig Jahre zu früh kam.

Ich habe die vage Vorahnung, dass wir noch einmal diesen aufbrausenden Protest erleben werden. Vielleicht wird die Jugend des 21. Jahrhunderts wieder Protestmärsche veranstalten und gegen unseren Materialismus demonstrieren, die unglaubliche Staatsverschuldung, die wir ihnen hinterlassen haben, oder gegen den verschmutzten, übervölkerten, ausgebeuteten, verplanten, verminten Planeten, den wir ihnen vererbt haben. Und wer weiß, vielleicht gehen wir Alten, die in den 60er Jahren aufgewachsen sind, auch wieder auf die Straße. Ich habe die leise Ahnung, dass wir, wenn das so eintreffen sollte, beim nächsten Mal für bessere Sozialleistungen, Gesundheitsfürsorge und andere staatliche Geschenke eintreten werden, die wir heute für unser gutes Recht halten.

20
Auf der Flucht vor Flüchtlingen

»Ich habe das Gefühl, dass sich unser Land in die falsche Richtung bewegt«, sagte neulich eine meiner Bekannten. Viele Menschen teilen ihre Besorgnis. Seit den 60er Jahren haben Gewaltverbrechen um 560 Prozent zugenommen. Der Zeitgeist wird von Beliebigkeit geprägt, ob es sich nun um Sex, Drogen, Gewalt oder Konsum handelt. Man kann die Vereinigten Staaten nur noch im weitesten Sinne als christliches Land betrachten. »Gott wird uns im Stich lassen!«, meinte meine Bekannte und schüttelte den Kopf.

Weil sich so viele Menschen über den »Abstieg Amerikas« Gedanken machen, fragte ich mich, ob Gott Staatsgrenzen überhaupt so viel Aufmerksamkeit schenkt. Richtet Gott die Vereinigten Staaten oder irgendein anderes Land denn als *staatliche Einheit*?

Natürlich können wir im Alten Testament nachlesen, dass Gott in die Organisation des Staates eingreift: Die Propheten verkündeten das Strafgericht über Israel und Juda sowie über die Philister, Assyrien und Babylon. Aber im Neuen Testament ändert sich das: Gott wirkt nicht in erster Linie durch bestimmte Länder und Staaten, sondern durch ein unsichtbares Reich jenseits der staatlichen Organisation. Jesus betonte immer wieder, dass Gott vor allem durch sein »Himmelreich« auf der Erde wirkt. Dieses Reich durchdringt allmählich die Gesellschaft und verändert sie, so wie Salz, mit dem man das Fleisch würzt.

Wenn ich über die Geschichten nachdenke, die Jesus vom Himmelreich erzählt hat, komme ich zu dem Schluss, dass sich viele Christen deswegen unbehaglich fühlen, weil sie die beiden Reiche, das sichtbare und das unsichtbare, miteinander vermischen. Immer wenn eine Wahl vor der Tür steht, debattieren Christen darüber, ob dieser oder jener Kandidat der »Mann Gottes« für das Weiße Haus ist. Wenn ich mich in Gedanken in die Zeit Jesu versetze, kann ich mir kaum vorstellen, dass er abzuwägen versuchte, ob nun Tiberius, Oktavius oder Julius Caesar der »Mann Gottes« für das Römische Imperium war. Was in Rom stattfand, spielte sich auf einer völlig anderen Ebene ab als das Reich Gottes.

Der Apostel Paulus kümmerte sich intensiv um einzelne Gemeinden in Galatien, Ephesus, Korinth und Rom, aber ich finde keinen Hinweis darauf, dass er auch nur einen Gedanken an ein christianisiertes Römisches Reich verschwendete. Die Offenbarung des Johannes setzt das Muster fort: Sie enthält Botschaften an sieben Gemeinden, verurteilt aber Rom in Bausch und Bogen als »das große Babylon, die Mutter der Hurerei und aller Greuel auf Erden«.

Einige Historiker vertreten die Meinung, dass die Kirche ihren ursprünglichen Auftrag aus den Augen verliert, wenn sie sich mit den Mächtigen einlässt. Beispiele dafür sind Konstantin, das Mittelalter und Europa kurz vor der Reformation. Vielleicht werden wir Augenzeugen, wenn die Geschichte sich noch einmal wiederholt. Die Kirche steht ständig in der Versuchung, sich als »Moralpolizei« der Gesellschaft zu definieren.

Als 1991 die kommunistische Regierung in Polen abtrat, erkannten 70 Prozent der Polen die katholische Kirche als moralische und geistige Instanz an. Jetzt sind es nur noch 40 Prozent, und zwar hauptsächlich deswegen, weil sich die Kirche in die Politik »eingemischt« hat. Heute gibt es in Polen keine Trennung von Staat und Kirche: Ein neues Mediengesetz schreibt vor, dass Radio- und Fernsehsendungen das »christliche Wertsystem respektieren« müssen, und der Staat finanziert den katholischen Religionsunterricht an öffentlichen Schulen. Und doch hat das enge Verhältnis von Kirche und Staat dazu geführt, dass die Kirche immer weniger respektiert wird.

An verschiedenen Punkten der US-Geschichte (in den 50er Jahren des 19. Jahrhunderts, zur Zeit der Prohibition und in der »Moral Majority«-Bewegung der 80er Jahre) hat die christliche Kirche Einfluss auf die Politik genommen. Jetzt sieht es so aus, als ob Kirche und Politik sich in verschiedene Richtungen bewegen. Je besser ich die Botschaft Jesu vom Reich Gottes verstehe, desto weniger beunruhigt mich dieser

Trend. Unsere wahre Herausforderung liegt nicht darin, die Vereinigten Staaten zu christianisieren (ohnehin eine verlorene Schlacht), sondern danach zu streben, in einer zunehmend feindlichen Welt die Kirche Christi zu sein, und dafür sollten wir unsere Kräfte einsetzen. Karl Barth bemerkte einmal sinngemäß, dass die Kirche existiert, um in der Welt ein neues Zeichen aufzurichten, das sich radikal von der Welt unterscheidet und ihr auf eine Art widerspricht, die voller Verheißungen steckt.

Ironischerweise würde es der Kirche vielleicht leichter fallen, ein neues Zeichen aufzurichten, das voller Verheißungen steckt, wenn die Vereinigten Staaten in moralischer Hinsicht auf die schiefe Bahn gerieten. Die Kolumnenschreiber verschiedener Magazine, Soziologen und gegnerische Politiker mussten einräumen, dass Dan Quayle Recht hatte, als er vor der Problematik warnte, die sich für Kinder Alleinerziehender ergibt. Seitdem hat der Soziologe Robert Bellah Hunderte von Ehepaaren befragt und evangelikale Christen als die einzige Gruppe identifiziert, die einen Grund für das Eheversprechen formulieren konnten, der über selbstsüchtige Interessen hinausging. Forschungsprojekte wie das von Dr. Larson deuten immer mehr darauf hin, dass Gläubige auch gesünder leben.

»In einer Welt von Flüchtlingen«, sagte T. S. Eliot, »scheint ein Mensch, der die entgegengesetzte Richtung nimmt, vor ihnen wegzulaufen.« Wenn es mit Amerika abwärts geht, dann werde ich dafür arbeiten und beten, dass das Reich Gottes sich immer weiter ausbreitet. Wenn die Pforten der Hölle die Kirche nicht überwältigen können, dann kann uns die augenblickliche politische Situation wohl kaum bedrohen.

21
Botschaften aus dem Kulturkampf

Cartoons sagen eine Menge über kulturelle Strömungen der Gegenwart aus, und darum habe ich ein paar von ihnen gesammelt.

- Im *New Yorker* war ein Kellner in einem teuren Restaurant abgebildet, der einem Gast die Speisekarte erklärte: »Die Gerichte mit den Sternchen werden von der religiösen Rechten empfohlen.«
- Ein politischer Cartoonist zeichnete eine Kirche, vor der ein Schild mit der Aufschrift »Christliche Koalition« stand. Aus dem Gebäude kommt die Stimme: »Reverend Falwell, Reverend Robertson, hier ist ein Mann, der Sie sehen möchte. Er sagt, er sei kein Republikaner.« Sie entgegnen: »Sagen Sie ihm, er soll abhauen.« Draußen vor der Kirche steht Jesus.
- Ein anderer politischer Cartoon zeigt ein klassisches amerikanisches Kirchengebäude, vor dem ein Schild steht: »Anti-Clinton-Kirche«.

Der Kulturkrieg hat sich auf beiden Seiten verschärft. In dem Ausmaß, in dem sich Christen als bedrohte Minderheit fühlen, deren Werte unter ständigem Beschuss stehen, sieht die säkulare Kultur die Christen als wachsende Bedrohung.

Ich bin der Meinung, dass Christen das Recht und sogar die Pflicht haben, in die Politik zu gehen. In ihren moralischen Kreuzzügen gegen die Sklaverei und Abtreibung sowie Einhaltung der Bürgerrechte sind die Kirchen Vorreiter gewesen. Ich mache mir aber Sorgen wegen der zunehmenden Tendenz, die Etiketten »evangelikale Christen« und »religiöse Rechte« für austauschbar zu halten. Das Evangelium, das Jesus verkündigte, war nicht in erster Linie eine politische Botschaft.

Wer damals zu Jesus als politischem Befreier aufblickte, muss sich dauernd darüber gewundert haben, mit welchen Leuten er umging. Man kannte ihn als Freund der Zolleinnehmer, einer Gruppe, die man mit ausländischen Ausbeutern gleichstellte. Obwohl er das religiöse System seiner Zeit scharf verurteilte, brachte er Nikodemus, einem der führenden Köpfe, Respekt entgegen. Obwohl er vor den Gefahren des Geldes und der Gewalt warnte, erwies er einem reichen jungen Mann und einem römischen Zenturio Liebe und Mitleid.

Kurz, Jesus achtete die Würde jedes Menschen, ob er nun mit ihm gleicher Meinung war oder nicht. Jeden Menschen, selbst eine Samariterin mit fünf Ehemännern oder einen ans Kreuz genagelten Dieb, lud er in sein Reich ein. Der Mensch war ihm wichtiger als eine Schublade oder ein Etikett.

Diese Eigenschaft Jesu überzeugt mich jedes Mal, wenn ich für eine Sache eintrete, an die ich wirklich glaube. Es ist so leicht zu polarisieren. Auf einmal merke ich, dass ich dem »Feind« auf der anderen Seite ins Gesicht brülle. Aber es ist schwer, mich daran zu erinnern, dass mich das Reich Gottes dazu aufruft, der Frau, die gerade die Abtreibungsklinik verlassen hat, Liebe entgegenzubringen (und ja, auch ihrem Arzt), einem sterbenden AIDS-Kranken, der viele Sexualpartner gehabt hat, oder dem reichen Landbesitzer, der die Schöpfung Gottes ausbeutet. Wenn ich solchen Menschen keine Liebe entgegenbringen kann, muss ich mich fragen, ob ich das Evangelium verstanden habe, das Jesus verkündigte.

Eine politische Bewegung zieht von Natur aus klare Grenzlinien, unterscheidet zwischen Freunden und Gegnern und verurteilt. Die Liebe Jesu überwindet solche Grenzen und Unterschiede, sie teilt Gnade aus. Wenn mein Aktivismus diese Liebe vertreibt, verrate ich sein Reich.

Vor einiger Zeit sah ich ein Theaterstück, das auf den Geschichten einer AIDS-Selbsthilfegruppe basierte. Der Theaterdirektor erklärte uns, er habe sich entschlossen, das Stück auf die Bühne zu bringen, nachdem er gehört hatte, dass ein Pastor am Ort jedes Mal feierte, wenn er die Todesanzeige eines jungen allein stehenden Mannes las, weil er glaubte, dass solch ein Tod ein weiteres Zeichen der Missbilligung Gottes sei. Ich fürchte, dass die Kirche zunehmend als Feind der Sünder betrachtet wird.

Wie kann man ethische Maßstäbe hochhalten und gleichzeitig denen Gnade erweisen, die an diesen Maßstäben scheitern? Die Geschichte der Christen kennt kaum jemanden, der das Beispiel Jesu nachahmte. »Die Sünde hassen und den Sünder lieben«: Dieses Lippenbekenntnis ist schön und gut, aber wie können wir dieses Prinzip in die Tat umsetzen? Nur allzu oft fühlen sich Sünder von einer Kirche abgelehnt, die wiederum ständig ihre Definition der Sünde ändert – das genaue Gegenteil des Beispiels, das uns Jesus gab.

In der frühen Christenheit sah es am Anfang gut aus – man legte großen Wert auf Reinheit und Moral. Taufkandidaten mussten sich über einen langen Zeitraum unterweisen lassen, und die Kirchenzucht war hart und streng. Und doch fühlten sich heidnische Beobachter von der Art angezogen, wie die Christen füreinander sorgten und sich dem Dienst an den Kranken und Armen widmeten.

Mit Konstantin änderte sich die Situation grundlegend. Er legalisierte das Christentum und machte es zur subventionierten Staatsreligion. Damals hielt man seine Herrschaft für den größten Triumph des Glaubens: Der Kaiser finanzierte Kirchenbau und theologische Konferenzen mit staatlichen Mitteln, statt die Christen zu verfolgen, weil sie ihn nicht anbeten wollten. Unglücklicherweise kostete dieser Triumph eine ganze Menge. Der Staat begann Bischöfe und andere Würdenträger zu ernennen, und so entstand eine Hierarchie, die die Hierarchie des Imperiums widerspiegelte. Die christlichen Bischöfe zwangen schon bald der gesamten Gesellschaft ihre moralischen Grundsätze auf.

Wenn ich über das Leben Jesu nachdenke, dann fällt mir auf, wie weit wir uns von diesem Gleichgewicht entfernt haben, das er uns vorgelebt hat. Wenn ich heute in den USA eine Predigt höre oder zeitgenössische christliche Bücher lese, dann klingt das oft mehr nach Konstantin als nach Jesus. Der Mann aus Nazareth war ein sündenfreier Freund der Sünder, und dieses Beispiel sollte uns in zweierlei Hinsicht zu denken geben.

22 Tödlicher Geruch

Im Mai 1990 starb der Romanschriftsteller Walker Percy, zwei Wochen vor seinem vierundsiebzigsten Geburtstag. Christliche Schriftsteller, ob sie Romane oder Sachbücher verfassten, spürten, dass sie etwas verloren hatten. Percy glich dem Licht auf einem Scheffel. Er war ein hervorragender Schriftsteller, dem die Welt zuhörte, auch wenn sie mit dem Glauben nicht viel anfangen konnte.

Percy war fünfundvierzig, als er seinen ersten Roman *»Der Kinogeher«* veröffentlichte. Er hatte Medizin studiert und interessierte sich besonders für Psychiatrie, aber irgendwann steckte er sich mit Tuberkulose an, möglicherweise als er eine Autopsie an einem Obdachlosen durchführte. Das war 1941, und während Percys Freunde sich als Freiwillige für den Krieg in Europa meldeten, war sein Aktionsradius auf ein Sanatorium in Lake Saranac im Staat New York begrenzt. Wochenlang sah er nur das Pflegepersonal, das ihm die Mahlzeiten brachte, einige Mitpatienten und hin und wieder einen Arzt.

Percy nutzte die fünfjährige Genesungszeit, um zu lesen und über den Zustand der Welt nachzudenken. Wie kam es, dass Deutschland, der Inbegriff der westlichen Zivilisation, sich auf einmal wie ein barbarischer Stamm aufführte? Percy las philosophische Werke, vor allem die modernen Existenzialisten, aber die einleuchtendsten Erklärungen fand er bei Søren Kierkegaard, dem melancholischen Dänen, der als Erster gegen den deutschen Rationalismus protestiert hatte.

Kierkegaard hatte geschrieben: »Hegel hat alles über die Welt gesagt, außer einem: was es bedeutet, ein Mensch zu sein und zu leben und zu sterben.« Percy formulierte es so: »Als Wissenschaftler wusste ich so viel über den Menschen, aber ich hatte kaum eine Vorstellung davon, was der Mensch wirklich ist.« Die wissenschaftliche Methode hatte den Menschen als *Organismus* in einer bestimmten Umgebung analysiert, aber im Lauf dieses Prozesses völlig aus den Augen verloren, dass es auch ein *Ich* gibt. Der moderne Mensch hatte auf allen Gebieten Fortschritte gemacht, nur auf dem wichtigsten nicht: auf dem moralischen und geistlichen Gebiet.

Nietzsche und Hitler hatten die wissenschaftliche Methode einfach bis zu ihrem logischen Ende gedacht: Wenn die Menschheit sich lediglich durch ihre Gene definiert, wie können wir dann behaupten, dass es solche Dinge wie Verstand, Freiheit, »unveräußerliche Rechte« und Menschenwürde gibt? Wieso können wir jedem Menschen einen ihm innewohnenden Wert zusprechen, wenn es keine transzendenten Werte gibt? Percy begriff das moderne Dilemma, das Dostojewski Jahre zuvor in Worte gefasst hatte: »Ohne Gott ist alles erlaubt.«

Der Krieg war zu Ende, die Guten hatten gewonnen, in Amerika machte man es sich unter Eisenhower gemütlich und frönte dem Konsum. Walker Percy heiratete, konvertierte zum Katholizismus und gründete eine Familie. Und doch machte ihm noch immer diese grundlegende Frage zu schaffen: »Was ist der Mensch?« Er praktizierte nie wieder als Arzt.

Im Lauf des nächsten Jahrzehnts schrieb Percy anspruchsvolle Essays für Zeitschriften wie *»Thought«, »Philosophy and Phenomenological Research«* und *»Partisan Review«*. Sie alle drehten sich um die Frage nach dem Sinn. Percy sah in der *Beat Generation* und den frühen Hippies Symptome für die Entfremdung unserer Gesellschaft. Nirgendwo gab es ein Konzept, das die christliche Vorstellung ersetzen konnte, nach der der Mensch nach dem Bild Gottes geschaffen, aber sündig sei und deshalb erlöst werden müsse.

Diese Essays bieten eine faszinierende Lektüre, und viele von ihnen sind in dem Sammelband *»Message in a Bottle«* vereinigt. Percy suchte aber schon bald nach neuen Wegen, ein breiteres Publikum mit seinen Gedanken zur geistlichen Heimatlosigkeit bekannt zu machen.

Den *»Kinogeher«* schrieb er für einen Vorschuss von 300 $. Er bekam einige gute Kritiken dafür. Aber die Öffentlichkeit wurde auf den Roman erst aufmerksam, als er 1961 mit dem *National Book Award* ausgezeichnet wurde und sich gegen Joseph Hellers *»Catch-22«* und

J. D. Salingers *»Franny und Zooey«* durchsetzte. Er war ein Schriftsteller aus den Südstaaten, der es wagte, nicht mehr wie üblich über Baumwollfelder, sondern über Country-Clubs zu schreiben.

Percy arbeitete langsam und veröffentlichte in sechsundzwanzig Jahren nur sechs Romane. *»Lancelot«* spielt zwar in der Gegenwart, ist aber eine versteckte Hommage an die König-Arthur-Legende. *»Liebe in Ruinen«* und *»Das Thanatos-Syndrom«* erzählen die Geschichte von Dr. Moore (eine weitere Hommage an England). *»Der Idiot des Südens«* und *»Die Wiederkehr«* haben die Hauptfigur William Barrett gemeinsam. Manchmal werden diese Romane als apokalyptisch bezeichnet, und tatsächlich klingen schon die Titel nach Zerfall und Verzweiflung. Allerdings würde *»Unbehagen«* die Sache genauer treffen, denn die Hauptfigur dieser Romane ist im Allgemeinen ein ruheloser Wanderer ohne Wurzeln. Man braucht etwas Übung, um diese Romane zu lesen, die so etwas wie eine Diagnose des 20. Jahrhunderts darstellen. Im *»Kinogeher«* wird Kierkegaard von Percy zitiert: »Der besondere Charakter der Verzweiflung ist genau das: Sie ist sich nicht bewusst, dass sie Verzweiflung ist.«

Auch autobiografische Elemente spielen eine Rolle, vor allem in den Romanen um William Barrett. Percy wuchs in Birmingham im Bundesstaat Alabama in einem Haus am Rand eines Golfplatzes auf. Barrett siedelt er in einer ähnlichen Umgebung an. Noch deutlicher wird es daran, dass Barrett der Selbstmord seines Vaters nicht loslässt; Percy war elf, als sich sein Vater umbrachte.

Es wäre ein völliges Missverständnis, wollte man Percys Romane nur als ein Medium betrachten, mit dem er seine persönliche Philosophie transportiert. Er eroberte sich einen Platz unter den besten amerikanischen Schriftstellern, und diese Einschätzung beruht allein auf literarischen Maßstäben. Auf der anderen Seite bezeichnete Percy seine Belletristik als diagnostisch. Irgendetwas stimmt mit der Gesellschaft nicht, sagte er, und es ist die Aufgabe des Schriftstellers, diesen Bazillus zu isolieren und der Krankheit einen Namen zu geben.

Percy riskierte seinen literarischen Ruf, als er weiterhin Essays herausgab, in denen er diese Diagnose in allen Einzelheiten darstellte. In dem geistreichen und humorvollen Band *»Das Loch im Kosmos«* nahm er Wissenschaftsgläubigkeit, Seifenopern, Genmanipulation, die Talkshow mit Phil Donahue und Pornografie aufs Korn. Das Buch verspricht augenzwinkernd, unter anderem zu enthüllen, wie »man im Kosmos, den wir immer besser kennen lernen, überleben kann, während man immer weniger über sich selbst weiß, trotz 10.000 Selbsthilfebüchern, 100.000 Psychotherapeuten und 100 Millionen fundamentalistischer Christen«. Der moderne Mensch gleicht einem Schiffbrüchigen auf einer einsamen Insel, der versucht, eine an den Strand gespülte Flaschenpost zu entziffern – oder einem Gefangenen in Isolationshaft, der sich bemüht, die verschlüsselten Klopfzeichen zu verstehen, die jemand an die Wand trommelt. Percy glaubte, diese Botschaften gehört zu haben, und seiner Meinung nach waren sie die Echos des orthodoxen Christentums.

Percy sah Gefahren in der modernen Welt, die Technokraten und Wissenschaftler zu Herren und Meistern gemacht hat. Man will uns weismachen, dass man an der Lösung der Menschheitsprobleme arbeitet, aber die Zeichen wachsender Verzweiflung und Entfremdung bei jungen Leuten, bei den reichen Vorstadtbewohnern oder der schwedischen Bourgeoisie erzählen eine andere Geschichte. In solch einer Welt muss der Künstler die Rolle des Kanarienvogels übernehmen, den die Bergleute in den Schacht hinablassen, um zu überprüfen, ob man die Luft dort noch atmen kann. Walker Percy hatte einen todbringenden Geruch in die Nase bekommen.

Obwohl ausgebildeter Wissenschaftler, brachte Percy den Verheißungen der modernen Technologie Misstrauen entgegen. Seine Diagnose liest sich wie eine Mischung aus George Orwell und Jaques Ellul. Nationalsozialismus und Kommunismus wollten in einem utopischen Experiment eine neue Gesellschaft aufrichten und einen neuen Menschen schaffen. Sie wollten aus dem Menschen einen Engel machen, endeten aber als Bestien. Percy glaubte, dass der selbstsüchtige amerikanische Materialismus zwar subtiler, aber nicht weniger gefährlich sei. Auch lässt er die meisten grundlegenden Fragen unbeantwortet. »Wenn die Schönheit der wissenschaftlichen Methode die erste große intellektuelle Entdeckung meines Lebens war, dann war die zweite sicherlich die, dass der Mensch in der Welt, die er durch eben diese Wissenschaft umgestaltet hat, in einem einzigartigen Dilemma steckt«, schloss er.

Percy war sich bewusst, welche Herausforderung es bedeutete, eine Alternative anzubieten: »Der christliche Romanschriftsteller gleicht heute einem Mann, der einen Schatz auf dem Dachboden eines alten Hauses gefunden hat, aber für Menschen schreibt, die in die Vorstädte gezogen sind und von dem alten Haus und allem, was sich darin befindet, die Nase voll haben.« Irgendwie schaffte es Walker Percy dennoch, dass diese Menschen sich hinsetzten und ihm zuhörten. Die *»Times«* drückte es so aus: »Gibt es eine andere Stimme eines amerikanischen Schriftstellers, die so betörend und so zivilisiert klingt?«

Warum sollte ich Walker Percy lesen? Die Antwort auf diese Frage ist dieselbe wie die Antwort auf die Frage: Warum sollte ich das zwanzigste Jahrhundert verstehen? Selbst Percys härteste Kritiker räumen seine Fähigkeiten als Diagnostiker ein, auch wenn sie seine altmodische Therapie verächtlich abtun. Percy gab auch dazu einen Kommentar. Laut dachte er darüber nach, »ob die Tatsache, dass Juden- und Christentum so grotesk wirken, nicht in Wirklichkeit ein Zeichen dafür ist, dass unsere eigene Zeit so grotesk ist«.

Teil IV

Gott in den Schlagzeilen finden

23
Russlands unerzählte Geschichte

Der Historiker Arnold Toynbee schrieb: »Geschichte ist im Grunde immer etwas Spirituelles, sobald man den Kern von der Schale befreit.« Die jüngsten Ereignisse in der ehemaligen Sowjetunion bestätigen die Wahrheit dieser Behauptung. Im Herbst 1991 besuchte ich das Land zusammen mit einer christlichen Delegation von 19 Teilnehmern, gerade nachdem der Staatsstreich, der Michael Gorbatschow stürzen sollte, fehlgeschlagen war, und gerade bevor Boris Jelzin an die Macht kam. Wo immer wir auch hinkamen, sagten uns Regierungsvertreter und Privatpersonen, dass die wahre Krise ihres Landes moralische und geistliche Ursachen habe. Dieser Standpunkt wurde oft und so nachdrücklich vorgetragen, dass ich ihn allmählich als die große Geschichte Russlands betrachtete, die niemals erzählt wurde.

Fast über Nacht wurde aus einem offiziell atheistischen und religionsfeindlichen Land das vielleicht offenste Missionsfeld der Erde. Wo immer wir hinkamen, luden uns Regierungsvertreter ein, Austauschprogramme und humanitäre Hilfsaktionen zu organisieren, Ausbildungsstätten und christliche Verlage aufzubauen. Die führenden Köpfe unter den Russen befürchteten, dass das Land zusammenbrechen und der Anarchie preisgegeben werden würde, wenn die Gesellschaft nicht einen Weg fände, sich von Grund auf zu ändern.

Nachdem ich einer ganzen Reihe von führenden Politikern zugehört hatte, die einer wie der andere höflich ihren Respekt für das Christentum bekundeten, hätte ich fast aus dem Blick verloren, wie radikal sich das Land geändert hatte. Die verantwortlichen russischen Politiker schienen für den Einfluss des christlichen Glaubens sehr viel empfänglicher zu sein als etwa ihre amerikanischen Kollegen. Waren ihre Vorgänger so teuflisch gewesen? Ein unerwarteter Besuch von einem

Mann namens Basil erinnerte mich daran, welches Leben die Christen unter dem kommunistischen Regime geführt hatten.

Basil, der in Moldawien lebte, hatte jahrelang heimlich westliche Kurzwellenprogramme gehört. In einer Nachrichtensendung der »*Voice of America*« erfuhr er von dem Besuch unserer Delegation. Er konnte es kaum fassen, dass auch die russischen Sender von unseren Begegnungen mit dem Parlament und KGB berichteten. Es war für ihn so unvorstellbar, dass sich sein Land jetzt der Religion öffnete, dass er sofort den nächsten Nachtzug nahm und vierzehn Stunden unterwegs war, um uns zu sehen.

Basil tauchte eines Morgens in der Hotellobby auf, als wir uns gerade treffen wollten, um gemeinsam zu beten und den vor uns liegenden Tag zu besprechen. Er hatte breite Schultern und die wettergegerbten Gesichtszüge eines Bauern. In Schlips und Kragen fühlte er sich sichtlich unwohl. Er besaß ein bemerkenswertes Lächeln: Oben fehlten die beiden Schneidezähne, und wenn er lächelte, schimmerten die Goldplomben seiner Backenzähne durch die Lücke. Er schenkte uns einige Säcke voll wunderbarer dunkelblauer Trauben und goldener Äpfel, die er selbst gepflückt und aus Moldawien mitgebracht hatte. Er bat darum, fünf Minuten mit uns sprechen zu dürfen.

Als Basil den Mund öffnete und zum Sprechen ansetzte, sprang ich in die Luft. Uns stand ein kleines Zimmer zur Verfügung, und Basil sprach mit der Lautstärke eines Güterzuges. Niemals habe ich ein menschliches Wesen lauter reden hören. Bald sollten wir erfahren warum.

1962 hatte Basil mit eigenen Mitteln einen kleinen Verlag gegründet. Er druckte christliche Schriften und konnte 700.000 davon in Umlauf bringen, ehe der KGB ihm einen Besuch abstattete. Man forderte ihn auf aufzuhören, und als er sich weigerte, wurde er verhaftet und in ein Arbeitslager gebracht. Basil konnte das zunächst nicht verstehen. Warum sollte er bestraft werden, wenn er Gott diente? Was konnte er im Lager schon ausrichten? Aber eines Morgens begriff er plötzlich, dass Gott ihm eine neue Möglichkeit geschenkt hatte.

Jeden Morgen mussten die Häftlinge vor Sonnenaufgang auf einem freien Platz zum Appell antreten. Die Lagerkommandeure bestanden darauf, dass die Gefangenen absolut pünktlich waren. Von den Wachmannschaften verlangten sie das nicht, und so standen Tausende von Gefangenen jeden Morgen einige Minuten herum, ohne etwas zu tun zu haben. Basil, der gerne predigte, beschloss eine Gemeinde zu gründen.

Als er seine Geschichte im Hotelzimmer erzählte, sprach er immer lauter und schneller und gestikulierte mit seinen Armen so leidenschaftlich wie ein Opernsänger. Nach ein paar Sätzen fasste ihn der Übersetzer regelmäßig am Arm und bat, langsamer und leiser zu sprechen. Jedes Mal entschuldigte sich Basil, sah zu Boden und setzte dann wieder in einem Pianissimo an, das innerhalb von drei Sekunden zu einem Fortissimo anschwoll. Seine Stimme kannte keinen Lautstärkeregler, und der Grund dafür lag in seinen Predigten vor dem Morgenappell.

Basil predigte jeden Morgen vor einer wahrhaft gefesselten Zuhörerschaft. Meistens hatte er zwei Minuten zur Verfügung, bevor die Wachen erschienen, niemals mehr als fünf, und deshalb dauerte es bis zu zwei Wochen, bis er eine ganze Predigt gehalten hatte. Er musste brüllen, damit ihn die Häftlinge – mehrere Tausend – verstehen konnten. Diese Belastung ließ ihn heiser werden, bis er seine Stimme angepasst hatte. Im Lauf der Jahre – zehn insgesamt –, in denen er unter freiem Himmel vor Tausenden von Menschen predigte, wurde es ihm zur Gewohnheit, mit halsbrecherischer Geschwindigkeit und so laut wie möglich zu sprechen, und diese Gewohnheit konnte er nie wieder ablegen.

Basil wurde 1972 aus dem Lager entlassen und verwandte seine Energie darauf, eine unregistrierte Gemeinde in seinem Dorf zu gründen. Manchmal besuchte er seine Lagergemeinde, und – wie er stolz erzählte – noch heute trifft sich eine Gemeinde von einigen hundert Gläubigen in diesem Arbeitslager.

Basils Probleme waren allerdings mit seiner Entlassung aus dem Lager noch nicht zu Ende. Er erzählte uns von den Schwierigkeiten, die ihm die Behörden wegen der unregistrierten Gemeinde bereiteten, von den Drohungen, öffentlichen Verleumdungen und Fällen von Vandalismus, die sich gegen das Kirchengebäude richteten. Nach neunzehn Jahren war die Opposition endlich verschwunden, er hatte gerade den letzten Zement vermauert und ein Dach auf die Kirche gesetzt. Er sagte, er sei nach Moskau gekommen, um uns für alles, was wir getan hatten, zu danken, um uns frisches Obst aus Moldawien zu bringen, und um ein Mitglied unserer Delegation, Alex Leonovitsch, zu bitten, bei der Einweihung seiner Kirche zu sprechen.

»Viele Jahre lang habe ich keinerlei Ermutigung erfahren«, erklärte Basil. Er weinte dabei, und seine Stimme zitterte, ohne auch nur ein Dezibel nachzugeben. »Ich trug die Worte dieses Mannes, Bruder Leonovitsch, in meinem Herzen. Er hat mich ermutigt, als mir die Hände hinter dem Rücken gebunden waren.« Basil griff Alex bei der Schulter und küsste ihn auf russische Art einmal, zweimal, fünfzehnmal – einmal für jedes Jahr, in dem er auf Alex' Rückkehr gewartet hatte.

»Ich kann kaum glauben, dass sich die Lage so verändert hat«, sagte Basil zum Schluss. »Wir sind durch ein Tal der Tränen gegangen. Als Billy Graham 1959 kam, durfte er sich auf einem Balkon zeigen, aber sie ließen ihn nicht sprechen. Und jetzt sind Sie hier in Moskau, dem Zentrum des Unglaubens, und können mit den Regierenden unseres Landes reden und Tee trinken. Das ist ein Wunder! Brüder und Schwestern, habt Mut! Mit euren Flügeln gebt ihr den Kindern des Herrn Auftrieb. In meinem Heimatort beten in dieser Minute die Gläubigen für euch. Wir glauben, dass euer Besuch hilft, unser Land mit dem Wort Gottes zu erreichen. Gott segne euch alle.«

Plötzlich brannte ich vor Scham. Hier saßen wir, neunzehn christliche Akademiker, die mit ihrem Glauben so viel Geld verdienten, dass sie bequem davon leben konnten und in einem der luxuriösesten Moskauer Hotels übernachteten. Was wussten wir schon über den felsenfesten Glauben, den die Menschen in diesem Land brauchten, nachdem sie so viel durchgemacht hatten? Welches Recht hatten wir, die Basils von Russland vor dem Präsidenten und dem Parlament, ganz zu schweigen vom KGB, zu vertreten?

Wir standen auf und beteten mit Basil. Dann ging er. Später tauschte Alex Leonovitsch sein Flugticket um, um seinen Aufenthalt zu verlängern, und nahm dafür eine hohe Gebühr in Kauf. »Wie könnte ich denn Basils Einladung ausschlagen?«, wollte er wissen. Unsere Gruppe wurde bei einem festlichen Bankett in der ukrainischen Botschaft abgefüttert, und wir sahen Basil erst spät am Abend wieder.

Ich hatte mich auf die für diesen Abend angesetzte Veranstaltung gefreut, einen Besuch im Journalistenclub. Die ungewöhnlich höfliche Aufnahme, die uns in Moskau zuteil wurde, hatte mich verunsichert. Ich wusste, dass ein völlig atheistischer Staat das Christentum nicht über Nacht mit offenen Armen willkommen heißen würde, und ich sehnte mich nach einem Dialog, in dem es wirklich zur Sache ging. Ich wollte, dass man uns mit schwierigen Fragen konfrontierte, welchen Unterschied das Christentum in einem Land machen konnte, das aus den Nähten ging. Ich war mir sicher, dass ich in dieser Hinsicht auf die zynischen Journalisten zählen konnte.

Damit lag ich falsch. Zunächst stellten wir, die nordamerikanischen Christen, uns auf einer beleuchteten Bühne vor. Ron Nikkel, der für die christliche Gefängnisarbeit verantwortlich war, war eigentlich eher schweigsam, ließ sich dann aber zu einer längeren Rede hinreißen. »Winston Churchill sagte einmal, dass man eine Gesellschaft nach ihren Gefängnissen beurteilen kann«, begann er. »Nach dieser Definition sind die UdSSR und die USA eine große Tragödie. Unsere Gefängnisse sind schrecklich.

Ich habe Gefängnisse überall auf der Welt besucht, und ich habe mit Soziologen, Verhaltensforschern, Kriminologen und Juristen gesprochen. Keiner von ihnen weiß, wie man Häftlinge verändern kann. Aber wir glauben – und ich habe reichlich Beweise dafür gesehen –, dass Christus einen Menschen von Grund auf verändern kann. Jesus, selbst ein Gefangener, wurde hingerichtet, aber er ist wieder auferstanden. Ihm ist es zu verdanken, dass nun auch viele Häftlinge wieder auferstehen.«

Im Saal machte sich Schweigen breit, und dann taten diese »zynischen Journalisten« etwas, mit dem wir niemals gerechnet hätten: Sie brachen in lauten, anhaltenden Applaus aus. Sie schleuderten Ron Fragen entgegen: »Was ist Vergebung? Wie können wir sie finden? Wie kann man Gott kennen lernen?« Später erzählte uns einer der Journalisten, dass sein Berufsstand eine besondere Nähe zu Häftlingen empfände, weil viele von ihnen selbst eine Gefängnisstrafe abgesessen hätten. Jahrzehntelang waren Häftlinge die wichtigsten Träger der Wahrheit in einer Gesellschaft, die auf Lügen basierte.

Offensichtlich bildete die journalistische Elite Moskaus keine Gruppe, die unsere christliche Überzeugung in Frage stellte. Stattdessen war sie darauf aus, sie zu verstehen, als ob sie nach dem Geheimnis des Lebens zu greifen versuchte, das ihr siebzig Jahre verschlossen geblieben war. Nachdem sich alle, die auf der Bühne saßen, vorgestellt hatten, ergriffen die Journalisten selbst das Wort.

Ein distinguierter silberhaariger Herr stand zuerst auf und gab sich als Redakteur der *»Literaturnaja Gazeta«* zu erkennen, von der wir wussten, dass sie eine der angesehensten Zeitschriften in Russland war. »Zweifellos haben Sie von den Problemen unseres Landes gehört«, sagte er. »Ich sage Ihnen aber, dass das größte Problem nicht darin liegt, dass wir nicht genug Würste haben. Es ist viel schlimmer, wir haben zu wenige Ideen. Wir wissen nicht, was wir denken sollen. Uns wurde der Boden unter den Füßen weggezogen. Wir danken Ihnen, dass Sie in unser Land gekommen sind und für uns Moral, Hoffnung und Glauben bereithalten. Es tut so gut, Sie hier zu sehen. Sie stehen für das, was wir jetzt brauchen.«

Der nächste Sprecher wirkte wie sein Gegenpol, ein Dissident, der politische Satiren schrieb. Er war nachlässig gekleidet, etwas ungepflegt und leidenschaftlich. Er hatte eine Glatze, aber mächtige Augenbrauen und sah so aus, als wäre er direkt einem Dostojewski-Roman entsprungen. Er sprach fast so laut wie Basil und stotterte – in einer fremden Sprache hörte sich das sehr seltsam an –, und jedes Mal, wenn er einem Höhepunkt zustrebte, geriet er ins Stocken. »Ihr seid unsere Rettung, unsere einzige Hoffnung!«, rief er aus. »Wir waren ein Land, in dem Recht und Gesetz galten, aber das wurde in diesen siebzig Jahren zerstört. Unsere Seele hat man ausgesaugt. Die Wahrheit wurde vernichtet. Im letzten Stadium, das wir gerade durchlebt haben, wurde selbst die kommunistische Moral untergraben.«

Als Nächstes bahnte sich eine attraktive junge Frau in einer roten Seidenbluse, einem Lederrock und dazu passenden Stiefeln einen Weg zum Gang. Sie stand direkt vor der Bühne, und ihre Hände umklammerten eine Designer-Handtasche. In Moskau hatte ich noch nie so elegante Kleidung gesehen. Mein Übersetzer flüsterte mir zu, dass sie eine populäre Nachrichtensprecherin sei. »Es erschüttert mich so sehr, heute Abend hier zu sein«, sagte sie und machte dann eine kleine Pause, um sich zu sammeln.

»Es erschüttert mich! Ich fühle mich wirklich gesegnet, weil ich erfahre, dass einige der führenden Köpfe Amerikas sich um unsere geistlichen und moralischen Probleme kümmern. Ich wurde in Religion unterwiesen, und doch habe ich nur den ersten Schritt getan, um Gott kennen zu lernen. So viele Besucher sind bereits hier gewesen, um Profit aus unserem Land zu schlagen, aber ich bin dankbar, dass die amerikanische Intelligentsia sich engagiert, auf so hoher Ebene über diese Fragen zu sprechen.«

Nach ihr kamen noch einige Sprecher zu Wort, die uns alle verlegen machten, weil sie die Bedeutung unserer Delegation heftig überschätzten. Wie in vorausgegangenen Veranstaltungen versuchten wir von den Fehlern der amerikanischen Gesellschaft und Kirche zu sprechen, aber die Journalisten schienen sich überhaupt nicht für diese Art von Kritik zu interessieren. Sie wirkten vielmehr ausgehungert – ausgehungert nach Hoffnung.

Ich musste daran denken, welcher Empfang unserer Gruppe im National Press Club in Washington D.C. zuteil geworden wäre und welche Fragen uns die Redakteure der Zeitschriften *»New Republic«* oder *»Esquire«* gestellt hätten. Ich stellte mir vor, wie es wäre, wenn eine Nachrichtensprecherin sich so verwundbar gezeigt hätte wie die junge blonde Frau. Plötzlich bemerkte ich im Publikum einen Bekannten in einem komischen grünen Anzug.

Während unserer Vorstellung hatte man nur die Bühnenscheinwerfer eingeschaltet, aber nun, da auch das Publikum zu Wort kam, ging im ganzen Saal das Licht an. In der letzten Reihe saß Basil, der Mann mit der Nebelhornstimme und den Zwei-Minuten-Predigten im Gulag. Von da an achtete ich auf Basil und fragte mich, wie ein Ex-Sträfling aus Moldawien sich wohl in so einer Umgebung, umgeben von der Moskauer Prominenz, fühlen mochte.

Jedes Mal, wenn jemand Gott oder Jesus erwähnte, reckte Basil beide Fäuste über den Kopf, und selbst von der Bühne aus konnte ich fast seine Goldplomben durch die Zahnlücke blitzen sehen. Von der letzten Reihe aus fungierte Basil, unbemerkt vom übrigen Publikum, als unser charismatischer Cheerleader.

Zum ersten Mal an diesem Tag sah ich uns so, wie Basil uns sah: Wir waren seine Botschafter, die dorthin gehen konnten, wohin man ihn nicht eingeladen hatte, die Worte sprachen, denen er nicht immer folgen konnte, die Türen öffneten, die er für immer verschlossen und verriegelt geglaubt hatte. Auch wir, die wir uns an diesem Morgen in seiner Gegenwart so unwürdig gefühlt hatten, hatten eine Rolle zu spielen. Wir mussten dazu beitragen, dass Basil auch in Zukunft frei seinen Glauben leben und Gottesdienste halten könnte, ob inner- oder außerhalb des Lagers.

Basil stand für Millionen russischer Christen, die ihren Glauben unter Furcht und Zittern ausgelebt hatten. Jetzt hatte sich das Blatt unglaublicherweise gewendet. Jetzt applaudierten die Moskauer Journalisten, wenn sie Geschichten von bekehrten Häftlingen hörten, und sie sehnten sich so nach dem Wort Gottes, wie sich ein Sterbender nach einem Wunderheilmittel sehnt. Sie hingen an unseren Lippen, wenn wir von unserem Glauben erzählten, wie die russischen Wirtschaftswissenschaftler an den Lippen jedes Kapitalismusexperten hingen, als ob wir eine Geheimformel aus dem Westen eingeschmuggelt hätten, die ihr Land retten könnte.

Wir brachten allerdings keine westliche Importware mit. Der Gott, dem wir dienten, war die ganze Zeit in Russland gewesen, er wurde in den Lagern, den unregistrierten Hauskirchen und den Kathedralen, die die Kommunisten nicht ausgemerzt hatten, angebetet.

Diese Journalisten, die sich auf den Moskauer Cocktailpartys zu Hause fühlten, waren nie einem schlichten Heiligen wie Basil begegnet. Es war selbstverständlich unsere Aufgabe, sie miteinander bekannt zu machen.

Am Tag nach unserer Begegnung mit den Journalisten erlebten wir tatsächlich eine harte Konfrontation mit der marxistischen Ideologie, als wir die Akademie der Sozialwissenschaften besuchten. Die Bezeichnung ist irreführend: Bis zum Staatsstreich im August diente die Akademie als Ausbildungsstätte für Parteikader, die hier den letzten Schliff bekamen. Raissa Gorbatschowa hatte an dieser Akademie gelehrt, viele Führungspersönlichkeiten der kommunistischen Welt hatten hier studiert.

Wie das restliche Russland war auch die Akademie tumultartigen Veränderungen unterworfen. Bis 1991 wurde sie von der Kommunistischen Partei großzügig finanziert, aber kurz vor unserem Besuch wurden die Subventionen mit einem Schlag eingestellt. Die Professoren der Akademie, einst umschmeichelt und privilegiert, wussten buchstäblich nicht, wo ihr nächster Gehaltsscheck herkommen würde. In einem verzweifelten Versuch zu überleben wandte sich die Akademie der Sozialwissenschaften an Christen, die in der Bevölkerung eine gewisse Glaubwürdigkeit besaßen. Es wurden sogar Verhandlungen geführt, um einen Lehrstuhl für christliche Studien einzurichten.

Die Professoren dieser Akademie gehörten zu den wenigen Russen, die wirklich gläubige Marxisten waren. Von Geburt an hatte man sie mit kommunistischer Theorie gefüttert, und sie hatten ihr Leben der Verbreitung dieser Ideen gewidmet. Relikte dieser tiefen Hingabe konnte man immer noch auf den Plakaten lesen, die man in ganz Russland zu sehen bekam: »Lenin lebte. Lenin lebt. Lenin wird leben.« Sie waren nicht bereit, Jesus gegen Lenin einzutauschen.

Die Professoren räumten ein, dass sie die Schlacht um Ideen vielleicht für immer verloren hätten. Der Traum vom Marxismus, den sie so gehätschelt hatten, war ausgeträumt. Die Freiheit machte ihnen Angst, und doch konnten sie nicht leugnen, dass sie ihre guten Seiten hatte. Einer der anwesenden Historiker erklärte, dass zwei verschiedene Flüsse aus einer gemeinsamen Quelle der Revolution entspringen könnten: einer, der zu einer Ordnung führt, in der die Bürger frei über sich selbst bestimmen können, und einer, der zur absoluten Macht führt.

»Wir haben mit gemeinsamen Idealen angefangen«, sagte er. »Die führenden Köpfe unserer beiden Gesellschaften redeten von Gerechtigkeit, Gleichheit und individuellen Menschenrechten. Und doch haben Sie eine Gesellschaft hervorgebracht, die bei allen ihren Problemen höflich und zivilisiert ist. Ihre Minderheiten protestieren gegen Diskriminierung – aber sie spalten sich nicht ab oder zetteln einen Bürgerkrieg an. Irgendwie haben wir, obwohl wir von den gleichen Idealen ausgingen, eine Gesellschaft von Bestien hervorgebracht. Wir haben unsere eigenen Bürger im Namen des Staates umgebracht. Wir wissen, dass wir auf die liberale Demokratie zugehen müssen, aber wir wissen nicht wie. Wir wissen nicht mehr, auf welchen Werten wir unsere Gesellschaft errichten können.«

Die meisten Gruppen, mit denen wir uns getroffen hatten, bedrängten uns mit Fragen. Den Professoren der Akademie war es wichtiger zu erzählen. Als ich ihnen zuhörte, fühlte ich mich wie in einer politischen Therapiesitzung und nickte dann und wann mit dem Kopf, als ob sich meine neurotischen Klienten ihre lang unterdrückten Ängste von der Seele redeten.

Mitten in dieser Diskussion erhob sich einer der marxistischen Professoren und bat um das Wort (alle anderen Sprecher waren sitzen geblieben). Rote Flecken breiteten sich auf seinem Gesicht aus, und als er zu sprechen anfing, ließ er sich von seinem Zorn mitreißen. Die anderen im Saal blickten ängstlich um sich und befürchteten, dass er die Spielregeln dieses gesitteten Dialogs nicht einhalten würde. Aber diesen Mann konnte nichts aufhalten. Er war gekommen, um eine Rede zu halten, eine verbitterte Rede, und keinesfalls, um sich mit dem Feind zu verbrüdern.

»Wir brauchen keinen Gott für unsere Moralvorstellungen!«, sagte er. »Erich Fromm hat eine wunderbare Ethik entwickelt, die den Menschen zur Grundlage hat. Gott ist nicht notwendig. Warum sollten wir so tun, als gäbe es einen Gott?«

Der Philosoph erhob seine Stimme und sein Gesicht leuchtete nun vollends rot. Er stieß jedes Mal mit dem Finger in die Luft, wenn er einen weiteren Punkt vorbrachte. Ich musste an die Bilder von Lenin denken, die ihn während einer Rede vor einer Arbeiterversammlung zeigten. Ich dachte auch an die hitzigen Prediger in den Südstaaten, wo ich aufgewachsen war. Natürlich! Dieser Mann war ein fanatischer Evangelist, der letzte wahre Marxist in Moskau. Er wollte die Menschen bekehren, und es machte ihm nicht das Geringste aus, wenn er der letzte Mensch auf der Erde war, der dieser Ideologie Glauben schenkte. Er war ein verbitterter, verletzter Atheist, und er ergriff die Gelegenheit zum Gegenschlag.

»Der Marxismus ist nicht gescheitert!«, rief er. »Ja, Stalin hat Fehler gemacht. Ja, selbst unser geliebter Lenin hat Fehler gemacht. Vielleicht hat sogar Marx Fehler gemacht. Aber sehen Sie sich einmal den jungen Marx an, nicht den alten. Da werden Sie die Reinheit der sozialistischen Vision finden. Da werden Sie eine Ethik finden, die den Menschen zur Grundlage hat. Das ist es, was wir brauchen. Was das Christentum betrifft, so haben wir es in Russland schon ausprobiert – eintausend Jahre lang.«

Die Mitglieder unserer Delegation rutschten unruhig auf dem Stuhl herum. Ich fand, dass es kein angenehmes Gefühl war, von einem Fanatiker angebrüllt zu werden, und hob dieses Gefühl in meinem Hinterkopf auf, um später noch einmal darüber nachzudenken. Einige Mitglieder unserer Gruppe flüsterten ihrem Nachbarn zu und andere räusperten sich schon, um zu einer Entgegnung auszuholen.

Der Philosoph sprach zehn oder fünfzehn Minuten, bis der Vorsitzende ihm das Wort entzog. Ich spürte eine seltsame Atmosphäre im Saal, eine Mischung aus Verlegenheit und Wut. Die Professoren warteten auf unsere Antwort, und ich wand mich innerlich, wenn ich daran dachte. Einige von uns waren von dem Bild des hitzigen Predigers nicht allzu weit entfernt, und das Letzte, was diese Akademie jetzt brauchte, war ein verletzter Evangelikaler, der sich mit einem verletzten Atheisten eine Schlacht lieferte. Dank der Vorsehung Gottes war es Kent Hill, der das Wort ergriff.

Kent Hill sieht noch professoraler aus als die meisten Professoren. Er trägt eine Brille, spricht in einem weichen, gemessenen Tonfall, dem Inbegriff des rationalen Diskurses, und wirkt überhaupt wie ein Gelehrter. Außerdem besitzt er einen Doktorgrad in Slawistik und hatte an der Seattle Pacific University gelehrt, bevor er als Präsident zum *Institute on Religion and Democracy* in Washington, D.C., wechselte. Ich beneidete ihn nicht darum, dass er jetzt im Rampenlicht stand, aber ich hätte mir keinen besseren Vertreter für unsere Sache vorstellen können.

»Zuerst möchte ich feststellen, dass ich Ihr Recht auf eine eigene Meinung respektiere«, begann Kent und wartete dann auf die Übersetzung des Dolmetschers. »Ich mache mir Sorgen um die Intoleranz, die heute in Russland herrscht – Intoleranz gegenüber Atheisten. Ich habe neulich gehört, dass eine Gruppe einem Christen das Wort gewährte, einen Atheisten dagegen niederbrüllte. In diesem Geist sind wir nicht gekommen. Wir treten für Religionsfreiheit ein, und das schließt auch die Freiheit für diejenigen ein, die nicht an Gott glauben.«

Die Spannung wich aus dem Saal, als ob jemand eine luftdicht verschlossene Tür geöffnet hätte.

Die Professoren nickten zustimmend, selbst der Philosoph deutete ein knappes Nicken an. Kent fuhr fort.

»Die Fragen, die Sie heute aufgeworfen haben, sind wichtig. Mir fällt kein Thema ein, das wichtiger wäre. Sie fragen nach dem Sinn des menschlichen Daseins und des Universums. Unsere Gruppe hat lange und intensiv über diese Themen nachgedacht. Wir sind dabei zu einigen Schlussfolgerungen gekommen, und wir würden sie gerne mit Ihnen diskutieren.

Aber es würde der Bedeutung dieser Frage nicht gerecht werden, wenn wir nur einen Abend darüber reden. Ich fühle mich unbehaglich, wenn Sie jetzt von mir eine kurze Erwiderung verlangen. Könnte ich einen Vorschlag machen? Meine Familie und ich werden im Dezember nach Moskau ziehen, und ich werde an der Staatlichen Universität Moskau einen Kurs in christlicher Apologetik geben. Ich würde gern mit einigen Freunden an Ihre Akademie zurückkommen und ein Forum einrichten, in dem wir über diese wichtigen Fragen nachdenken können.«

Wieder nickten alle Anwesenden zustimmend. Kent sprach weiter: »Weil ich aber das Wort ergriffen habe, würde ich gern erklären, warum ich glaube, was ich glaube.« An diesem Punkt überraschte Kent alle, als er in fließendes Russisch wechselte. Die Professoren setzten ihre Kopfhörer ab, und jetzt waren wir Amerikaner auf die Simultanübersetzung angewiesen.

Kent erzählte von einer Zeit in seinem Leben, als er in der Versuchung stand, seine christlichen Überzeugungen über Bord zu werfen.

Dann begann er den großen Dostojewski-Roman *»Die Brüder Karamasoff«* zu lesen – wieder nickten alle mit dem Kopf –, der viele der Fragen behandelt, die von dem Philosophen aufgeworfen wurden.

»Zuerst fühlte ich mich zu dem Agnostiker Ivan hingezogen. Seine Argumente gegen Gott überzeugten mich, vor allem die, die sich mit dem Problem des Bösen beschäftigten. Ich spürte seine Aufrichtigkeit und schätzte seinen brillanten Verstand. Als ich Dostojewskis Roman las, verlor ich nach und nach meinen Glauben. Aber zu meiner Überraschung schaffte es Ivans Bruder Aljoscha durch seine Liebe, mich auf seine Seite zu ziehen. Ivan hatte gute Argumente, aber er hatte keine Liebe. Er konnte dank seines Verstandes ein ethisches System aufbauen, aber er konnte nicht die Liebe erschaffen, um dessen Forderungen zu erfüllen. Schließlich kam ich zum Glauben an Christus, weil ich in ihm die Quelle dieser Liebe fand.«

Damit setzte sich Kent Hill wieder, und mit seiner kurzen Rede hatte das Treffen in der Akademie der Wissenschaften eine entscheidende Wendung genommen.

Als wir von diesem scheußlich-schönen Marmorgebäude nach Hause fuhren, ging mir auf, dass Kent Hill viel mehr getan hatte, als eine direkte Konfrontation nicht eskalieren zu lassen. Er hatte uns ein Modell für die Evangelisation in Russland geliefert, vielleicht das einzige authentische Modell, das wirklich funktioniert. Er hatte damit begonnen, seinen Respekt vor den Überzeugungen des Professors zu bezeugen, obwohl sie seinen eigenen genau entgegengesetzt waren. Anders als der Philosophieprofessor hatte er höflich und Anteil nehmend zugehört, bevor er selbst das Wort ergriff.

Dann hatte er sich mit seinem Plan, nach Moskau zu ziehen, wirklich auf den Dienst in Russland eingelassen. Keine Delegation ausländischer Besucher, die eine Woche oder einen Monat im Land bleibt, wird das Land auf Dauer verändern können. Aber wenn einige Menschen wirklich bereit sind, mit den Russen die Schwierigkeiten zu teilen, sich in die Schlangen vor den Läden mit einzureihen, dann können sie vielleicht zu dem Salz werden, das die ganze Gesellschaft würzt.

Schließlich deutete Kent auf die Quelle der verloren geglaubten Wahrheit hin, die in der russischen Kultur zu finden ist. Dass er fast instinktiv ins Russische wechselte und Dostojewski erwähnte, gab seinen Zuhörern viel mehr, als wenn er einen ganzen Brief aus dem Neuen Testament zitiert hätte.

Auch Alexander Solschenizyn schilderte, wie er durch die Lektüre Dostojewskis zum ersten Mal den Vorrang des Geistigen und Geistlichen über das Materielle verstanden hätte. Das führte zu einem Bekehrungserlebnis in einem Arbeitslager, das sein Leben und schließlich das ganze Land verändern sollte. Auch Solschenizyn wurde so zu einem Wegweiser zu Gott. Wie Kent Hill angedeutet hatte, lag der Same der Erneuerung bereits im russischen Boden vergraben.

In *»Verbrechen und Strafe«* (bekannterer Titel *»Schuld und Sühne«*) zeichnet Dostojewski das Bild eines Menschen, der auf einem einen Quadratmeter großen Fels liegt. Man kann kaum die beiden Füße nebeneinander setzen. Auf allen Seiten tut sich ein Abgrund auf, der Ozean, immer währende Finsternis, immer währende Einsamkeit und ein immer währender Sturm umgeben den Felsen. Ein gutes Bild für das moderne Russland, dachte ich. Jeder kennt die Gefahren, die von allen Seiten drohen; niemand weiß, wie man von dem Felsen herunterkommt.

Was war in der ehemaligen Sowjetunion falsch gelaufen? Die Medien geißeln in erster Linie das katastrophale Wirtschaftssystem. Aber seltsamerweise erwähnten die Medien nicht ein einziges Mal, was uns jeder russische Politiker oder Intellektuelle erklärte: Die ernste Krise ist nicht wirtschaftlicher oder politischer Natur, sondern ethisch und geistlich begründet. Immer wieder sagte man uns, dass das Scheitern des Marxismus vor allem ein theologisches Scheitern gewesen sei.

1983 sagte Solschenizyn in seiner Templeton-Rede:

> »Vor über einem halben Jahrhundert, als ich noch ein Kind war, hörte ich einmal, wie einige ältere Leute die folgende Erklärung für die Katastrophen, die über Russland hereingebrochen waren, parat hatten: ›Die Menschen haben Gott vergessen; darum ist all das geschehen.‹ Seitdem habe ich fast fünfzig Jahre die Geschichte unserer

Revolution studiert, dabei Hunderte von Büchern gelesen, Hunderte von persönlichen Zeugenaussagen gesammelt und mit acht Bänden aus meiner eigenen Feder dazu beigetragen, den Schutt, der nach diesem Aufstand zurückblieb, beiseite zu räumen. Aber wenn man mich heute bitten würde, so knapp wie möglich den Hauptgrund für diese ruinöse Revolution anzugeben, die unter unserem Volk etwa 60 Millionen Todesopfer gefordert hat, dann wäre die genaueste Antwort, einfach zu wiederholen: ›Die Menschen haben Gott vergessen; darum ist all das geschehen.‹«

Solschenizyn fuhr fort: »Ich selbst sehe das Christentum heute als die einzige lebendige Kraft, die fähig ist, Russland geistlich zu heilen.« Als er diese Bemerkungen machte, war die UdSSR noch eine Supermacht, und Solschenizyn wurde wegen seiner altmodischen Ansichten von vielen Seiten angegriffen. Jetzt, nicht einmal zehn Jahre später, hörte unsere Delegation fast dieselbe Einschätzung aus dem Mund der Verantwortlichen in Russland. Mehr als jedes andere Land bemühte sich die Sowjetunion, ohne Gott auszukommen. Marx sagte voraus, dass die Religion von selbst verschwinden werde, weil der neue sozialistische Mensch ihre seltsamen Dogmen überflüssig machen würde. Aber die Religion verschwand nicht, während der neue sozialistische Mensch noch auf sich warten lässt.

Das 20. Jahrhundert war eine einzige Moralpredigt – mit katastrophalen Konsequenzen. Was liegt vor uns?

Auf unserem Heimweg versuchten einige Mitglieder unserer Delegation darüber zu spekulieren. Wir spürten alle die gewaltigen Veränderungen, die bereits stattgefunden hatten. Die neue Offenheit gegenüber der Religion übertraf alle unsere Hoffnungen. In dieser Hinsicht sind die Gebete vieler Millionen von Christen inner- und außerhalb Russlands beantwortet worden.

Ich empfand nicht anders als die anderen Mitglieder unserer Delegation, aber ich muss bekennen, dass ich realistisch bin und mir selten große Hoffnungen mache. Ich kann mir kaum vorstellen, wie ein wiederhergestelltes, geschweige denn ein erlöstes Russland aussehen könnte.

Aber einen Grund zur Hoffnung habe ich. Ich werde niemals den Gesichtsausdruck von Basil, der blonden Nachrichtensprecherin und selbst des Vorsitzenden des KGB vergessen. Die Gleichnisse Jesu vom Reich Gottes, dem Feigenbaum und dem großen Festmahl machen eins deutlich: Gott geht dorthin, wo man ihn haben will. Er zwingt sich keinem Menschen und keinem Land auf, ganz egal, ob es sich um die Juden des ersten oder die Amerikaner des zwanzigsten Jahrhunderts handelt.

Wenn ich an meinen Besuch in Russland zurückdenke, bleibt besonders ein Eindruck haften: In meinem ganzen Leben bin ich noch nie unter Menschen gewesen, die einen größeren Hunger nach Gott verspürten.

24
Der gescheiterte Gott

Seit meiner Russlandreise habe ich viel über das marxistische Experiment nachgedacht, das die Russen heute »vierundsiebzig Jahre auf der Straße nach nirgendwo« nennen. Warum ist es gescheitert? Vielleicht erhielten wir die beste Antwort auf diese Frage bei einem Treffen unserer Gruppe von Christen mit den Redakteuren der *»Prawda«*, dem ehemaligen offiziellen Sprachrohr der Kommunistischen Partei.

Ein Zitat aus einer Ausgabe der *»Prawda«* von 1950 zeigt beispielhaft, wie die Zeitung zu ihrem Ruf als Propagandaorgan kam: »Wenn du im Verlauf deiner Arbeit auf Schwierigkeiten stößt und plötzlich deine Fähigkeiten anzweifelst, denk an ihn – an Stalin – und du wirst das Selbstvertrauen finden, das du brauchst. Wenn du dich erschöpft fühlst, wenn du es nicht solltest, denk an ihn – an Stalin – und mit deiner Arbeit wird es vorangehen. Wenn du nach der richtigen Entscheidung suchst, denk an ihn – an Stalin – und du wirst die richtige Entscheidung treffen.«

In Russland kursierte eine zynische Bemerkung über die beiden größten Zeitungen im Land: »Man findet keine *›Prawda‹* [Wahrheit] in der *›Izwestija‹* [Nachrichten] und keine *›Izwestija‹* in der *›Prawda‹*.« Seit 1989 ist die *»Prawda«*, wie alles in Russland, einer gewaltigen Veränderung unterworfen. Eine Zeit lang wurde sie von Boris Jelzin verboten. Zur Zeit unseres Besuchs 1991 war die Auflage von 11 Millionen auf 700.000 gefallen, ein Zeichen dafür, dass der Kommunismus in Ungnade gefallen war.

Die Redakteure der *»Prawda«* wirkten aufrichtig und ernsthaft. Sie waren auf der Suche. Ihre Überzeugungen waren so ins Wanken geraten, dass sie nun sogar Vertreter einer Religion um Hilfe baten, die ihr Gründer verächtlich als »Opium fürs Volkes« bezeichnet hatte. Die Redakteure wiesen darauf hin, dass Christentum und Kommunismus einige Ideale gemeinsam hatten: Gleichheit, Gerechtigkeit, gegenseitige Hilfe und Harmonie der Rassen. Und doch mussten sie zugeben, dass der marxistische Weg, diese Vision zu realisieren, die schlimmsten Albträume der Menschheitsgeschichte hervorgebracht hatte. Warum?

Soziologen, Philosophen und Wirtschaftswissenschaftler werden zweifellos ihren eigenen Obduktionsbefund verkünden, aber mir ging in der anschließenden Diskussion auf, dass der Kommunismus an zwei grundlegenden Irrtümern in einem Bereich scheiterte, den die Theologen *Anthropologie* nennen, die »Lehre vom Menschen«.

Zunächst einmal ignorierten die Kommunisten unsere gefallene Natur. Die frühen Kommunisten hatten das Auftreten eines neuen Menschen versprochen. Leo Trotzki schrieb 1924: »Der Mensch wird unermesslich viel stärker, klüger und großartiger sein; sein Körper wird harmonischer wirken, seine Bewegungen rhythmischer, seine Stimme musikalischer. Der Durchschnittsmensch wird sich zu den Höhen eines Aristoteles, Goethe oder Marx aufschwingen. Und wir werden zu noch höheren Gipfeln aufbrechen.« Heute würde jeder Russe laut über Trotzkis Vorhersagen lachen.

Die klassischen Marxisten fochten aus gutem Grund gegen die Religion: Wenn sie die Arbeiter motivieren wollten, sich mit Gewalt gegen ihre Unterdrücker zu erheben, mussten sie jede Hoffnung auf ein Leben nach dem Tod und jede Furcht vor göttlicher Strafe abtöten. Sie mussten den Gott, der zum Mensch geworden war, durch einen Menschen ersetzen, der sich zum Gott aufschwang. Aber der Mensch ist eine gefallene Kreatur, kein zum Gott gewordener Mensch. Das ist der Grund, warum der neue sozialistische Mensch niemals auf die Bildfläche trat.

Vor zwei Jahrzehnten, als der Kommunismus noch eine weltweite Bedrohung darstellte, schrieb der rumänische Pastor Josif Tson von den Widersprüchen, die die marxistische Sicht der Menschheit mit sich bringt:

»[Sie lehren] ihre Schüler, dass der Mensch das Produkt einer zufälligen Kombination von Materieteilchen sei, dass er von den Darwinschen Gesetzen der Anpassung und des Überlebens beherrscht würde und dass darin die einzige Chance des Menschen läge. Es gäbe kein Leben nach dem Tod, keinen ›Erretter‹, der Selbsthingabe belohnt und Egoismus oder Gier bestraft. Wenn man die Schüler dergestalt unterwiesen hat, werde ich hineingeschickt, um ihnen beizubringen, edle und ehrsame Männer und Frauen zu sein, die ihre ganze Kraft darauf verwenden, Gutes zum Wohle der Gesellschaft zu tun, bis hin zur Selbstaufgabe. Sie müssen höflich sein, dürfen nur die Wahrheit sagen und müssen ein moralisch einwandfreies Leben führen. Aber es fehlt ihnen die Motivation, gut zu sein. Sie sehen, dass in einer rein materiellen Welt nur der etwas besitzt, der den anderen zuvorkommt und es sich selbst holt. Warum sollte sich jemand selbst verleugnen und ehrlich sein? Welches Motiv kann man ihnen anbieten, damit sie ein Leben führen, das auch anderen nützt?«

Die *»Prawda«*-Redakteure vertrauten uns an, dass sie nicht wussten, wie man Menschen dazu motivieren sollte, Mitleid zu zeigen. Eine nicht lange zurückliegende Spendenkampagne zugunsten der Tschernobylkinder hatte wenig Erfolg gezeigt. Der durchschnittliche Sowjetbürger wollte sein Geld lieber vertrinken als damit bedürftige Kinder zu unterstützen. Meinungsumfragen hatten ergeben, dass 70 Prozent der sowjetischen Eltern ihren Kindern nicht erlauben würden, zu einem behinderten Kind Kontakt aufzunehmen; 80 Prozent würden niemals Geld für diese Kinder spenden; einige befürworteten sogar, behinderte Kinder zu töten. »Wie kann man Menschen verändern und motivieren?«, wollten die Redakteure wissen.

Diese Frage deutet auf den zweiten großen Denkfehler der marxistischen Anthropologie hin. Die frühen Kommunisten glaubten, dass sie – und nicht Gott – über die Moralvorstellungen bestimmen könnten, und setzten sie dann in Kraft. Vierundsiebzig Jahre Kommunismus haben ohne den Schatten eines Zweifels bewiesen, dass man nicht einfach im Kreml ein ethisches System beschließen und mit einem Gewehr durchsetzen kann. Es liegt eine fürchterliche Ironie darin, dass der Versuch, einem Volk ein ethisches System aufzuzwingen, oft dazu führt, dass die Untertanen rebellieren und die Herrschenden sich zu Tyrannen entwickeln.

Schlimmer noch, die kommunistischen Herrscher, die ein ethisches System beschlossen, stolperten tragischerweise über den ersten Fehler, den ich erwähnt habe: Auch sie waren gefallene Kreaturen. Die moralischen Prinzipien veränderten sich, je nachdem, wer gerade an der Macht war. Die *»Prawda«* zeigte bewundernswertes Mitleid für die Opfer der Tschernobyl-Katastrophe, indem sie zu Spenden aufrief. Aber dieselbe Zeitung hatte zum Beispiel überhaupt kein Mitleid gezeigt, als Stalin Kinder aus der Ukraine verhungern ließ. Welches »höhere Gesetz« bestimmte, wann man Mitleid empfinden durfte und wann nicht? Die *»Prawda«* hatte darauf keine Antwort.

Als ich wieder nach Hause fuhr, hatte ich das Gefühl, dass es uns Christen gut täte, über die grundlegenden Begriffe des Christentums noch einmal nachzudenken. Einige meiner Freunde sind peinlich berührt, wenn es um Lehren wie den Sündenfall oder die Erbsünde geht. »Das Christentum sieht die menschliche Natur so pessimistisch«, sagen sie dann.

Andere Leute wünschen sich manchmal, dass Gott stärker in die Angelegenheiten der Menschen eingreift. »Er räumt uns zu viel Freiheit ein«, sagen sie. »Warum zeigt er sich nicht stärker? Warum lässt er zu, dass so viele Menschen in diesem Leben ungestraft davon kommen?«

In Russland sah ich, welch tragische Ergebnisse dabei herauskommen, wenn man die Alternativen wählt – eine optimistische Sicht der menschlichen Natur oder ein moralisches System, das auf Zwang, nicht auf innerer Überzeugung und Umgestaltung basiert. Es erinnerte mich auf düstere Weise daran, was geschieht, wenn Menschen Gottes Offenbarung ignorieren und sich ihre eigene erschaffen.

25
Die Mauer fällt

Der Grund, warum die ehemaligen kommunistischen Länder nach dem Zusammenbruch des Marxismus ihre Pforten so bereitwillig den Christen öffneten, liegt darin, dass es das Zeugnis von Christen gab, die ihrer Berufung treu geblieben waren. Auch sie sind ein Teil der Geschichte, die noch nicht erzählt worden ist.

In der DDR, einem der wenigen Länder des Ostblocks mit einer protestantischen Mehrheit, versuchte die Kirche vierzig Jahre lang, der »Stadt Gottes« zu dienen, während sie offiziell in einer atheistischen »Stadt der Welt« lebte. Weil ihr viele Wege verschlossen blieben (zum Beispiel Fernsehen und Radio), engagierte sich die Kirche schon früh für die bedürftigsten Mitglieder der Gesellschaft, vor allem für die Schwerbehinderten. Und man traf sich, um zusammen zu beten und Gottesdienst zu feiern.

Obwohl Jesus von dem »Reich Gottes mitten unter euch« sprach, stand die Kirche im Lauf der Geschichte immer in Versuchung, Bündnisse mit den Machtzentren einzugehen. Die Kirche in den USA sieht sich heute dieser Versuchung gegenüber, weil sie politische Fragen eher betont als geistliche. In der kommunistischen DDR gab es diese Möglichkeit nicht. Die Christen hatten keine mächtigen Verbündeten, nur die Macht der Liebe und des Gebets.

Und doch war es die Kirche, die das Land in eine gegen alle Wahrscheinlichkeit gewaltlose Revolution hineinführte, als der Zeitpunkt für den Wandel gekommen war. Die Ostdeutschen haben den 9. Oktober 1989 als »Wende« in Erinnerung. Die entscheidende Veranstaltung fand in Leipzig statt, einer Bastion der Reformation, wo Luther im sechzehnten Jahrhundert gepredigt und Bach im achtzehnten Jahrhundert die Orgel gespielt hatte.

Im Lauf des Jahres 1989 wurde in vier Leipziger Kirchen (darunter auch der Thomaskirche, in der Bach gewirkt hatte) jeden Montagnachmittag um fünf Uhr eine Andacht gehalten. Diese Gebetstreffen gingen auf das Jahr 1982 zurück, als Pastor Christian Führer die Mitglieder seiner Kirche einlud, sich zum Friedensgebet zu versammeln. Die Pastoren stimmten die alten lutherischen Choräle an, predigten mit der Bibel in der einen, dem *Neuen Deutschland* in der anderen Hand und leiteten die Gebetsrunden. Auf diese Weise versuchten sie den DDR-Bürgern Sinn und Hoffnung zu vermitteln. Zunächst versammelte sich nur eine Hand voll Christen, niemals mehr als ein Dutzend.

Nach und nach kamen aber immer mehr Menschen zu diesen Gebetsversammlungen. Sie zogen nicht nur treue Christen an, sondern auch politische Dissidenten und gewöhnliche Bürger. Die Kirche war der einzige Ort, an dem Versammlungsfreiheit erlaubt wurde. Nach jedem Treffen kamen die Teilnehmer aus den einzelnen Kirchen zusammen und marschierten mit Kerzen und Transparenten durch die Altstadt – eine völlig friedliche Form des politischen Protests. Praktisch jede Demonstration in der ganzen DDR begann mit einem Gottesdienst.

Schließlich griffen die westlichen Medien die Story auf. Die kommunistische Führung fühlte sich alarmiert und debattierte darüber, wie man den friedlichen Protestmärschen ein Ende bereiten könnte. Beamte der Staatssicherheit hielten sich in der Nähe der Kirchen auf und versuchten, die Demonstranten manchmal einzuschüchtern. Aber es wurden immer mehr: Hunderte, Tausende, schließlich dann sogar 50.000.

Wonneberger, der Pastor der St. Nikolai-Kirche, fand sich unerwartet in der Rolle als Anführer dieser Bewegung wieder. Er predigte Frieden und erteilte Ratschläge zum gewaltlosen Widerstand, als die Staatssicherheit ihm bereits telefonisch Todesdrohungen zukommen ließ und Beamte rund um die Kirche postierte.

Am 9. Oktober erwarteten fast alle eine kritische Verschärfung der Lage. In Ostberlin war gerade der vierzigste Jahrestag der DDR begangen worden, und man betrachtete dort die Leipziger Protestmärsche als Provokation. Polizei und Einheiten der Nationalen Volksarmee wurden nach Leipzig verlegt, und Erich Honecker erteilte den Schießbefehl.

Das Land machte sich auf ein Massaker wie auf dem Platz des Himmlischen Friedens gefasst. Der Leipziger Bischof der lutherischen Kirche warnte davor, in den Krankenhäusern wurden die Notaufnahmen für eventuelle Verletzte geräumt, und Kirchen und Konzerthallen öffneten ihre Türen, falls die Demonstranten eine schnelle Rückzugsmöglichkeit benötigten.

Als es wieder Zeit für das Friedensgebet in der Nikolaikirche war, stürmten zweitausend SED-Mitglieder hinein, um alle Plätze zu belegen. Daraufhin wurde einfach die selten benutzte Empore geöffnet, so dass auch noch eintausend Demonstranten Platz fanden. Die Zeitschrift *»Christian Century«* berichtet, dass der Gottesdienst selbst einen Wendepunkt darstellte: Die Parteimitglieder, die in der Absicht gekommen waren, den Ablauf zu stören, merkten zum ersten Mal, dass sich die Kirche für eine friedliche Veränderung einsetzte.

Niemand weiß genau, warum das Militär in dieser Nacht nicht schoss. Egon Krenz, für kurze Zeit Honeckers Amtsnachfolger, beanspruchte für sich die Ehre, den Schießbefehl widerrufen zu haben. Einige vertreten die Theorie, dass Michael Gorbatschow Honecker telefonisch warnte. Andere glauben, dass die Armee von der großen Menschenmenge eingeschüchtert wurde. Jeder aber schrieb es den Gebetswachen in Leipzig zu, die Entwicklung in Gang gebracht zu haben. Schließlich marschierten 70.000 Menschen in einem friedlichen Protestzug durch die Leipziger Innenstadt. Am folgenden Montag waren es 120.000. Eine Woche später gingen 500.000 Menschen auf die Straße – fast die gesamte Leipziger Bevölkerung.

Die größte Demonstration mit fast einer Million Teilnehmern fand Anfang November in Ostberlin statt. Erich Honecker hatte sein Gesicht verloren und trat zurück. Die Polizei weigerte sich, auf die Demonstranten zu schießen. Am 9. November um Mitternacht geschah etwas, für das man nicht einmal zu beten gewagt hatte: Die verhasste Berliner Mauer öffnete sich. Die Ostdeutschen stürmten durch die Grenzübergänge und drängten sich an den Grenzbeamten vorbei, die immer dem Schießbefehl gehorcht hatten. Nicht ein einziger Mensch verlor in dieser Revolution der Kerzen sein Leben.

Wie ein frischer Wind, der die schlechte Luft vertreibt, breitete sich diese Revolution über den ganzen Erdball aus. 1989 fand in zehn Ländern mit insgesamt über 500 Millionen Einwohnern – Polen, der DDR, Ungarn, der Tschechoslowakei, Bulgarien, Rumänien, Albanien, Jugoslawien, der Mongolei und der Sowjetunion – eine gewaltlose Revolution statt.

Bud Bultmann, ein Redakteur des amerikanischen Nachrichtensenders CNN, kommentierte: »Wir Medienleute beobachteten fassungslos, wie die Mauern des Totalitarismus einfielen. Aber als wir über die sich überstürzenden Ereignisse berichten wollten, übersahen wir die Geschichte, die dahinter stand. Wir richteten unsere Kameras auf die vielen tausend Menschen, die mit einer Votivkerze in der Hand um Frieden beteten, und doch entging uns die transzendente Dimension, der ausgesprochen geistliche und religiöse Charakter dieser Geschichte. Wir haben es genau gesehen und doch nicht gesehen.«

Einige haben es gesehen. Die Ostdeutschen sprechen immer noch von einem Wunder, wenn sie sich an diese Tage erinnern. »Ob Gebete nun Berge versetzen können oder nicht, sie brachten auf jeden Fall die Leipziger Bevölkerung auf die Beine«, berichtete die *»New Republic«*. »Wenn man hört, wie sie ›Ein feste Burg ist unser Gott‹ singen, dann glaubt man daran.« Einige Wochen nach der Wende vom 9. Oktober konnte man ein Transparent sehen, das über eine Leipziger Straße gespannt war: *»Wir danken dir, Kirche«*.

26
Der Prophet von Prag

Zweifellos ist Václav Havel, der Präsident der Tschechischen Republik, der eine große Stern, der über Osteuropa aufging. Vor einigen Jahrzehnten erwarb er sich einen Ruf als Verfasser von absurden Theaterstücken in der Tradition Franz Kafkas. Als er dann anfing, die kommunistische Regierung direkt anzugreifen, galt er als intellektueller Dissident. Mehr als zwanzig Jahre waren Havels Stücke, Essays und Bücher in der Tschechoslowakei verboten. Er wurde wegen subversiver Tätigkeit und Rowdytums verurteilt und ins Gefängnis geworfen. Hier entwickelte er eine ethische – und sogar geistliche – Vision für sein Land.

Havels Vision schien in den langen Jahren der sowjetischen Oberherrschaft hoffnungslos fantastisch. Aber 1989 schüttelte auch die Tschechoslowakei das Joch des Kommunismus ab, und das befreite Land wandte sich an Václav Havel und bat ihn, die führende Rolle im Staat zu übernehmen. Warum aber sollte sich ein Künstler und Intellektueller, ein Held der Dissidenten, die Hände in der Politik schmutzig machen? Havel hat die Frage selbst beantwortet: »Ich bat einmal einen Freund von mir, einen wunderbaren Menschen und wunderbaren Schriftsteller, einen bestimmten Posten in der Politik zu übernehmen. Er weigerte sich mit der Begründung, dass wenigstens einer unabhängig bleiben müsse. Ich erwiderte ihm, dass es geschehen könnte, wenn alle das sagten, dass am Ende niemand mehr unabhängig sei, weil es keinen mehr gäbe, der diese Unabhängigkeit möglich machte und hinter ihr stünde.«

Erfolgreicher als irgendein anderer führender Politiker eines ehemaligen kommunistischen Landes hat Havel sein Land in diese Unabhängigkeit geführt. Im Laufe dieses Prozesses ging es nicht ohne Schmerzen ab. Havel war tief enttäuscht, als sich die Slowakei abspaltete und sein Land verstümmelte. Er trat von seinem Posten zurück und wurde prompt als Präsident der neu gegründeten Tschechischen Republik wieder gewählt.

Im Gegensatz zu den meisten Politikern besteht Havel auf absoluter Ehrlichkeit. Eine Zeit lang war er jede Woche im Fernsehen zu sehen und beantwortete Zuschauerfragen. Oft kann man ihn abends in Blue Jeans in den Prager Restaurants und Kneipen finden, wo er mit den Bürgern Gespräche führt.

Seine Antrittsrede vom Neujahrstag 1990, in der er sich zum ersten Mal an die Bürger der Tschechoslowakei wandte, fasst sein Eintreten für Wahrheit und transzendente Werte auch in der Politik am besten zusammen. Im Folgenden stelle ich einige ausgewählte Abschnitte dieser Rede vor.

»In den letzten vierzig Jahren haben Sie an diesem Tag aus dem Mund meiner Amtsvorgänger immer dasselbe in verschiedenen Variationen gehört: dass unser Land blüht und gedeiht; dass so und so viel Tonnen Stahl produziert wurden; dass wir alle glücklich sind; dass wir unserer Regierung vertrauen; und dass wunderbare Zeiten vor uns liegen.

Ich vermute, dass Sie mir nicht vorgeschlagen haben, dieses Amt zu übernehmen, um ähnliche Phrasen von mir zu hören.

Unser Land blüht und gedeiht nicht. Das große kreative und spirituelle Potenzial unserer beiden Nationen wird nicht auf sinnvolle Weise genutzt. Ganze Industriezweige stellen Produkte her, die niemanden interessieren. Auf der anderen Seite sind Produkte, die wir wirklich brauchen, knapp. Dieser Staat, den wir einen Arbeiterstaat nennen, hat die Arbeiter erniedrigt und ausgebeutet.

Wir haben den Boden, das Wasser und die Wälder, die wir von unseren Vorfahren geerbt haben, verpestet. Nirgendwo in Europa ist die Umweltverschmutzung schlimmer als hier. In unserem Land liegt die Lebenserwartung niedriger als in den meisten europäischen Ländern. ... Das Regime hat, bewaffnet mit einer hochmütigen und intoleranten Ideologie, den Menschen zu einer Produktionseinheit und die Natur zu einem Produktionswerkzeug degradiert. Damit hat es ihr eigentliches Wesen und ihre gegenseitige Beziehung angegriffen.

... Aber das ist noch nicht das Schlimmste. Am schlimmsten ist, dass unser moralisches Klima vergiftet ist. In ethischer Hinsicht sind wir krank, weil wir gelernt haben, eine Sache zu denken und eine andere zu sagen. Wir haben gelernt, an nichts zu glauben, nicht aufeinander zu achten und uns nur um uns selbst zu kümmern. Begriffe wie Liebe, Freundschaft, Mitleid, Demut oder Vergebung sind zu inhaltsleeren Worten verkommen. Für viele von uns bedeuten sie ein exzentrisches psychologisches Phänomen oder sind Worte, die uns aus einer fernen Vergangenheit grüßen, im Zeitalter der Computer und der Raumfahrt aber nur lächerlich wirken. ...

Die jüngste Vergangenheit – und besonders die letzten sechs Wochen unserer friedlichen Revolution – haben bewiesen, wie sehr wir uns menschlich, moralisch und geistlich verändert haben und welche große bürgerliche Kultur in unserer Gesellschaft unter dem Schleier einer verordneten Apathie schlummerte. ... Auf der ganzen Welt sind die Menschen überrascht, mit welcher Kraft wir das totalitäre System innerhalb weniger Wochen auf anständige und friedliche Weise von unseren Schultern abgeschüttelt haben. Wir sind selbst überrascht. Und wir fragen uns, warum sich unsere jungen Leute, die nie ein anderes System gekannt haben, nach Wahrheit sehnten, warum sie frei denken konnten und wie sie sich ihre politischen Informationen beschafft haben.

Ich glaube, dass der hoffnungsvolle Ausblick, den unsere Situation heute bietet, sich aus zwei Quellen speist. Der Mensch ist niemals das Produkt der äußeren Welt. Er ist immer fähig, sich nach etwas außerhalb seiner selbst auszurichten, auch wenn die äußere Welt systematisch versucht, diese Fähigkeit auszuradieren.

Zweitens schlummerte unsere humanistische und demokratische Tradition, über die so oft geredet wurde, irgendwo in unserem Unbewussten und wurde von einer Generation an die andere weitergereicht. Im richtigen Augenblick wurde sie von jedem von uns wieder entdeckt und in die Tat umgesetzt.

Unser erster Präsident schrieb einmal: ›Jesus, nicht Cäsar.‹ ... Heute gewinnt dieses Prinzip in uns selbst wieder neues Leben. Vielleicht bietet sich uns sogar die Möglichkeit, diese Idee weiter zu verbreiten und sie zu einem neuen Element der Europa- und Weltpolitik zu machen. Wenn wir es wollen, können von unserem Land dauerhaft Liebe, der Wunsch zu verstehen, spirituelle Kraft und intellektuelle Schärfe ausgehen und nach außen ausstrahlen. Das können wir als unseren individuellen Beitrag zur Weltpolitik anbieten.

Wir sind ein kleines Land, aber trotzdem waren wir lange Zeit der geistige und geistliche Knotenpunkt Europas. Warum sollten wir nicht wieder zu solch einem Knotenpunkt werden? Wäre das nicht ein Beitrag, anderen etwas für die Hilfe zurückzuzahlen, die wir von ihnen brauchen werden?«

Havel sprach dann über einige konkrete politische Themen: Er wollte faire und friedliche Wahlen vorbereiten, bessere Lebensbedingungen für Kinder, Alte, Frauen, Kranke und gesellschaftlich Benachteiligte schaffen; er kündigte eine Amnestie für Häftlinge in großem Stil an. »Ich bitte die Öffentlichkeit, keine Angst vor den entlassenen Gefangenen zu haben, ihnen nicht das Leben schwer zu machen, sondern ihnen im christlichen Geist zu helfen, wenn sie zu uns zurückkehren, damit sie in sich selbst das finden, was die Gefängnisse nicht hervorgebracht haben: Reue und das Verlangen, gut und richtig zu leben.«

Seit ich Havels Rede zum ersten Mal gelesen habe, ist mir ihre Ironie immer im Gedächtnis geblieben. Zunächst ist mir die aufrüttelnde Ehrlichkeit seiner Worte selbst aufgefallen. Ich kann mir nicht vorstellen, dass ein amerikanischer Politiker eine ähnliche Rede hält. Ich stelle mir die zynische Frage, wie lange die frisch gebackenen osteuropäischen Politiker wohl brauchen werden, um zu begreifen, dass es in der Demokratie nicht um Wahrheit, sondern um die Wiederwahl geht. Und doch schafft es Václav Havel, wieder gewählt zu werden, indem er die Wahrheit sagt.

Die geistliche Ironie dieser Rede aber geht sogar noch weiter als die politische. Ein Mann, der sich einen Ruf als Verfasser von absurden Theaterstücken erwarb, versprach hier, dass er seine Nation in eine geistliche Erneuerung führen würde, die auf christlichen Werten beruhe. Tschechische Bürger feierten auf den Straßen, weil zum ersten Mal seit vierzig Jahren ein Gottesdienst im Fernsehen übertragen wurde und Weihnachtslieder im Radio gespielt wurden (während in Amerika die Gerichte ernstlich darüber nachsannen, ob es legal sei, auf dem Marktplatz eine Weihnachtskrippe aufzustellen).

Havel suchte auch nach seiner Antrittsrede weiter nach ethischen Prinzipien. Immer wieder erinnert er die Tschechen an die Möglichkeit, zu einem spirituellen Knotenpunkt Europas zu werden. Er gehört zu den wenigen führenden Politikern in Europa, die beharrlich eine Intervention im ehemaligen Jugoslawien gefordert haben, um dem Morden ein Ende zu bereiten. Als er die Vereinigten Staaten besuchte und vor dem Kongress sprach, klang das mehr nach einer Predigt als nach einer Rede.

Havel räumt ein, dass er noch nicht zu einer endgültigen Meinung in Glaubensfragen gekommen sei. Er glaubt, »dass dies alles – das Leben und das Universum – nicht für sich und aus sich selbst heraus existiert. Ich glaube, dass nichts für immer verschwindet, am wenigsten unsere Taten. ... Ich versuche, im Geist der christlichen Ethik zu leben, aber das bedeutet nicht, dass ich ein wirklich gläubiger Christ bin.«

Havel ist noch auf der Suche nach Gott. Weder betet er noch geht er regelmäßig in die Kirche, und doch erinnert er sich gerne daran, dass er im Gefängnis an heimlich gefeierten Messen teilnahm. Er kann sich keinen persönlichen Gott vorstellen, und er kann auch nicht von ganzem Herzen an Christus als Gottes Sohn glauben. Und doch glaubt er an die Transzendenz, so wie er sie für sich definiert: »Dass es ein großes Geheimnis über mir gibt, den Brennpunkt des Lebenssinns, die höchste moralische Instanz; dass dieses Ereignis, das man die ›Welt‹ nennt, eine tiefere Ordnung und Bedeutung hat und darum mehr ist als eine Folge unwahrscheinlicher Zufälle; dass ich in meinem eigenen Leben nach etwas greife, das weit außerhalb meiner selbst liegt und auch außerhalb des Horizontes der mir bekannten Welt; dass in allem, was ich tue, ich auf seltsame Weise die Ewigkeit berühre.«

Bis jetzt hat sich Havel mit der Diagnose besser bewährt als mit der Therapie. Seine Theaterstücke, seine Essays und seine Reden weisen alle auf die geistliche Krankheit der modernen Zivilisation hin. Besser als jeder andere Staatsmann kann er die Armut artikulieren, die ein Leben ohne Transzendenz nach sich zieht, den Verlust, den der Verzicht auf Metaphysik bedeutet, das Chaos von moralischen Prinzipien ohne eine moralische Instanz. »Wir entfernen uns von Gott in einer Weise, die in der Geschichte keine Parallele kennt«, sagt er und sagt damit das Gleiche wie Solschenizyn, wenn er den Atheismus als die Wurzel der zeitgenössischen Krise identifiziert.

Havel räumt ein, dass uns die geistliche Erneuerung nicht einfach in den Schoß fallen wird. »Sie ist eine Aufgabe, der wir uns alle gegenübersehen, in jedem Augenblick unserer Existenz.« Öffentlich, mutig und manchmal sehr tief gehend nimmt Havel diese Aufgabe auf der Weltbühne in Angriff.

27
Schreie

Kurz nach dem Fall des Eisernen Vorhangs veröffentlichte Oleg Gordievsky, der dienstälteste sowjetische Agent, der jemals für den Westen arbeitete, seine Memoiren unter dem Titel *»KGB: The Inside Story«*. Gordievsky schrieb darin unter anderem über Whittaker Chambers und Alger Hiss, die beiden Hauptzeugen in einer Reihe von Anhörungen vor dem Kongress und in Gerichtsprozessen, die seinerzeit (1948–1950) so viel Aufsehen erregten wie später Watergate.

Nach dreizehn Jahren als loyaler Kommunist trat Whittaker Chambers 1938 plötzlich aus der Partei aus und beschuldigte Alger Hiss, ihm bei seiner Spionagetätigkeit als Komplize zur Seite gestanden zu haben. Das war eine ernst zu nehmende Anschuldigung: Hiss, ein hoher Beamter im amerikanischen Außenministerium, beriet später Präsident Roosevelt in Jalta und spielte eine entscheidende Rolle bei der Gründung der Vereinten Nationen. Etwa zehn Jahre später wurden Chambers Beschuldigungen im Kongress noch einmal aufgegriffen, was Richard Nixon, J. Edgar Hoover und Joseph McCarthy zu einer kometenhaften Karriere verhalf.

Vor Gericht legte Chambers Beweise auf Mikrofilm vor, um seine Vorwürfe zu belegen, und Alger Hiss wurde von den Geschworenen schuldig gesprochen. Immer wieder beteuerte dieser allerdings seine Unschuld, und zum Schluss galten ihm viele Sympathien, weil man ihn für ein Opfer der Hexenjagd der McCarthy-Ära hielt. Nachdem er seine Strafe abgesessen hatte, wurde er als erster vorbestrafter Anwalt in Massachusetts überhaupt wieder von der Anwaltskammer zugelassen.

In der Zwischenzeit hatten seine Sympathisanten Chambers als rachsüchtigen Unruhestifter hingestellt, der die Karriere eines brillanten Mannes ruiniert hatte. Chambers schrieb eine Weile Artikel für den

»National Review«, arbeitete als Redakteur beim *»Time«*-Magazin und zog sich dann auf eine Farm in Maryland zurück, wo er schließlich starb. Er hatte nur wenige Freunde, und sein Ruf war in den Schmutz gezogen worden.

Aber jetzt bestätigte der KGB-Maulwurf Gordievsky vierzig Jahre nach den Ereignissen von damals Chambers' Geschichte. Aus einer Laune heraus beschloss ich, in seiner achthundert Seiten starken Biografie mit dem Titel *»Witness«* (»Zeuge«) nachzusehen, von der er sagte, dass er sie für seine Kinder geschrieben hätte, um seine Handlungsweise zu erklären, die so oft falsch ausgelegt worden sei. Ich war nicht so sehr daran interessiert, was ihn zur Spionage getrieben hatte, sondern welche Motive er gehabt hatte, dem Kommunismus den Rücken zu kehren. War diese frühe Desillusionierung eine Vorwegnahme jener Erfahrung, die die kommunistische Welt Anfang 1990 erschütterte?

Das Buch schildert Chambers' Pilgerreise, die ihn zum Kommunismus hin- und wieder von ihm wegführte. Ursprünglich hatte er in der Partei die beiden Sicherheiten gefunden, »nach denen der menschliche Verstand unablässig sucht: einen Grund zu leben und einen Grund zu sterben«. Er nahm ein beträchtliches persönliches Risiko auf sich, als er in den Untergrund ging, um dort einen Spionagering anzuführen, weil er glaubte, dass im Marxismus die letzte große Hoffnung für diesen Planeten lag.

Warum zerbrach diese Hoffnung? Chambers zitiert die Tochter eines deutschen Diplomaten, die in Moskau gelebt hatte und zu erklären versuchte, warum ihr Vater sich gegen den Kommunismus gewendet hatte: »Er war unglaublich pro-sowjetisch eingestellt, und dann hörte er eines Nachts in Moskau Schreie. Das ist alles. Er hörte einfach eines Nachts Schreie.«

Für Chambers kam dieser Schrei in Form einer Zehn-Zeilen-Meldung, die über den Tod von Dmitri Schmidt berichtete, einem General der Roten Armee, den man wegen Verrats hingerichtet hatte. Chambers hatte alle Gerüchte über die Säuberungen in Moskau ignoriert, aber aus irgendeinem Grund drang der Bericht über den Tod dieses einen Mannes zu ihm durch. Er begriff, dass das Töten immer weitergehen würde. »Wie lange werden Sie noch Menschen umbringen?«, wurde Stalin einmal von Lady Astor gefragt. »So lange wie nötig«, erwiderte er.

Etwa um diese Zeit saß Chambers in seiner Wohnung in Baltimore und beobachtete seine kleine Tochter in ihrem Babystuhl.

> »Sie war das Wunderbarste, was je in meinem Leben geschehen ist. Ich beobachtete sie so gerne, wenn sie sich Haferbrei über das Gesicht schmierte oder ihn nachdenklich auf den Boden tropfen ließ. Meine Augen ruhten auf ihren kleinen Ohrmuscheln – diesen fein gestalteten, vollkommenen Ohren. Auf einmal kam mir der Gedanke: ›Nein, diese Ohren sind nicht das Produkt eines zufälligen Aufeinandertreffens von Atomen (so die kommunistische Sicht). Sie sind das Ergebnis einer großartigen Planung.‹ Das kam mir unfreiwillig in den Sinn, und dieser Gedanke war mir nicht willkommen. Ich versuchte ihn loszuwerden. Aber ich konnte ihn nie ganz vergessen, ebenso wenig wie die Situation, die dazu geführt hatte. ... Ich wusste damals nicht, dass in diesem Augenblick der Finger Gottes sich zum ersten Mal auf meine Stirn gelegt hatte.«

Der Wendepunkt kam, als Chambers sich schließlich eingestand, dass jedes menschliche Wesen – seine Tochter, der General der Roten Armee – eine Seele haben musste. Entweder besitzt jeder Mensch einen Wert, der ihm von einem Schöpfer verliehen wurde, oder wir sind lediglich Tiere, nur den Gesetzen unterworfen, die wir einander mit Gewalt aufzwingen. Materialisten leugnen, dass der Mensch eine Seele hat, und betonen stattdessen den Verstand. Aber Chambers hatte selbst gesehen, was bei ihrer Vision einer von Gott »befreiten« Welt am Ende herauskommt: »Der Mensch kann die Welt nicht ohne Gott für sich nutzbar machen und organisieren; ohne Gott kann er sie nur *gegen sich* organisieren. Die Gaskammern von Buchenwald und die Exekutionskeller der Kommunisten existieren zuerst in unseren Gedanken.«

Zuletzt kam ihm der Gedanke in den Sinn: »Das ist das Böse, das absolute Böse. Und ich bin ein Teil davon.«

Als Chambers später *»Die Elenden«* von Victor Hugo las, lernte er darin einen Glauben kennen, der zwei vermeintliche Gegensätze in sich vereinigte: Christentum und Revolution. Der Roman zeigte ihm die Möglichkeit einer Revolution, die nicht von oben verordnet und mit Gewalt durchgesetzt wird, sondern von unten kommt: die Revolution von Christen, die den Armen, Kranken, Sterbenden, einsamen Kindern, den Gefangenen und Elenden von Paris dienen. Chambers gestand ein, »dass das in keiner Weise dem entsprach, was ich in der christlichen Welt um mich herum wahrgenommen hatte. Aber es entsprach genau dem Bedürfnis, das ich verspürte.«

Als Nächstes las er das Tagebuch von George Fox und kam mit einer Gruppe von Quäkern in Kontakt, die ihm zeigte, wie man betet, und die ihn Demut lehrten; eine Tugend, die ihm völlig unbekannt war. Chambers dachte oft über einen Satz von Charles Péguy nach: »Niemand kann so gut das Wesen des Christentums bezeugen wie der Sünder; niemand, höchstens vielleicht ein Heiliger.« Whittaker Chambers hatte beide Seiten erfahren und ließ sich davon überzeugen, dass das Christentum wahr ist.

Chambers starb 1961, enttäuscht und verachtet. Sein Buch, das im Titel Péguys Worte aufgreift, dient in den Regalen der meisten Bibliotheken nur als Staubfänger. Bis zur Veröffentlichung von Gordievskys Buch wurde Chambers' Name in den Medien kaum erwähnt, nachdem er in den 40er Jahren die Schlagzeilen beherrscht hatte.

Als ich Chambers' Buch las, ging mir der Gedanke nicht aus dem Sinn, dass er als eine Art Vorläufer gedient hat für das, was auf der Welt vor sich ging. Die gewaltigen Veränderungen kann man nicht nur der wirtschaftlichen Krise zuschreiben. Kommunisten in Ländern wie der DDR, Litauen, Russland und sogar Albanien oder Bulgarien haben die Vision einer Welt fallen lassen, für die sie einst ihr Leben gegeben hätten.

Warum? Zunächst hörten sie Schreie. Die Propheten in der Wüste wie zum Beispiel Solschenizyn ließen sich nicht zum Schweigen bringen. Schließlich mussten die Regierenden selbst den Bankrott des Systems eingestehen, das allein menschliche Maßstäbe zur Grundlage hatte.

Vor vierzig Jahren schrieb Chambers:

»Politische Freiheit, wie sie die westliche Welt kennt, ist nur eine politische Lesart der Bibel. Der Kommunismus ist in dem Grad gescheitert, in dem er es nicht schaffte, die von ihm beherrschten Völker von Gott zu befreien. ... Die Wirtschaft ist nicht das zentrale Problem unseres Jahrhunderts. Sie ist ein relativ einfaches Problem, das man mit relativ einfachen Mitteln lösen kann. Das zentrale Problem unserer Zeit ist der Glaube. Die westliche Welt weiß es nicht, aber sie besitzt bereits die Antwort auf dieses Problem – vorausgesetzt, dass ihr Glaube an Gott und die Freiheit, die er uns schenkt, so groß ist wie der Glaube des Kommunismus an den Menschen.«

Auf der ganzen Erde haben Kommunisten den Glauben an die Menschheit verloren. Werden sie, wie Chambers, noch einen Schritt weiter gehen und den Glauben an Gott entdecken? Und wenn – das wäre die größte aller Ironien –, können sie ihn der westlichen Welt wieder vermitteln?

28
Das Große Kindermädchen sieht alles

Der polnische Dramatiker Janusz Glowacki erzählt an einer Stelle von einer Ausstellung mit dem Titel »Das ist Amerika«, die in Warschau in den dunkelsten Tagen des Stalinismus gezeigt wurde. Zu den Klängen eines dekadenten Boogie-Woogie defilierte er an den Ausstellungsstücken vorbei, schrill gemusterten Krawatten, farbenfrohen Plakatwänden, Ku-Klux-Klan-Kreuzen und sogar Insekten aus Colorado, die man vermeintlich in der Nacht vom Flugzeug abgeworfen hatte, um die sozialistische Kartoffelernte zu vernichten.

»Die Ausstellung sollte eigentlich Entsetzen, Hass und Ekel hervorrufen«, schreibt Glowacki. »Sie hatte aber die entgegengesetzte Wirkung. Tausende von Warschauern warteten im Sonntagsstaat in langen Schlangen, vergleichbar mit denen vor Lenins Grab, sahen sich in schweigender Ehrfurcht die Ausstellungsstücke an, lauschten respektvoll dem Boogie-Woogie und wollten wenigstens auf diesem Weg ihre blinde und hoffnungslose Liebe zu den Vereinigten Staaten bekunden.«

Heute, einige Jahren nach den erstaunlichen Umwälzungen in Europa, können Polen und sogar Russen selbst schrille Krawatten und farbenfrohe Plakatwände entwerfen und ihren eigenen Boogie-Woogie komponieren. Gegen alle Wahrscheinlichkeit hat die westliche Kultur den Sieg davongetragen, ohne dass allzu viele Schüsse abgefeuert wurden. Der Kalte Krieg ist vorbei, der Kommunismus stellt keine Bedrohung mehr da. Und nun? Was liegt nun vor uns, da die westliche Welt ihre Identität nicht mehr in der Opposition zum Kommunismus findet?

Der Schriftsteller Neil Postman (*»Wir amüsieren uns zu Tode«*) glaubt, dass wir zwar George Orwells *»1984«* entronnen sind, dass uns Huxleys *»Schöne Neue Welt«* aber ernsthaft bedroht. Die beiden Bücher werden oft verwechselt, präsentieren aber völlig unterschiedliche Zukunftsvisionen. Vielleicht sollten wir uns nicht vor dem Großen Bruder fürchten, sondern vor dem Großen Kindermädchen.

Orwell warnte vor einem äußeren Feind, der sich auf Propaganda und Gewalt verlässt, um anderen seinen Willen aufzuzwingen – wie zum Beispiel Kommunismus oder Nationalsozialismus, zwei Systeme, die Orwell genau kannte. Im Gegensatz dazu warnte Huxley vor einem Feind im Innern, der subtiler ans Werk geht. Er sagte voraus, dass die Menschen nur zu gerne ihre Freiheit und Autonomie gegen eine Technologie eintauschen würden, wenn sie ihnen Bequemlichkeit, Sicherheit und Unterhaltung verspricht. Orwells Schurken bauten auf Maschinen, die den Menschen Schmerz zufügten, um ihre Vorstellungen durchzusetzen; Huxleys Schurken verlassen sich auf die Macht des Wohlbefindens und des Vergnügens. Orwells Regime verbot alle Bücher; in Huxleys fantastischer Welt gibt es dagegen reichlich Bücher, aber niemand interessiert sich dafür.

Das Jahr 1984 kam und ging. Die düstere Voraussage ist nicht eingetroffen, aber vielleicht ist es an der Zeit, sich noch einmal mit Huxleys sanftem Albtraum zu beschäftigen. Wie würde die *»Schöne Neue Welt«* aussehen?

1. Eine »Schöne Neue Welt« repariert die Defekte der menschlichen Psyche. Vor einigen Jahren erregte der Neurophysiologe José M. Delgado Aufsehen, als er einen angreifenden Bullen dazu brachte, plötzlich anzuhalten. (Delgado hatte eine Elektrode in das Bullengehirn implantiert.) Der Titel seines Buchs, in dem er dieses und andere Experimente beschreibt, bringt das gut zum Ausdruck: *»Die physische Kontrolle des Verstands: auf dem Weg in eine psychozivilisierte Gesellschaft«*.

Die Verhaltensforscher sagen uns, dass wir nur den Geldhahn der Regierung aufdrehen müssten, um Forschungsmittel bereitzustellen. Dann können wir feststellen, in welchen Hirnregionen Gewalt, Süchte sowie sexuelle und Persönlichkeitsstörungen angesiedelt sind, und diese Probleme mit Medikamenten oder chirurgischen Eingriffen therapieren.

Zugegeben, eine Gesellschaft, die frei von jeglichen Defekten ist, müsste vielleicht auf einige Errungenschaften ihrer Mitglieder verzichten. Hätten Beethoven, Schubert und Brahms ihre Musik schaffen können, wenn man ihre Persönlichkeitsstörungen therapiert hätte? Möglicherweise hätten wir die lateinische Vulgata, die in der Kirche über eintausend Jahre als Bibelübersetzung in Gebrauch war, verloren und Augustinus' *»Bekenntnisse«* wären vielleicht etwas langweiliger geraten. Aber denken Sie nur einmal daran, wie man Abraham Lincoln, der nur selten lächelte, mit Depressionen zu kämpfen hatte und wahrscheinlich mit einer Psychopathin verheiratet war, »verbessert« hätte.

2. Eine »Schöne Neue Welt« vereinfacht die Ethik. Jahrhunderte hindurch mussten sich Kirche und Staat mit einem Dickicht von Fragen nach Sexualität und sozialer Gerechtigkeit beschäftigen. Die »Neue Welt« kann dagegen mit Werten wie absoluter Wahrheit oder »unveräußerlichen Rechten« nichts anfangen. Sie lässt nur zwei Prinzipien gelten: Freundlichkeit und Toleranz.

»Huckleberry Finn« und die Märchen der Gebrüder Grimm müssten gründlich neu bearbeitet werden. Antisemitische Abschnitte in Shakespeares Werken müssten gestrichen werden. Kann eine politisch korrekte Bibel da zurückstehen (immerhin war Zachäus, politisch korrekt ausgedrückt, kein »kleiner Mann«, sondern »vertikal« herausgefordert)?

3. Eine »Schöne Neue Welt« löst ihre Probleme mit Hilfe von Technologie. C. S. Lewis schrieb: »Für die Weisen der Vergangenheit war die Frage, wie sich die Seele der objektiven Realität stellen kann, das Kardinalproblem des menschlichen Daseins, und die Antwort lautete: Weisheit, Selbstdisziplin und Tugend. Im zeitgenössischen Denken liegt das Kardinalproblem darin, wie man die Realität dem Wunschdenken des Menschen unterwerfen kann, und die Antwort liegt in einer bestimmten Technik.«

Auf die *»Schöne Neue Welt«* wenden wir die Kriterien »entwickelt, weniger entwickelt, unterentwickelt« an und vermeiden Begriffe wie *gerecht, moralisch* oder *gut*. Menschen wie Solschenizyn wiesen immer wieder darauf hin, dass der Osten dem materialistischen Westen geistliche Werte vermitteln könnte. In letzter Zeit habe ich so etwas nicht mehr gehört; der Osten ist damit beschäftigt, den Westen wirtschaftlich einzuholen.

Die Probleme in Afrika und Teilen Asiens scheinen unsere technologischen Fähigkeiten zu übersteigen. Aber auch diese Länder haben ihren Platz in der *»Schönen Neuen Welt«*: Wir werden zweiminütige Berichte über die katastrophale Lage dort, eingequetscht zwischen Sport und Wetterbericht, zur Kenntnis nehmen. Diese Haltung ist in der Geistesgeschichte spätestens seit Boccaccios *»Decamerone«* nicht unbekannt. Als der Schwarze Tod grassiert, suchen junge Männer und Frauen Zuflucht in einer sicheren Burg. Draußen werden die Pestleichen auf Karren geladen, während die wenigen Glücklichen sich dem hemmungslosen Vergnügen hingeben und sich die berühmten Geschichten erzählen, die Boccaccio erdachte.

4. Eine »Schöne Neue Welt« stellt Unterhaltung über alle anderen Werte. Um einen Eindruck davon zu bekommen, wie wichtig uns Unterhaltung ist, müssen wir uns nur einmal vor Augen führen, dass ein guter Fußballspieler in einem einzigen Spiel weitaus mehr verdient als ein Physiklehrer an einer Schule in einem ganzen Jahr.

George Orwell fürchtete einen Großen Bruder, dessen Bild in jedes Heim ausgestrahlt werden würde. Bildschirme befinden sich heute in jedem Haus, aber wir suchen uns die Bilder aus, die wir sehen wollen, und dabei geht es um Unterhaltung. Der Medienwissenschaftler David Thorburn hat es so ausgedrückt: »Wir können vor der ›Genialität des Fernsehens, Banalitäten zu vermarkten‹, nur in Ehrfurcht erstarren.«

In amerikanischen Familien wird täglich zwischen fünf und sieben Stunden ferngesehen. Dieses besessene Verlangen nach Unterhaltung ist beispiellos in der Geschichte der Menschheit. Naturgemäß beeinflusst das Medium die Botschaft. Man muss nur drei Minuten lang die *»Sesamstraße«* sehen, um zu begreifen, wie sich Bildung definiert, wenn man sie am Raster der Unterhaltung ausrichtet. Oder man vergleiche die erfolgreichen Sendungen der amerikanischen Fernsehevangelisten mit den normalen Gottesdiensten der Kirchen am Ort.

Das erinnert mich an ein Zitat von Henry David Thoreau, der mit erstaunlichem Scharfblick feststellte: »Unsere Erfindungen sind in der Regel hübsche Spielzeuge, die uns von ernsthaften Dingen ablenken. Sie sind Werkzeuge, die wir verbessert haben, um damit Ziele zu erreichen, die wir nicht verbessert haben. ... Wir beeilen uns, einen magnetischen Telegrafen zu konstruieren, der Nachrichten von Maine nach Texas übermitteln kann; aber es könnte doch sein, dass Maine und Texas sich nichts Wichtiges zu sagen haben.«

Wie nahe sind wir an der »Schönen Neuen Welt« dran? Als ich vor einiger Zeit das Britische Museum besuchte, musste ich einmal tief Luft holen. In einem Raum wurden Originalbriefe und -manuskripte großer Schriftsteller in chronologischer Reihenfolge gezeigt. Ich verbrachte einige Stunden dort, ging von Shakespeare über Donne zu Elizabeth Barrett Browning, Jane Austen und Virginia Woolf über. Schließlich erreichte ich die Manuskriptsammlung der jüngeren Vergangenheit. Dort wurde in einer hölzernen Vitrine das hingekritzelte Original eines der berühmtesten Songs aus der zweiten Hälfte des zwanzigsten Jahrhunderts ausgestellt: »Oh yeah, oh yeah, I wanna hold your hand.« Der Dichter hatte den Zeitgeist genau eingefangen.

Daniel Boorstin, ehemaliger Bibliothekar der Kongressbücherei und Direktor des *Smithsonian National Museum of American History* schätzt die zeitgenössische Kultur folgendermaßen ein:

> »Wenn wir beim Frühstück zur Zeitung greifen, erwarten wir – verlangen wir sogar –, dass sie uns von wichtigen Ereignissen berichtet, die seit gestern Abend geschehen sind. Wir schalten auf dem Weg zur Arbeit das Autoradio ein und erwarten, dass etwas Neues geschehen ist, seit die Morgenzeitung die Rotationsmaschine verlassen hat. Wenn wir abends zurückkommen, dann erwarten wir nicht nur, dass uns das Haus Schutz bietet, uns im Winter warm und im Sommer kühl hält, sondern dass es uns Entspannung bietet, uns zu Würde verhilft, mit leichter Musik berieselt und interessante Hobbys für uns bereithält, dass es uns Spielplatz, Theater und Bar ist. Wir erwarten, dass ein zweiwöchiger Urlaub romantisch, exotisch und billig ist

und uns keine Mühe macht. Wir erwarten eine fremdländische Atmosphäre, wenn wir an einen Ort in der Nähe reisen, und wenn wir eine Fernreise unternehmen, erwarten wir, dass alles entspannend, hygienisch und amerikanisiert ist. In jeder Saison erwarten wir einen neuen Helden, jeden Monat ein literarisches Meisterwerk, jede Woche ein dramatisches Spektakel, jeden Abend eine Sensation. Wir erwarten von jedem, dass er sich die Freiheit nimmt, anderer Meinung zu sein, aber gleichzeitig erwarten wir auch, dass er sich loyal zeigt und das Boot nicht ins Wanken bringt. Wir erwarten von jedem tiefen Glauben an seine Religion und halten doch vom anderen nicht weniger, wenn er nichts glaubt. Wir erwarten von unserem Land, dass es stark, groß und vielseitig ist und sich jeder Herausforderung gewachsen zeigt; und doch erwarten wir auch, dass sich unsere Nation ein eindeutiges und einfaches Ziel gesetzt hat, das zweihundert Millionen Menschen die Richtung weist und noch am Kiosk um die Ecke als Taschenbuch für einen Dollar erworben werden kann.

Wir erwarten alles und jedes. Wir erwarten Gegensätzliches und Unmögliches. Wir erwarten geräumige Kleinwagen und sparsame Luxusautos. Wir erwarten, reich und freigiebig zu sein, Macht zu besitzen und Gnade zu erweisen, ständig aktiv zu sein und zur Ruhe zu kommen, anderen gegenüber freundlich zu sein und die Ellenbogen zu gebrauchen. Wir erwarten, uns durch mittelmäßige Appelle für exzellente Leistungen begeistern zu lassen. Wir erwarten, dass uns von Analphabeten geführte Alphabetisierungskampagnen das Lesen beibringen. Wir erwarten, zu essen und schlank zu bleiben, dauernd auf Achse zu sein und dabei häuslich zu bleiben, in die ›Kirche unserer Wahl‹ zu gehen und uns doch von ihr führen und leiten zu lassen, Gott zu verehren und Gott zu sein.

Kein anderes Volk hat sich jemals so zum Herrn seiner Welt aufschwingen können. Trotzdem gibt es kein Volk, das sich so enttäuscht und getäuscht fühlt.«

Die *»Schöne Neue Welt«* lässt grüßen! Boorstin vergaß lediglich zu erwähnen, dass der Begriff *Kultur* auch etwas bezeichnet, was man in einer künstlichen Umgebung züchtet. Zum Beispiel einen Virus.

Teil V

Gott im Verborgenen finden

29
Wörterverschmutzung

Eines Tages stieß meine Frau Janet, die in einem der ärmsten Chicagoer Viertel ein Hilfsprojekt für ältere Menschen leitete, auf folgendes Zitat: »Die Armen drücken ihre Dankbarkeit nicht dadurch aus, indem sie sich bedanken, sondern indem sie um mehr bitten.« Sie hatte gerade einen anstrengenden Tag hinter sich und kam sich förmlich belagert vor, weil man weinerlich und beharrlich immer weitere Hilfsleistungen von ihr forderte. Sie vertraute mir an, dass dieses Zitat sie auf eigenartige Weise tröstete.

Warum drücken die Armen ihren Dank auf so indirekte Weise aus?, fragte ich mich. Warum sagen sie nicht einfach »Danke«? Nachdem ich mit Janet darüber geredet und sie mir von ihren Erfahrungen erzählt hatte, kam ich zu dem Schluss, dass sie sich schämten – vor allem, weil sie überhaupt Hilfe in Anspruch nehmen mussten. Ich weiß, wie schwer es mir fällt, jemand anders um Hilfe zu bitten. Wie würde ich mich fühlen, wenn ich ständig auf Unterstützung angewiesen wäre?

Um auf den Punkt zu kommen: Wie können diejenigen von uns, die anderen helfen, das tun, ohne ihre Würde zu verletzen? Es lag wohl an meinem Schriftstellerinstinkt, dass ich sofort nach einzelnen Begriffen suchte und eine Liste erstellte. Alle Wörter dieser Liste hatten ursprünglich eine positive Bedeutung (dass man nämlich etwas gibt), nahmen aber im Lauf der Zeit eine negative Bedeutung an. Solche Begriffe findet man überall in der Sprache; in ihrer Gesamtheit warnen sie vor den Gefahren, die im Geben und Nehmen liegen.

Erbarmen. Dieser Begriff bezeichnete einmal hingebungsvolle Liebe. Gott, ein vollkommenes Wesen ohne eigene Bedürfnisse, entschloss sich, sich den von ihm geschaffenen Menschen zu schenken. Gott hatte Erbarmen mit den Bedürftigen, wie zum Beispiel den israelitischen Sklaven in Ägypten. Die Menschwerdung Gottes, die äußerste Form der Selbsthingabe, kann man als einen Akt des Erbarmens auffassen, weil Gott Mitleid mit der gefallenen Schöpfung, dem gefallenen Menschen, hatte. Als Jesus auf der Erde lebte, bewegte ihn oft Mitleid oder Erbarmen. Wer ihn nachahmte – zum Beispiel die Reichen, die den Armen Barmherzigkeit erwiesen – drückte so eine Eigenschaft Gottes aus.

Zumindest war das einmal die Bedeutung dieses Wortes. Schließlich verschob sich der Akzent von den Gebern zu den Empfängern, die man als schwach und unterlegen betrachtete. Heute hört man zum Beispiel solche Aussagen: »Ich brauche dein Mitleid nicht!« Wer Mitleid zeigt, ist herablassend, sogar lieblos – die Bedeutung dieses Begriffs hat sich fast umgekehrt.

Nächstenliebe. Im Grundtext des Neuen Testaments ist von *agape* die Rede, der höchsten Form der Liebe, die der Liebe Gottes am nächsten kommt. Wer Nächstenliebe übt, ist geduldig, freundlich, bereit zu vergeben, demütig; Nächstenliebe bringt in einem Menschen die besten Seiten zum Vorschein.

Und doch hat sich auch hier die Bedeutung im Lauf der Zeit verändert: Wer Nächstenliebe in Anspruch nimmt, gilt als Sozialfall. Wir akzeptieren diese Art von Hilfe nur, wenn es gar nicht mehr anders geht.

Herablassung. Ich betrachte die gesamte Bibel als eine stufenweise Geschichte der Herablassung Gottes. Er ließ sich zu Adam im Garten Eden herab, zu Mose im brennenden Dornbusch, zu den Israeliten in der leuchtenden Wolke, und in der Menschwerdung ließ er sich zu uns allen herab, um bei uns zu sein. Ein wahrer Christ folgt diesem Beispiel, wie uns der Apostel Paulus deutlich macht: »Seid so unter euch gesinnt, wie es auch der Gemeinschaft in Christus Jesus entspricht: Er, der in göttlicher Gestalt war, hielt es nicht für einen Raub, Gott gleich zu sein, sondern entäußerte sich selbst und nahm Knechtsgestalt an, ward den Menschen gleich und der Erscheinung nach als Mensch erkannt.« (Philipper 2,5-7)

Aber die Kunst der Herablassung ist uns heute verloren gegangen. Wer von uns würde sich schon darüber freuen, wenn man ihm gegenüber bemerkt: »Du bist so herablassend«?

Gönner. Ich mag dieses Wort besonders gerne, denn Künstler, Musiker und, ja, auch Schriftsteller wurden früher der Sorge um ihr tägliches Brot enthoben, wenn sie einen Mäzen oder Gönner hatten, der sie unterstützte. Heute allerdings gibt es nur noch wenige Mäzene, und schon gar nicht möchte man gönnerhaft behandelt werden.

Väterlichkeit/Patriarchalisch. Auch diese Begriffe sind heute mit einem Makel behaftet. In alter Zeit ließ ein »väterlicher Freund« an einen liebevollen Vater denken, der für die Bedürfnisse seiner Kinder sorgte. Heute stellen wir uns unter einem Patriarchen manchmal ein autoritäres Familienoberhaupt vor, das keine andere Meinung gelten lässt.

Warum hat sich die Bedeutung dieser Begriffe gewandelt? Jeder von ihnen, früher einmal ehrenwert und majestätisch, schmolz nach und nach wie eine Wachsfigur in einen traurigen Klumpen zusammen, der kaum mehr an die ursprüngliche Form erinnert. Diese Begriffe sind schlicht und einfach gescheitert, weil wir Menschen so oft und so heftig an der schwierigen Aufgabe des Gebens scheitern. Ein altes chinesisches Sprichwort bringt es vielleicht am besten auf den Punkt: »Nichts kann uns mit der Beleidigung versöhnen, die ein Geschenk bedeutet, außer der Liebe des Gebers.«

Eine christliche Hilfsorganisation, die in einem Entwicklungsland arbeitet, meine Frau, die älteren Mitbürgern oder Obdachlosen persönlich zur Seite steht, oder auch ich, wenn ich einem Bettler auf der Straße begegne – wir alle lernen den gefährlichen Abgrund zwischen dem Geber und dem Empfänger kennen. Hilfsprogramme, die aus den denkbar edelsten Motiven von der Regierung organisiert wurden, scheitern oft aus Gründen, die in diesen verschmutzten Wörtern liegen. Eine Institution kann keine Liebe erweisen, das können nur Menschen. Wie das Sprichwort sagt, wird ein Geschenk zur Beleidigung, wenn die Liebe fehlt.

Wir könnten alle diese Probleme vermeiden, wenn wir die Hilfsbedürftigen einfach ignorierten und ausschließlich mit Menschen zusammen wären, die allein zurechtkommen.

Aber für Christen kommt so etwas einfach nicht in Frage. Nächstenliebe ist ein Gebot.

Ich habe einmal ein Buch mit dem Titel *»Wo ist Gott in meinem Leid?«* geschrieben. Die Antwort auf diese Frage, die indirekt auch im Neuen Testament enthalten ist, ist wieder eine Frage: Wo ist die Kirche, wenn unser Nächster Schmerzen und Probleme aushalten muss? Wir sind als Nachfolger Jesu die wichtigste Antwort Gottes auf die massiven Probleme dieser Welt. Wir sind buchstäblich der Leib Christi.

Als Jesus Mensch auf dieser Erde war, verbrachte er seine Zeit mit den Armen, den Witwen, den Gelähmten und selbst mit Menschen, die an gefürchteten Krankheiten litten. Wer an Lepra – gewissermaßen dem AIDS des Altertums – litt, musste »unrein, unrein!« rufen, wenn jemand in seine Nähe kam; das mosaische Gesetz verbot es, solch einen Menschen zu berühren. Und doch verstieß Jesus gegen das Gesetz und gegen die herrschende Sitte, indem er Lepra-Patienten aufsuchte und sie berührte – ein erstaunlicher Akt der Herablassung. So hat Gott im Lauf der Geschichte immer wieder gehandelt.

Wir in der Kirche, dem Leib Christi auf der Erde, sollen gleichermaßen auf die Leidenden zugehen. Denn schließlich verleiht Gott seiner Liebe für diese Welt durch uns Ausdruck, und darum stammen Begriffe wie *Erbarmen* oder *Nächstenliebe* aus dem Bereich des Glaubens.

Können wir diese verschmutzten Wörter wieder für uns beanspruchen, oder wenigstens die Bedeutung, die hinter ihnen steckt? Es gibt Grund zur Hoffnung, denn alle Wörter in der obigen Liste haben sich zumindest eine Spur ihres theologischen Ursprungs bewahrt. Erbarmen kann etwas Gottähnliches sein; Nächstenliebe kann Liebe spürbar machen; Herablassung kann zur Einigkeit, muss nicht zur Spaltung führen; ein Gönner kann seinen Schützlingen Selbstwertgefühl geben, muss sie nicht herabsetzen; Väterlichkeit kann uns daran erinnern, dass wir Kinder unseres himmlischen Vaters sind.

Ich kenne nur einen einzigen Weg, der diesen Abgrund zwischen Geber und Empfänger überbrücken kann, und das ist die Erkenntnis, dass wir alle hilfsbedürftige Bettler sind, die jeden Augenblick von der Gnade eines souveränen Gottes am Leben erhalten werden. Nur wenn wir Gottes Gnade als Gnade und sonst nichts erfahren, nicht als etwas, das wir uns erarbeitet haben, können wir jemand anderem unsere Liebe zeigen, ohne dass irgendwelche Hintergedanken im Spiel sind. Es gibt nur einen wahren Geber, alle anderen sind Schuldner.

30 Die seltsamen Vorteile der Armut

Jesus und Karl Marx haben zumindest eins gemeinsam: eine paradoxe Sicht der Armut. Beide neigen dazu, (1) die Armen zu feiern, aber (2) ihre Energie darauf zu verwenden, sie aus ihrer Armut zu befreien.

Den zweiten Teil dieses Satzes kann ich sehr gut verstehen. Ich wuchs in einer Familie auf, die unterhalb der offiziellen Armutsgrenze lebte, und deshalb unterstütze ich heute Initiativen, die sozial Schwachen eine Stellung und eine Wohnung vermitteln und sich für eine bessere medizinische Versorgung und die Stillung von Grundbedürfnissen einsetzen. Aber wie steht es mit dem ersten Teil? Jesus sagte unmissverständlich: »Selig seid ihr Armen«. Die Menschen, unter denen ich aufwuchs, waren weder tugendhafter noch bewundernswerter als andere Leute. Die meisten von uns wünschten sich nichts sehnlicher, als der Armut zu entkommen. Warum sollte man sie also »selig« nennen?

Der Ausdruck »Gottes Parteinahme für die Armen« hat mich in meiner Verwirrung nur noch bestärkt. Warum sollte Gott den Armen besondere Aufmerksamkeit schenken? Ich streite gar nicht ab, dass Gott für die Armen Partei ergreift; die katholischen Bischöfe, die diesen Ausdruck prägten, stellen eine eindrucksvolle Liste mit Belegen aus dem Alten und Neuen Testament zusammen. Man braucht nur die Seligpreisungen durchzulesen (die Abschnitte in den Evangelien, deren Verse mit »Selig sind ...« beginnen), um zu begreifen, dass Jesus den Armen und Benachteiligten besonders zugeneigt war. Meine Frage ist: Warum? Womit haben es die Armen verdient, dass Gott sich in besonderer Weise um sie kümmert?

Dieses Paradox in den Seligpreisungen hat mich lange Zeit verwirrt, und wenn ich zurückdenke, sehe ich, dass mein Verständnis dieser Verse in drei Schritten gewachsen ist.

1. Versprechen für die Zukunft. Früher verstand ich die Seligpreisungen als eine Art Vertröstung, die Jesus den Unglücklichen und Benachteiligten zukommen ließ. »Wenn ihr schon nicht reich seid, es mit eurer Gesundheit nicht zum Besten steht und euer Gesicht tränennass ist, werfe ich euch wenigstens ein paar schöne Phrasen vor die Füße, damit ihr euch besser fühlt.«

Anders als die mittelalterlichen Könige, die Münzen in die Volksmenge warfen (oder heutige Politiker, die vor den Wahlen demonstrativ für die Rechte der Armen und Obdachlosen eintreten), machte Jesus keine leeren Versprechungen, sondern hielt eine wirkliche Belohnung für sie bereit. Er war vom Himmel auf die Erde gekommen und wusste genau, dass die Schätze des Himmels alles Elend der Erde wettmachen würden.

Bei vielen Christen ist es aus der Mode gekommen, allzu viel Nachdruck auf die Belohnung zu legen, die uns in der Zukunft erwartet. Mein ehemaliger Pastor Bill Leslie bemerkte mehr als einmal: »Wenn die Kirchen reicher und erfolgreicher werden, dann singen sie nicht mehr so oft ›Ich bin nur Gast auf Erden‹, sondern ›Meinem Gott gehört die Welt‹.« Vielleicht haben zumindest wir nordamerikanischen Christen uns auf dieser Erde so behaglich eingerichtet, dass wir uns nicht mehr mit den Situationen identifizieren, die Jesus in den Seligpreisungen ansprach, und das erklärt, warum sie in unseren Ohren heute so merkwürdig klingen.

Trotzdem dürfen wir den Wert der Hoffnung auf eine Belohnung, die in der Zukunft auf uns wartet, nicht schmälern. Man muss sich nur einmal die Lieder der amerikanischen Sklaven anhören, um zu begreifen, welcher Trost in diesem Glauben liegt. »Swing low, sweet chariot, coming for to carry me home« – der Wagen steht bereit, um mich nach Hause zu bringen. »When I get to heaven, goin' to put on my robe, goin' to shout all over God's heaven« – wenn ich in den Himmel komme, dann ziehe ich mir die Festkleider an und rufe es in den Himmel hinaus. »Nobody knows the trouble I've seen, nobody knows but Jesus« – niemand kennt das Elend, das ich durchgemacht habe – nur Jesus allein.

Im Lauf der Zeit habe ich die Belohnung, die Jesus uns für die Zukunft versprach, immer mehr zu schätzen gelernt, und jetzt sehne ich mich sogar danach. Das ändert aber nichts an der Tatsache, dass wir sie erst irgendwann in der Zukunft erhalten werden. Ein Versprechen auf die Zukunft hin stillt nicht immer unsere unmittelbaren Bedürfnisse.

2. *Die große Umkehr.* Die Seligpreisungen beschreiben die Gegenwart und die Zukunft und stellen Erfolg im Himmelreich dem Erfolg in dieser Welt gegenüber.

Man muss nur einmal die Zeitschriften am Kiosk überfliegen, um zu sehen, welche Werte in dieser Welt gelten. Die Illustrierten, die sich mit Geldanlage, mit Reisen und Freizeit beschäftigen, heben hervor, welche Vorteile Wohlstand und wirtschaftlicher Erfolg bieten. Die *»Cosmopolitan«*, *»Fit for Fun«* sowie etliche Soft-Porno-Titel machen deutlich, wie viel Wert wir auf Image und das äußere Erscheinungsbild legen. Dann kommt der Ständer mit den »wahren Kriminalfällen«, Gruselromanen und Begleitbüchern zu den Seifenopern, die den Appetit unserer Gesellschaft nach Unrecht befriedigen.

In den Seligpreisungen kommt klar zum Ausdruck, dass Gott diese Welt durch eine andere Brille sieht. Macht, gutes Aussehen, Beziehungen und der Einsatz der Ellenbogen können einem Menschen in unserer Gesellschaft Erfolg verschaffen; aber es sind auch gerade diese Eigenschaften, die uns den Weg zum Reich Gottes verbauen können. Abhängigkeit, Leid und Reue – das sind die Schritte zum Reich Gottes.

Ich glaube nicht, dass die Armen tugendhafter sind als andere Menschen, aber sie stehen nicht so sehr in der Gefahr, Tugendhaftigkeit vorgeben zu müssen. Betrachten wir zum Beispiel den Begriff *Abhängigkeit.* Workaholics und Besitzer von Statussymbolen verbringen vielleicht ihr halbes Leben damit, allen zu beweisen, dass sie von niemandem, Gott eingeschlossen, abhängig sind. Aber wir sind Geschöpfe Gottes, von Natur aus abhängig, und eine unterdrückte Abhängigkeit wird irgendwann, oft in Form einer Sucht, zum Vorschein kommen. Es ist kein Zufall, dass man bei den Anonymen Alkoholikern zunächst einmal zugeben muss, dass man von anderen Menschen und einer »höheren Macht« abhängig ist. Die Armen genießen niemals den Luxus, ihre Abhängigkeit unterdrücken zu können; sie sind von anderen abhängig, wenn sie überleben wollen.

Wer reich, erfolgreich und schön ist, kann sich auf seine natürlichen Gaben und Begabungen verlassen. Aber wenn jemand diese natürlichen Vorzüge nicht mitbekommen hat, dann könnte es sein – und das ist nur eine Möglichkeit –, dass er zu Gott schreit, wenn er Hilfe braucht. Die Armen haben sich ihre Lage nicht selbst ausgesucht, vielleicht wünschen sie sich nichts sehnlicher, als ihr zu entkommen, aber sie finden sich in einer Situation wieder, die der Gnade Gottes gerecht wird. Sie sind bedürftig, abhängig und mit dem Leben unzufrieden; und aus diesem Grund nehmen sie möglicherweise Gottes Liebe an, die er uns schenken will. Wir brauchen die Armen, um uns bewusst zu werden, dass wir vertrauen müssen. Denn wenn wir es nicht lernen, Vertrauen zu haben, dann werden wir niemals Gnade erfahren.

Die Seligpreisungen zeigen deutlich »Gottes Parteinahme für die Armen« und die »Parteinahme der Armen für Gott«. Weil sie für den Erfolg in dieser Welt unterqualifiziert sind, können sie sich nur Gott zuwenden. Ein Bibelausleger übersetzte einmal »Selig sind die Verzweifelten«, um zum Ausdruck zu bringen, was »arm im Geist« bedeutet. Niemand gibt gerne zu, dass er verzweifelt ist. Wenn er es aber tut, ist das Himmelreich nicht weit.

3. Psychologische Realität. Erst vor kurzer Zeit habe ich eine dritte Schicht in den Seligpreisungen für mich entdeckt. Ein Buch wie zum Beispiel Paul Johnsons *»Intellectuals«* (»Intellektuelle«) legt überzeugend dar, was wir alle seit langem wissen: dass die Menschen, die wir in den höchsten Tönen loben, die wir nachzuahmen versuchen und auf den Titelblättern der Zeitschriften am Kiosk bewundern, nicht so glüklich, ausgeglichen und erfüllt leben, wie wir uns das gerne vorstellen. Obwohl die Menschen, die Johnson unter die Lupe nahm (Ernest Hemingway, Bertrand Russell, Jean-Paul Sartre, Edmund Wilson, Bertolt Brecht und andere) als erfolgreich gelten, egal, welchen Maßstab man anlegt, hätte man Schwierigkeiten, eine unglücklichere und egoistischere Truppe zusammenzustellen.

So paradox es auch klingt, wahre Größe wächst auf einem ganz anderen Boden.

Wenn ich an die Menschen in meinem Leben denke, die wirklich weise waren, dann fallen mir unter anderem folgende Leute ein: ein Patient in einer Lepraklinik in Indien; ein Bürgerrechtler, der seine Theologie in einer Gefängniszelle ausarbeitete; eine Mutter, die zwei an Mukoviszidose erkrankte Kinder verlor; ein Priester, der Keuschheit, Armut und Gehorsam gelobte und jetzt in einem Heim für Schwerbehinderte arbeitet; und ein Pastor, der heute ein Obdachlosenheim leitet.

Ich glaube, ich beginne die Seligpreisungen endlich zu verstehen. Ich fasse sie nicht mehr als herablassende Slogans auf, sondern als tiefe Einsichten in die menschliche Existenz. Die Armen, die Hungernden, die Trauernden und die Unterdrückten sind wirklich selig zu preisen. Natürlich nicht, weil sie im Elend sitzen – Jesus verbrachte einen großen Teil seiner Zeit damit, sie aus diesem Elend herauszuholen. Nein, sie können sich glücklich schätzen, weil ihre Lage ihnen einen Vorteil bietet, den unabhängige Menschen in bequemeren Lebensumständen niemals kennen lernen.

Die Seligpreisungen fesseln mich immer noch jedes Mal, wenn ich sie lese, aber heute fesseln sich mich, weil ich in ihnen einen Reichtum wahrnehme, der meine Armut demaskiert.

31
Das Wunder auf der LaSalle Street

Zum ersten Mal begegnete ich Billie Leslie nach einem Basketballspiel an der DePaul-Universität in einer kleinen Pizzeria. Es überraschte mich, in ihm einen übergewichtigen Weißen zu finden, der sich nachlässig kleidete, viel zu laut sprach und sich über seine eigenen Witze vor Lachen ausschüttete. Das sollte der Pastor der bekannten Gemeinde in der LaSalle Street in Chicago sein?

Aus reiner Neugier ging ich am nächsten Sonntag in diese Gemeinde – und blieb dreizehn Jahre dort. Ich lernte Bill gut kennen, besonders nachdem meine Frau eine Stelle in der Gemeinde angenommen hatte und dort ein Missionsprojekt leitete. Bill redete auch auf der Kanzel zu laut, er lachte über seine Witze – immer dieselben –, und mit der englischen Sprache hatte er auch mitunter Schwierigkeiten. Aber er wurde unser Pastor, und er wuchs uns immer mehr ans Herz. Als er mit sechzig Jahren unerwartet an einem Herzinfarkt starb, trauerten Janet und ich gemeinsam mit vielen anderen Einwohnern Chicagos, weil wir ihn verloren hatten.

Billie diente dieser Gemeinde achtundzwanzig Jahre als Pastor – und was für eine Zeit war das! Die Gemeinde kam in einer Kirche zusammen, deren Gemäuer die Geschichte der Stadt Chicago erzählen: Deutschsprachige Lutheraner hatten 1882 den Grundstein gelegt, und dann übernahmen nacheinander Italiener, Japaner und Weiße aus den Appalachen das Gebäude, bis schließlich erst Hippies und dann Yuppies in das Viertel zogen. Als Bill 1961 dort als Pastor eingestellt wurde, stand die Kirche genau zwischen den ärmsten und den wohlhabendsten Vierteln von Chicago. Zwei Blocks weiter östlich lag die so genannte Goldküste mit einem Durchschnittseinkommen von über 50.000 Dollar; zwei Blocks weiter westlich lagen Sozialwohnungen, hier betrug das durchschnittliche Einkommen weniger als 3.000 Dollar. Beim Studium der alttestamentlichen Prophetenworte, die sich mit Gerechtigkeit befassen, entwickelte die Gemeinde die Vision, eine »Brückenkirche« zwischen diesen beiden Vierteln zu werden.

Nachdem Bill Leslie einige Jahre lang vom wohlhabenden Vorort Wheaton zu seiner Gemeinde gependelt war, hörte er den Ruf Gottes, sich in der Umgebung der Kirche niederzulassen. Das war im Jahr 1968, der denkbar schlechtesten Zeit für einen Umzug. Nach der Ermordung Martin Luther Kings setzten zornige Schwarze dreißig Wohnblocks in Brand; nur die Kirche erhob sich aus dem Schutt. Sie war wegen ihres guten Rufs verschont worden. Polizisten patrouillierten auf den Straßen. Die Leslies fanden niemanden, der bereit war, ihre Stadtwohnung zu versichern.

Einige Jahre später wurde Bill in der Sakristei von drei Männern angegriffen, die die Kollekte des Sonntagmorgengottesdienstes erbeuten wollten. Sie droschen mit einem Bowlingkegel auf seinen Kopf ein, traten ihm in die Lenden und schlugen ihn mit einem Feuerlöscher zusammen. Nackt, geknebelt und gefesselt lag Bill in der Kirche und dachte noch einmal darüber nach, ob Gott ihn wirklich zum Dienst in dieser Stadt berufen hatte.

Aber er gab nicht auf. Zu viel geschah in dieser Gemeinde, als dass er hätte weggehen können. Eine Missionsarbeit wurde aufgebaut, als die Sonntagsschullehrer bemerkten, dass viele der Teilnehmer Analphabeten waren, und daraufhin anboten, sie nach dem Hauptgottesdienst zu unterrichten. Die Nachfrage war enorm – 75 Prozent der Jugendlichen im Viertel hatten die Schule ohne Abschluss verlassen. Bald trafen ganze Busladungen von Studenten des nahe gelegenen evangelikalen *Wheaton College* in der Gemeinde ein, um Einzelunterricht zu geben.

Die Arbeitslosigkeit in der Siedlung lag bei 86 Prozent, und die meisten Jugendlichen hingen den ganzen Tag auf der Straße herum. In den Sommermonaten wird durchschnittlich alle zwei Tage jemand auf offener Straße erschossen. Bill und andere Mitglieder seiner Gemeinde sahen die Notwendigkeit, ein Freizeitprogramm anzubieten. Sie kauften einen Billardtisch, richteten einen Basketballplatz ein und sammelten Geld für eine Football-Ausrüstung. Schon nach kurzer Zeit hatte die Gemeinde eine offene Jugendarbeit auf die Beine gestellt.

Aber bald wurde deutlich, dass noch andere Menschen Hilfe brauchten. Als einem Regierungsbericht zu entnehmen war, dass ein Drittel des Katzen- und Hundefutters von älteren Mitbürgern gekauft wurde, die sich kein »Menschenessen« leisten konnten, startete die Gemeinde eine Arbeit unter älteren Menschen. Um Misshandlungen und Beschimpfungen von Seiten der Polizei und von Vermietern entgegenzuwirken, kündigte ein Anwalt seine Stellung und richtete eine juristische Beratungsstelle ein, in der jedem Bewohner der Sozialwohnungen umsonst juristischer Beistand angeboten wurde. Ein weiteres Beratungszentrum wurde aufgebaut, in dem man eine Gebühr je nach Einkommen bezahlte.

In Chicago kommt die Hälfte aller Babys unehelich zur Welt, und bald rief die Gemeinde eine Arbeit ins Leben, um auch diesen Müttern zu helfen. Ganz besonders stolz war Bill allerdings auf ein Wohnungsbauprojekt, von dem er schon geträumt hatte, als sich der jährliche Gemeindeetat noch auf 20.000 Dollar belief. Die Gemeinde bemühte sich um Darlehen und Sicherheiten und konnte so das 11-Millionen-Projekt verwirklichen. Heute ist *Atrium Village* ein ethnisch und sozial gemischtes Viertel, das als einigendes Band wirkt und die negative Entwicklung im Stadtviertel zum Guten gewendet hat.

Niemand sah Bill Leslie an, dass er ein Pionier war. Er wirkte immer etwas unordentlich und hatte selten alle Termine im Kopf (nicht nur einmal wartete ich vergeblich auf Bill, der unsere Verabredung vergessen hatte oder in das falsche Restaurant gegangen war), und man konnte ihn kaum als vielversprechenden Kandidaten für die Versöhnung der Rassen bezeichnen (er war Studentensprecher an der Bob-Jones-Universität gewesen, die an der strengen Segregation festhielt, und sein Schwiegervater hatte den rassistischen Lester Maddox im Wahlkampf um das Gouverneursamt unterstützt). Und doch ist es hauptsächlich ihm zuzuschreiben, dass die evangelikalen Gemeinden den Weg zurück in die Stadt fanden und wieder daran erinnert wurden, dass Jesus nicht nur auf die Erde kam, um einzelne Seelen, sondern auch ganze Gemeinschaften zu erretten. Bill hatte wesentlichen Anteil an der Einrichtung eines Programms, in dem junge Seminaristen für den Dienst in den heruntergekommenen Innenstädten ausgebildet wurden. In vielen Städten der USA ziehen heute junge Christen als Pioniere in die Innenstadt, um dort eine positive Entwicklung in Gang zu setzen.

Drei Jahrzehnte in der Innenstadt forderten ihren Tribut von Bill und seiner Familie. Er hatte nie gelernt, Nein zu sagen. In der Trauerfeier erinnerte sich eine Frau daran, dass Bill mit ihr ein achtstündiges Seelsorgegespräch geführt hatte, und das einen Tag, bevor er sich auf eine einmonatige Reise nach Griechenland machte. Ein Gemeindemitglied brachte auch die andere Seite der Medaille zur Sprache, als es sich an die Familie wandte: »Es tut mir Leid, dass Bill uns so viel gab und so wenig für euch überblieb.«

Bill Leslie sind einige Fehler unterlaufen, aber eins hat er richtig gemacht: Er verstand, was es mit der Gnade Gottes auf sich hatte. Gnade wurde zum Thema der Gemeinde. Zum fünfzigjährigen Jubiläum hing über der festlich geschmückten Tafel ein großes Transparent mit der Aufschrift: »Durch Gnade sind wir bis hierher gekommen.«

Bill Leslie wusste, dass er niemals aufhören würde, von der Gnade zu leben. Das predigte er fast jeden Sonntag, und er bot sie jedem in seiner Nähe auf praktische und zupackende Art an. Seiner Treue und seinem Glauben ist es zu verdanken, dass es in diesem Stadtteil im Norden von Chicago heute ganz anders aussieht als damals. Und so, glaube ich, wird es auch im Himmel sein.

Yvonne Delk, eine energische schwarze Frau, die die *Community Renewal Society* (»Gesellschaft zur Erneuerung des Stadtviertels«) leitet, fasste Bills Leben in schlichten und anrührenden Worten zusammen: »Er war biblisch, aber nicht fundamentalistisch; geistlich, aber nicht weltfremd; er engagierte sich aktiv in der Welt, passte sich ihr aber nicht an. Du hast den guten Kampf gekämpft, Bill, du hast den Lauf vollendet, du hast am Glauben festgehalten. Wir sind dankbar für diesen Mann, den Gott nach Chicago gesandt hat.«

32
Die Überraschung des Glaubens

Die Evangelien berichten uns normalerweise von den Wundern Jesu, um seine Vollmacht und Autorität zu unterstreichen. In mindestens neun Geschichten geht es aber vor allem um *Glauben.* »Dein Glaube hat dich geheilt«, sagte Jesus dann etwa und richtete damit den Blickwinkel von sich selbst auf den Geheilten. Die Kraft, Wunder zu tun, ging nicht nur von ihm allein aus; irgendwie hing sie auch von der Reaktion des Einzelnen ab.

Einmal las ich alle Wundergeschichten hintereinander durch und fand heraus, dass darin grundverschiedene Glaubenshaltungen zum Ausdruck kommen. Einige Menschen zeigten, dass sie einen kühnen, unerschütterlichen Glauben besaßen, so wie der römische Hauptmann, der Jesus mitteilte, er brauche sich nicht zu ihm nach Hause zu bemühen – ein einziges Wort würde ja seinen Knecht aus der Entfernung heilen. »Solchen Glauben habe ich in Israel bei keinem gefunden«, bemerkte Jesus voller Überraschung.

Ein anderes Mal lief eine Frau hinter Jesus her, als er Ruhe und Frieden suchte. Zunächst antwortete Jesus ihr nicht mit einem einzigen Wort. Dann erwiderte er scharf, dass er gekommen sei, um die verlorenen Schafe Israels zu retten, nicht die »Hunde«. Mit diesem Schimpfwort spielte er auf ihre nichtjüdische Herkunft an. Nichts aber konnte diese kanaanäische Frau abhalten, und ihrem Durchhaltevermögen war es zuzuschreiben, dass Jesus sich ihr zuwandte. »Frau, dein Glaube ist groß«, sagte er.

Jesus schien es zu beeindrucken, dass ausgerechnet diese Ausländer solch einen großen Glauben zeigten. Warum sollten ein römischer Hauptmann und eine kanaanäische Frau ohne jüdische Wurzeln einem Messias vertrauen, den seine eigenen Landsleute kaum akzeptieren konnten?

Diese Geschichten kommen mir bedrohlich vor, weil ich selten so einen außergewöhnlich großen Glauben habe. Anders als die Kanaanäerin lasse ich mich vom Schweigen Gottes leicht entmutigen. Wenn meine Gebete anscheinend nicht erhört werden, gebe ich leicht auf und bitte Gott nicht noch einmal. Ich kann mich eher mit dem Zweifler identifizieren, der vor Jesus ausrief: »Ich glaube, hilf meinem Unglauben!« Nur zu oft erwische ich mich dabei, wie mir diese Worte durch den Kopf gehen, wie ich zwischen Glauben und Unglauben schwanke und mich frage, wie viel mir durch meinen mangelnden Glauben entgeht.

Manchmal war Jesus selbst überrascht, dass den Menschen der Glaube fehlte. Markus macht eine außergewöhnlich interessante Bemerkung über den Besuch Jesu in seiner Heimatstadt: »Er konnte dort nicht eine einzige Tat tun, außer dass er wenigen Kranken die Hände auflegte und sie heilte.« Mangelnder Glaube legte die Kraft Gottes »lahm«.

Zu meiner Überraschung bemerkte ich, als ich die Wunderberichte durchlas, dass gerade die Menschen, die Jesus am besten kannten, manchmal zweifelten. Es waren seine Nachbarn, die nicht an ihn glaubten. Johannes der Täufer hatte verkündet: »Siehe, das ist Gottes Lamm!«, und als er ihn taufte, hörte er eine Stimme, die vom Himmel sprach. Aber später zweifelte er an ihm. Einige Male bemerkte Jesus voller Erstaunen, dass die zwölf Jünger wenig Glauben zeigten.

Die drei Jünger, die Jesus am besten kannten, wurden kurz vor seinem Tod Zeugen eines besonderen Wunders. Auf dem Berg der Verklärung strahlte das Gesicht Jesu hell wie die Sonne und seine Kleidung leuchtete in einem blendenden Weiß. Eine Wolke hüllte die Jünger ein, und in der Wolke erblickten sie zu ihrem Erstaunen die vor langem verstorbenen Symbolfiguren der jüdischen Geschichte, Mose und Elia. Das war zu viel für die benommenen Jünger. Als Gott dann auch in der Wolke zu ihnen sprach, fielen sie erschreckt zu Boden. Aber welche Wirkung hatte dieses einmalge Erlebnis auf sie? Kurze Zeit später ließen die Augenzeugen der Verklärung Jesus in der Stunde seiner tiefsten Not genauso wie die anderen Jünger im Stich und Petrus verleugnete ihn sogar.

Wir vergessen schnell, dass Judas drei Jahre die Wunder Jesu gesehen und seine Worte gehört hatte; und trotzdem verriet er Jesus. Ein anderer Jünger, der zweifelnde Thomas, wurde als Skeptiker bekannt. In Wirklichkeit legte keiner der Jünger einen übermäßig großen Glauben an den Tag. Keiner von ihnen glaubte den Frauen, als sie vom leeren Grab erzählten. Selbst als Jesus ihnen persönlich erschien, zweifelten einige von ihnen, wie Matthäus berichtet.

In den Evangelien scheint ein seltsames Gesetz der Umkehrung zu gelten: Glaube wird dort sichtbar, wo man ihn am wenigsten erwartet, und er gerät ins Wanken, wo er stark sein sollte.

Als ich zum ersten Mal den Yellowstone Nationalpark besuchte, standen japanische und deutsche Touristen um den Geysir herum und richteten ihre Videokameras wie eine Waffe auf das berühmte Loch im Boden. Daneben stand eine Digitaluhr, die die vierundzwanzig Minuten bis zur nächsten Eruption herunterzählte.

Meine Frau und ich verbrachten den Count-down im Restaurant *Old Faithful Inn*, von dem aus man den Geysir im Blick hatte. Als die Digitaluhr noch eine Minute anzeigte, verließen wir wie die anderen Gäste unsere Plätze und gingen zum Fenster, um das große nasse Ereignis mitzuerleben.

Ich bemerkte, dass die Kellner wie auf ein Signal zu unseren Tischen stürzten, um die Wassergläser aufzufüllen und das schmutzige Geschirr abzuräumen. Beim Ausbruch des Geysirs brachen die Touristen in Ah- und Oh-Rufe aus und ließen ihre Kameras klicken, einige applaudierten spontan. Aber als ich über die Schulter blickte, bemerkte ich, dass nicht ein einziger Kellner aus dem Fenster sah, nicht einmal, wenn er seine Aufgaben bereits erledigt hatte. Der Old Faithful war ihnen so vertraut, dass er sie nicht mehr beeindrucken konnte.

Einige Zeit später machte unsere Gemeinde in Chicago eine Krise durch. Unser Pastor hatte uns verlassen, der Gottesdienstbesuch war schwach, ein Programm zur Nachbarschaftsevangelisation drohte zu scheitern. Die Gemeindeältesten schlugen vor, eine ganze Nacht lang miteinander zu beten.

Einige Gemeindemitglieder meldeten sich zu Wort. War es nicht gefährlich, ausgerechnet in unserem Viertel so etwas durchzuführen? Sollten wir Wachleute anstellen, die auf den Parkplatz aufpassten? Was, wenn keiner käme? Lang und breit diskutierten wir über die logistischen Probleme und die praktische Durchführbarkeit solch einer Veranstaltung. Schließlich setzten wir aber einen Termin für unsere Gebetsnacht an.

Zu meiner Überraschung ließen sich die ärmsten Mitglieder unserer Gemeinde, die in den Sozialwohnungen lebten, am meisten begeistern. Ich musste daran denken, dass viele ihrer Gebete im Lauf der Jahre nicht erhört worden waren – sie lebten schließlich in den Sozialwohnungen und sahen jeden Tag Verbrechen, Armut und Elend. »Wie lang wollt ihr bleiben – eine Stunde oder zwei?«, fragten wir sie, weil wir ja die Rückfahrt organisieren mussten. »Ach, wir bleiben die ganze Nacht«, entgegneten sie.

Eine alte schwarze Frau, schon weit über neunzig, die am Stock geht und kaum noch etwas sieht, erklärte einem Mitarbeiter, warum sie die ganze Nacht auf den harten Bänken einer Kirche in einem unsicheren Viertel verbringen wollte. »Verstehst du, es gibt so viele Dinge, die wir in dieser Gemeinde nicht tun können. Wir sind nicht so gebildet und haben nicht mehr so viel Energie wie ihr jüngeren Leute. Aber wir können beten. Wir haben Zeit und wir haben Glauben. Einige von uns brauchen sowieso nicht mehr so viel Schlaf. Wir können die ganze Nacht beten, wenn es notwendig ist.«

Und das haben sie auch gemacht. Und dabei lernte eine Gruppe Yuppies in einer Innenstadtgemeinde von neuem etwas aus den Evangelien: Glaube wird dort sichtbar, wo man ihn am wenigsten erwartet, und er gerät da ins Wanken, wo er stark sein sollte.

33
Gedächtniswunder

Vor einigen Jahren führte ich mit meiner 1898 geborenen Großmutter an den Weihnachtstagen ein ausführliches Gespräch. »Wer war dein Lieblingspräsident?«, fragte ich sie. Sie dachte einen Augenblick lang nach und entgegnete dann: »Roosevelt.«*

»Das kann ich gut verstehen«, erwiderte ich. »Immerhin hat er uns durch den Zweiten Weltkrieg geführt und die Sozialversicherung eingeführt.«

»Nein, nein«, unterbrach sie mich. »Ich meine Teddy Roosevelt. Also, das war ein Mann!«

Als ich etwas später von meinem Besuch in Russland nach dem Zusammenbruch des Kommunismus erzählte, fiel meine Großmutter ein: »Ach ja, ich kann mich noch daran erinnern, wie die Kommunisten 1917 an die Macht kamen. Das hat mir Angst eingejagt.« Wenn man älter als das Jahrhundert ist, sieht man die Dinge aus einer bestimmten Perspektive: Sie hatte miterlebt, wie eine neue Ideologie auf der Bildfläche erschien, sich ausbreitete und schließlich wie ein sterbender Stern verblasste.

Als ich das erstaunliche Gedächtnis meiner Großmutter auf die Probe stellte, bemerkte ich, dass alte Leute alle etwas gemeinsam haben: Sie denken mit nostalgischen Gefühlen an besonders schwierige Zeiten zurück.

Meinungsumfragen zufolge erinnern sich 60 Prozent der Londoner, die die Luftangriffe überlebt haben, an den Krieg als eine der glücklichsten Zeiten in ihrem Leben. Irgendwie entstand ein neues

* 1) Franklin Delano Roosevelt (1882–1945), Demokrat, amerikanischer Präsident von 1933–1944.
2) Theodore (»Teddy«) Roosevelt (1858–1919), Republikaner, Präsident der USA von 1901–1909.

Gemeinschaftsgefühl, ein neuer Patriotismus, der den Schrecken der Bomben und V2-Raketen vergessen ließ. In den Vereinigten Staaten erzählen sich die Älteren Geschichten über den Zweiten Weltkrieg und die Weltwirtschaftskrise, sie erinnern sich gerne an Schneestürme, das Herzhäuschen auf dem Hof und die Zeit im College, als sie drei Wochen hintereinander Dosensuppe und altbackenes Brot essen mussten.

Als ich an der Biografie über Dr. Paul Brand arbeitete, einem über neunzigjährigen Missionsarzt, der seit mehr als sechzig Jahren verheiratet war, begegnete ich dem gleichen Muster. Ich stellte ihm und seiner Frau Margaret einige Fragen zu ihrem gemeinsamen Leben, und auch sie kamen immer wieder auf kritische Situationen zu sprechen.

1946 war Paul schon nach Vellore in Indien vorausgereist und wartete dort bis 1947 auf Margaret. In diesem Jahr, als Indien unabhängig wurde, kam es im nördlichen Landesteil zu Unruhen zwischen Hindus und Muslimen. Im südlichen Indien, gerade in der Gegend um Vellore, lebten Muslime und Hindus aber vergleichsweise friedlich zusammen. Deshalb schrieb Paul nach England und bat seine junge Frau, so bald wie möglich mit ihren beiden kleinen Kindern nachzukommen.

Aber in England sah man die Situation nicht so rosig. Die Londoner Zeitungen berichteten von einer Welle der Gewalt, die über Indien hinwegfegte und die größte Völkerwanderung in der Geschichte der Menschheit auslöste. Vier Millionen Flüchtlinge hatten sich allein in Kalkutta in Sicherheit gebracht. Im Nordwesten enterten Sikhs die Züge, zwangen die Männer, ihre Hosen herunterzulassen, und brachten dann alle Beschnittenen (also Muslime) um; Pakistanis lauerten den Zügen in der Gegenrichtung auf und brachten die Unbeschnittenen (die Hindus) um.

Was Paul von der Situation in Vellore berichtete, widersprach den Furcht erregenden Schlagzeilen, die Margaret in London lesen konnte: »MASSAKER IM PUNJAB ... BÜRGERKRIEG STEHT UNMITTELBAR BEVOR ... MASSENMORD AN EUROPÄERN WAHRSCHEINLICH.« Ihre Familie hielt es für völlig unverantwortlich, sie mit zwei kleinen Kindern nach Indien ausreisen zu lassen, wobei sie allerdings außer Acht ließen, dass die gefährlichen Gebiete über anderthalbtausend Kilometer von Vellore entfernt lagen. Aber Margaret vertraute ihrem Mann und ging nach Indien.

Es kam noch zu weiteren Familienkrisen, die ich in beiden Versionen, von Paul und von Margaret, gehört habe. Damals schienen diese Krisensituationen ihre Beziehung überhaupt in Frage zu stellen. Heute aber erzählen die beiden diese Geschichten mit nostalgischen Gefühlen, denn die Krisen passen in das Muster von Liebe und Vertrauen, ja, sie haben es sogar mit aufgebaut. Dass sie stürmische Zeiten gemeinsam bewältigt haben, gab ihrer Ehe Kraft und Ausdauer.

In jeder Ehe gibt es Krisen, wenn einer der Ehepartner aufgeben will oder den anderen als unzuverlässig oder irrational einschätzt. Eine wirklich gute Ehe übersteht eine solche Krise, eine schlechte zerbricht daran. Das Tragische an einer Scheidung ist, dass dann keiner der beiden Ehepartner Kraft daraus schöpfen kann, dass man eine stürmische Zeit zusammen bewältigt hat. Wenn Margaret zum Beispiel ihren Mann für verrückt erklärt hätte, weil er sie bat, in einer politisch instabilen Lage nach Indien zu kommen, und stattdessen die Scheidung eingereicht hätte – wie traurig wäre das gewesen! Eine wunderbare Ehe, in der die beiden Ehepartner für das Reich Gottes arbeiteten, wäre damit unwiderruflich zerstört worden.

Eine wirklich starke Partnerschaft wird dadurch geformt und geprägt, dass sie bis zum Zerreißen gespannt wird und dann doch nicht zerreißt. Wenn ich sehe, wie Menschen wie die Brands dieses Prinzip ausleben, kann ich eins der Geheimnisse besser verstehen, die Gott umgeben. Abraham, der den Berg Morija besteigt; Hiob, der seine schmerzenden Geschwüre unter der sengenden Sonne kratzt; David, der sich in einer Höhle versteckt; Elia, der in der Wüste fast verschmachtet; Mose, der von Gott eine neue Stellenbeschreibung fordert – all diese Helden gerieten in eine Krise, als sie in der Versuchung standen, Gott als lieblos, machtlos oder sogar bösartig abzuschreiben. Sie tappten verwirrt im Dunkel umher, bis sie an eine Weggabelung stießen, an der sie sich entscheiden mussten, ob sie sich verbittert von ihm abwenden oder voller Vertrauen weitergehen wollten. Am Ende entschlossen sich alle für den Weg des Vertrauens, und deshalb sind sie uns als Glaubenshelden im Gedächtnis geblieben.

In der Bibel gibt es zahlreiche Berichte von Menschen, die diese Prüfung nicht bestanden, etwa Kain, Simson, Salomo oder Judas. Ihr Leben ist wie eine gescheiterte Ehe von Traurigkeit und Reue geprägt, von dem Gedanken daran, was alles hätte sein können.

Ich habe bemerkt, dass sich in Amerika eine gewisse Verbrauchermentalität nicht nur in das Einkaufsverhalten, sondern auch in Beziehungen einschleicht. Manche Menschen behandeln ihren Ehepartner wie ein Auto: Alle paar Jahre ist es Zeit, auf ein neues Modell umzusteigen. Manche Christen behandeln die Gemeinde genauso. Und manche Leute versuchen sogar, mit solch einer Verbrauchermentalität an Gott heranzutreten: So lange er zu unserer Zufriedenheit funktioniert, verdient er unsere Anbetung, aber wenn er nicht zu reagieren scheint, warum sich die Mühe machen?

Warum sich die Mühe machen? Weil wirkliche Stärke nur aus Prüfungen hervorgeht.

Ich habe – zum Teil, indem ich älteren Menschen zuhörte – gelernt, dass Glauben bedeutet, im Voraus auf das zu vertrauen, was erst im Rückblick einen Sinn ergibt. Fünfzig Jahre werfen ein anderes Licht auf eine Ehe, das Jahrhundert sieht aus dem Blickwinkel einer Großmutter anders aus. Und ich glaube, dass die Geschichte der Menschheit vom Standpunkt der Ewigkeit betrachtet ganz anders auf uns wirken wird. Jede Narbe, jede Wunde, jede Enttäuschung wird in einem neuen Licht erscheinen, in ewige Liebe, ewiges Vertrauen getaucht. Nicht einmal der Mord an dem Sohn Gottes konnte der Beziehung zwischen Gott und den Menschen ein Ende bereiten. Wenn wir uns am Karfreitag an dieses skrupellose Verbrechen erinnern, dann deshalb, weil Gott uns dadurch errettete.

34
Wird Gott mir vergeben, was ich vorhabe?

Steven Spielbergs Verfilmung des Romans *»Die Farbe Lila«* zeigt in einigen Szenen ein bewegendes Gleichnis der Gnade. Sugar, eine attraktive Nachtclubsängerin, die in einer verkommenen Bar am Flussufer arbeitet, ist die klassische verlorene Tochter. Ihr Vater, ein Prediger, verkündigt in der gegenüberliegenden Kirche den Gemeindemitgliedern Höllenfeuer und ewige Strafe. Seit Jahren hat er nicht mehr mit ihr gesprochen.

Eines Tages singt Sug »I've got something to tell you« *(»Ich muss dir etwas sagen«)* in der Bar, als sie den Kirchenchor hört, der wie zur Antwort »God has something to tell you« *(»Gott muss dir etwas sagen«)* anstimmt. Ob nun aus Nostalgie oder aus Schuldgefühlen, Sug führt ihre Band zur Kirche hinüber und marschiert den Mittelgang hinunter, gerade als ihr Vater die Kanzel betritt, um über den verlorenen Sohn zu predigen.

Der Anblick seiner verlorenen Tochter bringt den Prediger zum Schweigen, und er blickt finster, als die Prozession den Gang heraufkommt. »Sogar wir Sünder haben Seelen«, erklärt Sug und umarmt ihren Vater, der kaum reagiert. Immer der Moralist, kann er seiner Tochter nicht einfach vergeben, nachdem sie ihn so beschämt hat.

Diese Hollywood-Szene geht allerdings am springenden Punkt des biblischen Gleichnisses völlig vorbei. In der Geschichte, die Jesus erzählt hat, blickt der Vater nicht finster, sondern sucht den Horizont ab, um irgendeine Spur seines verloren gegangenen Jungen zu entdecken. Es ist der Vater, der anfängt zu laufen, seinen Sohn umarmt und ihn küsst.

Indem es eine Sünderin zur Heldin macht, nimmt Hollywood dem Skandal der Gnade die Schärfe. Es ist nicht Gottes Zurückhaltung, die Vergebung unmöglich macht – »Als er aber noch weit entfernt war, sah ihn sein Vater, und es jammerte ihn« –, sondern unsere. Gott streckt seine Arme immer nach uns aus, aber wir wenden uns ab. Das ist eine wunderbare Wahrheit, und es lohnt sich, sie näher zu betrachten.

Vor nicht allzu langer Zeit saß ich mit einem Freund in einem Restaurant und hörte die Variation eines altbekannten Themas an. Daniel vertraute mir an, dass er sich entschlossen habe, nach fünfzehn Ehejahren seine Frau zu verlassen. Er hatte sich, wie er sagte, in eine jüngere und hübschere Frau verliebt, die ihm das Gefühl gab »am Leben zu sein, wie ich es seit Jahren nicht mehr gespürt habe«.

Daniel war Christ und kannte die persönlichen und moralischen Folgen seines Vorhabens genau. Wenn er sich entschloss wegzugehen, würde das dauerhafte Verletzungen bei seiner Frau und seinen drei Kindern hinterlassen. Trotzdem, so sagte er mir, sei die Kraft, die ihn zu der jungen Frau hinzog, so stark, dass er ihr nicht widerstehen könnte.

Traurig hörte ich mir seine Geschichte an. Beim Nachtisch ließ er die Bombe platzen: »Ich wollte mich mit dir heute Abend treffen, weil ich eine Frage habe. Glaubst du, Gott kann mir vergeben, was ich vorhabe?«

Der Historiker und Kunstkritiker Robert Hughes erzählt von einem Häftling, den man zu einer lebenslangen Strafe in einem Hochsicherheitstrakt auf einer Gefängnisinsel vor der australischen Küste verurteilt hatte. Eines Tages griff er, ohne dass ihn jemand provoziert hätte, einen Mitgefangenen an, den er kaum kannte, und schlug ihn tot. Man brachte den Mörder aufs Festland, um ihn vor Gericht zu stellen. Dort erzählte er den Tathergang, ohne dass man ihm irgendwelche Gefühle anmerken konnte oder dass er Reue zeigte. »Warum?«, fragte ihn der Richter fassungslos. »Was haben Sie für ein Motiv gehabt?«

Der Häftling erklärte, dass er das Leben auf der Insel satt habe. Brutalität war hier an der Tagesordnung, und er sah keinen Grund, weiter am Leben zu bleiben. »Ja, das kann ich alles verstehen«, entgegnete der Richter. »Ich könnte verstehen, wenn Sie sich im Ozean ertränkt hätten. Aber Mord?«

»Das ist so«, erwiderte der Gefangene. »Ich bin katholisch. Wenn ich Selbstmord begehe, komme ich geradewegs in die Hölle. Aber wenn ich jemanden umbringe, dann kann ich noch einmal hierher kommen und einem Priester beichten, bevor ich hingerichtet werde. Dann wird mir Gott vergeben.«

Ist uns der *Skandal* der bedingungslosen Gnade wirklich bewusst? Wie kann ich meinen Freund Daniel davon abhalten, einen schrecklichen Fehler zu begehen, wenn er weiß, dass an der nächsten Ecke die Vergebung auf ihn wartet? Oder noch schlimmer, warum nicht wie der australische Häftling einen Mord begehen, wenn ich schon im Voraus weiß, dass mir vergeben werden wird?

Der Skandal der Gnade muss Paulus auf der Seele gelegen haben, als er den Römerbrief schrieb. Die ersten drei Kapitel reden davon, dass es alle Menschen ausnahmslos verdient haben, verdammt zu werden: »Da ist keiner, der gerecht ist, auch nicht einer.« In den nächsten beiden Kapiteln wird das Wunder einer grenzenlosen Gnade vor uns ausgebreitet, von der Paulus sagt: »Wo aber die Sünde mächtig geworden ist, da ist doch die Gnade noch viel mächtiger geworden.«

In Kapitel 6 verändert Paulus seinen Tonfall. Ich sehe den Apostel fast vor mir, wie er auf den Papyrus starrt, sich am Kopf kratzt und denkt: *Einen Moment mal. Was habe ich da gerade gesagt?* Was soll einen Mörder, einen Ehebrecher oder einen ganz gewöhnlichen Sünder davon abhalten, die Gnade Gottes, die er uns im Voraus versprochen hat, einfach in Anspruch zu nehmen?

In den nächsten Kapiteln geht Paulus häufiger auf dieses logische Dilemma ein: »Was sollen wir nun sagen? Sollen wir denn in der Sünde beharren, damit die Gnade umso mächtiger werde?« Auf solch eine abwegige Frage gibt er eine knappe Antwort (»Das sei ferne«) und eine ausführliche. Paulus kreist in diesen kompakt geschriebenen und wunderbaren Kapiteln 6 bis 8 immer nur um eine Frage, nämlich den Skandal der Gnade.

Ich will kurz erzählen, was ich meinem Freund Daniel geantwortet habe. »Kann Gott dir vergeben? Natürlich. Lies deine Bibel. David, Petrus, Paulus – Gott baut seine Gemeinde auf dem Rücken von Menschen auf, die gemordet, die Ehe gebrochen, ihn verleugnet und seine Jünger verfolgt haben. Aber weil Christus für uns starb, ist Vergebung jetzt nicht Gottes, sondern unser Problem. Wenn wir eine Sünde begehen, entfernen wir uns von Gott – wir verändern uns im und mit dem Akt der Auflehnung –, und es gibt keine Garantie, dass wir zurückkehren werden. Du fragst mich jetzt nach der Vergebung, aber wirst du sie später überhaupt wollen, vor allen Dingen, wenn du Buße tun müsstest?«

Einige Monate nach unserer Unterhaltung traf Daniel seine Entscheidung. Ich warte immer noch darauf, dass er Buße tut. Jetzt neigt er dazu, seine Entscheidung mit Vernunftgründen zu untermauern und zu erklären, dass er einer unglücklichen Ehe entkommen wollte. Zu seinen christlichen Freunden hat er keinen Kontakt mehr – sie sind ihm zu »engstirnig«, wie er sagt. Er hält sich stattdessen an Leute, die mit ihm seine Befreiung feiern.

Auf mich wirkt Daniel allerdings nicht sehr befreit. Er hat für seine »Freiheit« einen hohen Preis bezahlt, indem er den Menschen, denen er am meisten bedeutete, den Rücken kehrte. Er hat mir auch anvertraut, dass Gott im Augenblick in seinem Leben keinen Platz hat. »Vielleicht später«, meint er.

Gott ging ein großes Risiko ein, als er im Voraus Vergebung versprach. Aber meiner Meinung nach bedeutet der Skandal der Gnade, dass dieses Risiko jetzt auf uns übergeht. George MacDonald hat es so formuliert, dass wir nicht verdammt werden, weil wir Schlimmes getan haben, sondern weil wir nicht davon ablassen.

35
Heilige Geheimnisse

Fast jeder möchte hin und wieder in die Zukunft blicken. *Sollte ich diesen Mann, diese Frau heiraten? Sollte ich die neue Stellung annehmen? Was wird einmal aus meinem rebellischen Sohn werden? Wenn ich, lieber Gott, nur einmal einen kurzen Blick in die Zukunft werfen und andeutungsweise erfahren könnte, wie die Sache ausgeht, dann fielen mir Entscheidungen so viel leichter.*

Was hätten Abraham Lincoln oder Winston Churchill nicht alles für einen kurzen Blick in die Zukunft gegeben, als sich die Situation im Krieg zuspitzte? Was würde die CIA wohl dafür bezahlen, wenn sie erfahren könnte, wie es in zehn Jahren in Osteuropa aussieht?

Wenn ich die Bibel lese, beginne ich allerdings zu verstehen, warum Gott uns nur wenig über die Zukunft mitteilt. Es ist nämlich eine Tatsache, dass nur die wenigsten Menschen damit umgehen können.

Da wäre zum Beispiel der Prophet Bileam, eine geheimnisvolle Figur des Alten Testaments, der von Gott eine Reihe von unmissverständlichen Botschaften empfing, die die Zukunft Israels betrafen (auch wenn es eines sprechenden Esels bedurfte, um seinen anfänglichen Widerstand zu brechen). Bileam scheiterte schließlich daran, dass er nicht auf seine eigene Botschaft hörte und gegen die Israeliten kämpfte, deren Triumph er vorhergesagt hatte. Zum Schluss wurde er als Feind des Gottesvolks hingerichtet. (Siehe 4. Mose 22-24; 31; 5. Mose 23.)

Hiskia ist ein weiteres Beispiel. Er gehörte zu den besten Königen in Juda. Gott schenkte ihm fünfzehn weitere Lebensjahre, als er todkrank war. Aber sobald er davon erfuhr, verschleuderte er die ihm zusätzlich gewährte Lebenszeit. Seine Handlungsweise führte letztendlich zur Niederlage und der babylonischen Gefangenschaft. (Siehe 2. Könige 18-20, 2. Chronik 29-32; Jesaja 39.)

Der klassische Bericht des Alten Testaments, in dem es um die Voraussage der Zukunft geht, dreht sich um Saul und David. Der Prophet Samuel verkündete den beiden eine ähnliche Botschaft: Saul würde das Königreich verlieren, weil Gott einen anderen erwählt hatte, der das Volk führen sollte. König Saul verbrachte die nächsten zehn Jahre damit, sich gegen diese Zukunft aufzulehnen, und versuchte verzweifelt, denjenigen umzubringen, den Gott als seinen Nachfolger ausersehen hatte. David, der genauso gut wie Saul darüber Bescheid wusste, was die Zukunft bringen würde, verhielt sich völlig anders. Er weigerte sich, die Angelegenheit in seine eigenen Hände zu nehmen, und ließ mehrere Chancen, Saul zu töten, ungenutzt verstreichen. Die Folge davon war, dass er sich in diesen Jahren in der Wüste und in Höhlen verborgen halten musste. Die Psalmen geben Aufschluss darüber, dass er sich manchmal fragte, ob Gott sich noch an seinen Plan erinnerte, aber trotzdem blieb er ihm treu. (Siehe 1. Samuel 9-31.)

Im Neuen Testament bietet uns der Apostel Paulus ein weiteres Beispiel dafür, wie man mit dem Wissen um zukünftige Ereignisse weise umgeht. Schlechte Nachrichten aus der Zukunft konnten ihn nicht einschüchtern: Er reiste nach Jerusalem, obwohl man ihn gewarnt hatte, dass ein Besuch dort zu seiner Verhaftung führen würde. Andererseits ließen ihn gute Zukunftsaussichten nicht überheblich oder passiv werden: Nachdem er in einer Vision erfuhr, dass alle Passagiere den Schiffbruch vor Malta überleben würden, übernahm er das Kommando, erteilte den römischen Wachen Befehle und leitete die Rettungsmaßnahmen ein. (Siehe Apostelgeschichte 20-21; 27-28.)

Diese und viele weitere Beispiele aus der Bibel machen deutlich, dass Menschen nur schwer damit umgehen können, wenn sie im Voraus wissen, was die Zukunft bringen wird. (Für Adam und Eva gilt das ganz sicherlich.) Viel eher lehnen sie sich wie König Saul oder Bileam dagegen auf, oder sie werden wie Hiskia überheblich, wenn sie gute Neuigkeiten hören.

Früher meinte ich, ein Blick in die Zukunft sei so etwas wie die magische Gabe eines Flaschengeistes, die dem Empfänger einen beneidenswerten Vorsprung verschafft. Heute betrachte ich es viel eher als eine Glaubensprüfung. David träumte im Exil von seiner Krönung; Hiskia schmiedete einen Fünfzehn-Jahres-Plan; der Apostel Paulus überstand einen Schiffbruch; Jesus betete in Gethsemane – sie alle wussten, was ihnen bevorstand, aber das machte ihr Schicksal nicht leichter. Man braucht eine Extraportion Glauben, um in Gehorsam und Geduld die endlos langen Stunden oder Jahre zu ertragen, die dem Zeitpunkt in der Zukunft vorausgehen, über den man Bescheid weiß. Man muss sich nur die alttestamentlichen Propheten anschauen.

Anders als Bileam, Hiskia, Saul und David wird den meisten von uns heute nicht offenbart, wie unsere persönliche Zukunft aussieht. (Und ehrlich gesagt, bin ich ganz froh darüber, wenn ich mir ihr Leben anschaue.) Aber in wenigstens einem Fall müssen alle Christen eine Prüfung durchstehen, in der es um einen »verantwortungsvollen Blick in die Zukunft« geht. Dabei dreht es sich um die spektakuläre gute Nachricht von Gnade und Vergebung, von der Jesus in seinen Gleichnissen erzählt und die uns neutestamentliche Briefe wie Römer und Galater nahe bringen.

»So gibt es nun keine Verdammnis für die, die in Christus Jesus sind«, verkündet Paulus in Römer 8. Eine umfassendere Aussage könnte man sich kaum denken – und sie ist auch weit gefährlicher, als wenn er gesagt hätte: »Also, Gott kann nichts versprechen. *Vielleicht* gibt es keine Verdammung; das hängt alles davon ab, wie ihr euch ab heute benehmt.« Es sieht so aus, als hätte Gott der Richter seinen Freispruch schon vor Beginn des Prozesses verkündet!

Paulus weiß genau, dass man die Kenntnis dieser allumfassenden guten Nachricht missbrauchen kann. Darum unterbricht er sich in Römer 6, nachdem er gezeigt hat, dass Gottes Gnade über jede Sünde triumphiert, und stellt eine rhetorische Frage, mit der er der Logik eines Menschen nachspürt, der darauf aus ist, das Wissen um den zukünftigen Freispruch auszunutzen und zu missbrauchen: »Sollen wir denn in der Sünde beharren, damit die Gnade umso mächtiger werde?« Und schon einige Absätze weiter hält er wieder inne – wie ein Prediger, der gerade bemerkt hat, dass er etwas Ungeheuerliches gesagt hat – und formuliert die Frage noch einmal.

Der Skandal der Gnade – dass Gott uns im Voraus über unseren Freispruch informiert – ist vermutlich für die meisten von uns das Einzige, was wir über die Zukunft erfahren. Und wie das Beispiel meines Freundes Daniel zeigt, eröffnet uns dieses Wissen eine Reihe von sehr unterschiedlichen Möglichkeiten.

Immer mehr beginne ich zu verstehen, dass Paulus' leidenschaftliche Reaktion – »Das sei ferne!« – die einzig angemessene Antwort auf Fragen von Menschen ist, die die Gnade Gottes ausnutzen wollen. Wenn jemand die Gnade Gottes in Anspruch nimmt, um sie bis zur letzten Grenze auszureizen, dann hat er sie vermutlich gar nicht verstanden.

Wenn ein Bräutigam sich in der Hochzeitsnacht hinsetzt, um die Bedingungen für Untreue auszuhandeln – »Okay, du hast mir für die Zukunft versprochen, immer bei mir zu bleiben, egal, was ich auch tue. Wie weit kann ich denn bei anderen Frauen gehen? Darf ich sie umarmen? Sie küssen? Kann ich mit ihnen ins Bett gehen? Wie oft? Wie viele?« –, würden wir ihn einen Betrüger oder einen pathologisch kranken Mann nennen. Wenn er so in die Ehe geht, wird er niemals erfahren, was wahre Liebe ist. Und wenn ein Christ so um Vergebung bittet – »Lass mal sehen, Gott, du hast im Voraus Vergebung versprochen. Womit komme ich noch gerade davon? Wie weit kann ich gehen?« –, wird er ebenfalls verarmen. Paulus' Antwort sagt alles: »Das sei ferne!«

Inzwischen sehe ich es so, dass uns Gottes Gnade einen Blick in die Zukunft gewährt, mit dem wir verantwortungsvoll umgehen müssen, und das unterscheidet sich nicht sehr von den persönlichen Offenbarungen, die Einzelnen im Alten und Neuen Testament zuteil wurden.

Wir kennen die Zukunft – Gott wird uns vergeben. Und weil wir das im Voraus wissen, haben wir die Wahl. Wir können uns daran machen, Gottes Gnade auf die Probe zu stellen und bis zum Letzten auszureizen, oder wir können im Geist der Dankbarkeit leben, weil wir uns von seiner Liebe umgeben wissen und ihm treu nachfolgen. Gott nahm ein außergewöhnliches Risiko auf sich, als er uns dieses heilige Geheimnis anvertraute.

Teil VI

Gott in der Gemeinde finden

36
Kirche hinter Gittern

Ich habe schon immer eine seltsame und drängende Neugier dafür empfunden, wie sich Menschen verhalten, die an ihre äußersten Grenzen getrieben werden. Als Kind las ich mit stummem Entsetzen die Geschichten in Fox' *»Buch der Märtyrer«*. In den 50er Jahren war der Antikommunismus in Amerika Nationalsport, und unsere Prediger schwelgten in Geschichten über christliche Märtyrer in Russland, China und Albanien. Ich begann sogar Chinesisch zu lernen, mein Bruder Russisch, damit wir vorbereitet wären, wenn die Kommunisten unser Land überfielen. Würde ich an meinem Glauben festhalten, wenn er bis zum Letzten auf die Probe gestellt würde? Würde ich zu Christus stehen oder ihn verleugnen, um meine Haut zu retten?

Vielleicht war es auf diese bohrenden Fragen zurückzuführen, dass ich vor einigen Jahren einen ungewöhnlichen Auftrag annahm. Ron Nikkel, ein guter Freund von mir, lud mich ein, mit ihm Christen in den Gefängnissen von Chile und Peru zu besuchen. Südamerikanische Gefängnisse, das wusste ich, stellten jeden Glauben auf die denkbar härteste Probe. Inzwischen haben sich die Bedingungen verbessert, aber damals wurden in Chile die Menschenrechte mit Füßen getreten. Auch die peruanischen Gefängnisse machten Schlagzeilen, weil Hunderte von Häftlingen bei Revolten umkamen.

Wie sieht eine »Kirche« aus, wenn ihre Mitglieder eingesperrt und unterernährt sind, Opfer von sexuellen Übergriffen, zu langjährigen Haftstrafen verurteilt, die sie unter Mördern, Dieben, Vergewaltigern und Dealern absitzen? Kann die Hoffnung der Christen unter solchen Bedingungen überleben? Ich beschloss, das herauszufinden.

Ich sitze in einem Gottesdienst, der spürbar von lateinamerikanischer und pfingstlerischer Frömmigkeit geprägt ist. Auf der Bühne trägt eine »Band« von achtzehn Gitarristen, einem Akkordeonspieler und zwei Männern, die selbst hergestellte Messing-Tamburine schlagen, ihre bewegende Version eines Liedes mit dem Titel »Das Festmahl des Herrn« vor.

Die 150-köpfige Gemeinde stimmt kräftig ein. Einige heben die Hände. Andere scheinen zu glauben, dass sie an einem Lautstärke-Wettbewerb teilnehmen. Etliche umarmen ihre Nachbarn. Der Saal platzt aus allen Nähten, und von draußen blicken weitere Häftlinge durch die Fenster herein.

Fast könnte ich vergessen, dass ich mich in einem der größten chilenischen Gefängnisse befinde, wenn mich nicht der eine oder andere Anblick daran erinnerte. Ich schaue mich um: Es sind ausschließlich Männer, und alle haben abgetragene Kleidung an. Viel zu viele von ihnen sind von Narben im Gesicht verunstaltet.

Nach den gemeinsamen Liedern betritt ein kanadischer Gast die Bühne. Es fällt auf, dass er ein makelloses weißes Hemd und eine Krawatte trägt. Der Gefängniskaplan teilt der Gemeinde mit, dass dieser Mann, Ron Nikkel, Gefängnisse in über fünfzig Ländern besucht hat. Die von ihm geleitete Organisation *Prison Fellowship International (»Internationale Gefängnisgemeinde«)* bringt die gute Nachricht von Christus zu den Gefangenen und arbeitet mit Behörden und Regierungen zusammen, um die Haftbedingungen zu verbessern. Ein Dutzend Häftlinge brüllt darauf: »Amen!«

»Ich bringe euch Grüße von euren Brüdern und Schwestern in Christus aus Gefängnissen auf der ganzen Welt«, beginnt Ron und wartet, bis der Dolmetscher seine Begrüßung ins Spanische übertragen hat. Ron ist breitschultrig und durchschnittlich groß, die Sommersprossen in seinem Gesicht lassen ihn jugendlich aussehen. Seine sanfte Stimme muss sich gegen den Lärm von draußen durchsetzen – gegen die Trillerpfeifen der Wachen, die Basketball spielenden Häftlinge und die plärrende Musik aus den Zellenblöcken.

»Besonders grüße ich euch von Pascal aus Afrika. Er lebt auf Madagaskar. Pascal ist Wissenschaftler. Er war sehr stolz auf seinen Atheismus. Eines Tages wurde er verhaftet, weil er an einem Studentenstreik teilnahm. Er wurde in ein Gefängnis geworfen, das man für 800 Menschen angelegt hatte, aber jetzt mit 2.500 Männern völlig überfüllt war. Sie saßen Ellenbogen an Ellenbogen auf dem Fußboden, alle in Lumpen gehüllt und von Läusen geplagt. Ihr könnt euch vorstellen, wie es mit den Sanitäranlagen dort aussah.« Die chilenischen Häftlinge, die gebannt zuhörten, stöhnten voller Mitleid.

»Er hatte nur ein einziges Buch, in dem er lesen konnte – eine Bibel, die ihm seine Familie besorgt hatte. Er las jeden Tag darin, und obwohl er überzeugter Atheist war, begann er zu beten. Er hatte herausgefunden, dass die Wissenschaft ihm im Gefängnis nicht weiterhalf.« Lautes Gelächter. »Bald hielt Pascal jeden Abend eine Bibelstunde in der überfüllten Zelle ab.

Zu seiner Überraschung wurde er nach drei Monaten freigelassen. Irgendein Regierungsbeamter musste seine Meinung geändert haben. Aber jetzt geschieht etwas Erstaunliches: Pascal geht immer wieder zurück ins Gefängnis! Zweimal in der Woche besucht er die Häftlinge und verteilt Bibeln. Freitags bringt er große Kessel mit Gemüsesuppe mit, weil er weiß, dass die Häftlinge an Unterernährung sterben. Viele von ihnen sitzen im Gefängnis, weil sie Nahrungsmittel gestohlen hatten – sie waren bereits hungrig, als sie ihre Haftstrafe antraten!«

Die Chilenen schauen sich an. Die Geschichte trifft sie. Ron spricht weiter.

»An Pascal sehen wir, welchen Unterschied Christus im Leben eines Menschen machen kann. Wenn du aus dem Gefängnis herauskommst, möchtest du die Zeit am liebsten aus deinem Gedächtnis streichen. Aber das konnte Pascal nicht tun. Er glaubte, dass Gott ihm aufgetragen hatte zurückzugehen und anderen von der Liebe Gottes zu erzählen, die er in dieser stinkenden, überfüllten Zelle gefunden hatte.«

Die chilenischen Häftlinge hat die Geschichte offensichtlich bewegt, sie klatschen laut. Ron macht weiter, erzählt eine Geschichte nach der anderen von Menschen, die Christus hinter Gittern begegnet sind. Dann stehen Einzelne aus der Gemeinde auf, um zu erzählen.

Einer der Musiker aus der Band, ein kleiner drahtiger Mann mit einer Narbe, die quer über seine linke Wange läuft, spricht als Erster. »Früher hielten sie mich für so gefährlich, dass ich mit Ketten gefesselt wurde. Und ich werde euch sagen, warum ich anfing, in die Gefängniskirche zu gehen – ich hielt Ausschau nach einer Fluchtmöglichkeit.« Alle lachen, sogar die Wachen. »Aber dort fand ich die wahre Freiheit in Christus, nicht nur einen Fluchtweg.«

Ein weiterer Häftling humpelt nach vorne. Er erklärt, dass er bei einer Schießerei in einem argentinischen Gefängnis ein Bein und einen Teil seines Darms verloren habe. 1985 wurde er Christ. Kurz danach machte er den Mann ausfindig, der seinen Bruder getötet hatte. »Vorher hätte ich diesen Mann umgebracht«, sagt er. »Aber weil Christus in meinem Herzen wohnte, konnte ich ihm vergeben. Heute weiß ich, dass ich dazu berufen bin, vor den anderen hier im Gefängnis zu predigen. Das ist eine wichtigere Arbeit, als Präsident von General Motors zu sein. Und weil ich noch vierunddreißig Jahre absitzen muss, habe ich jede Menge Zeit!«

Der Gottesdienst geht weiter und wird immer emotionaler. Manche Häftlinge knien sich spontan neben den grob behauenen Holzbänken hin, um für ihre Mitgefangenen zu beten. Die Gefangenen klatschen und stampfen mit den Füßen, der Gesang wird lauter und ausgelassener. Andere Gefangene unterbrechen ihr Basketballspiel und drängen sich um die offene Tür, um zu sehen, was sie verpassen. Als sich die Besucher aus dem Ausland mit Umarmung und Händedruck verabschieden, bleiben alle Häftlinge zurück. Sie sind ja gerade erst dabei, sich aufzuwärmen.

Ich habe noch den Gesang der Gefangenen im Ohr, als ich mich mit den anderen Besuchern an einen langen rechteckigen Tisch im Büro des Gefängnisdirektors setze. Der Direktor hatte Ron Nikkel und seine Gäste gebeten, sich mit dem Gefängnispsychologen, dem Soziologen und den Sozialarbeitern zu treffen. Ganz offensichtlich handelt es sich um ein Vorzeigegefängnis, in dem es moderne Annehmlichkeiten und Dienstleistungen gibt.

Die Mitarbeiter betrachten die Wirkung des christlichen Glaubens auf die Insassen mit wohlwollender Toleranz: Wenn man eine Prise Salpeter auf das Brot der Gefangenen streut, um ihren Geschlechtstrieb in Schach zu halten, warum soll man nicht eine kleine Dosis Religion hinzufügen, um ihr Temperament unter Kontrolle zu halten? Der Kaplan und die anderen Mitarbeiter der Gefängnisgemeinde glauben allerdings, dass ihre Arbeit unter den Insassen weitaus mehr Wirkung zeigt. Mit Statistiken und Fallbeispielen versuchen sie zu beweisen, dass kein Rehabilitationsvorhaben gelingen kann, wenn es die geistlichen Bedürfnisse der Gefangenen außer Acht lässt.

Eine halbe Stunde diskutieren wir über diese Themen, bis der Gefängnisdirektor eine Schwelle überschreitet. Er stellt das Hollywood-Klischee eines südamerikanischen Militäroffiziers in Vollendung dar. Sein mächtiger Brustkorb dient als Ausstellungsfläche für etliche Reihen von bunten Orden, und auf den Schulterstücken blitzen drei Sterne. Nur ein buschiger Schnurrbart lockert seinen steinernen Gesichtsausdruck auf.

Als der Direktor zu sprechen beginnt, verstummen augenblicklich alle anderen Gespräche. »Es ist mir egal, welchen Glauben die Häftlinge annehmen«, verkündet er in endgültigem Ton, der keinen Widerspruch zulässt. »Aber es ist ganz klar, dass sie sich verändern müssen und dass ihnen das nur mit Hilfe von außen gelingen kann. Religion kann vielleicht in ihnen den Wunsch wecken, sich zu verändern, und diesen Wunsch könnten sie niemals aus sich selbst heraus entwickeln.«

Während er spricht, hören wir immer noch den Gesang der Häftlinge in der Kirche auf dem Hof. Er spricht weiter: »Herr Kaplan, ein Drittel der Männer in dieser Anstalt besucht Ihre Gottesdienste. Sie kommen ein paarmal in der Woche zu uns, aber ich bin immer hier. Und ich sage Ihnen: Diese Männer sind anders. Sie ziehen nicht nur eine Show ab, wenn Sie zu Besuch sind – sie unterscheiden sich deutlich von den anderen Häftlingen. Sie sind fröhlich. Sie teilen mit anderen Gefangenen. Sie kümmern sich nicht nur um sich selbst. Und deshalb glaube ich, dass wir diese großartige Arbeit unterstützen sollten, so gut wir können.«

Diese kurze Rede des Direktors setzt der Diskussion ein Ende. Alle Mitarbeiter der Gefängnisverwaltung nicken zustimmend. Als wir das Gefängnis verlassen, geht der Gottesdienst allmählich zu Ende. Die Häftlinge marschieren in Zweierreihen um den Hof und singen Lieder zum Klang der Trommeln und Tamburine. Ich schaue auf meine Uhr – zwei Stunden sind seit Beginn des Gottesdienstes vergangen.

Die Taxifahrt in das Zentrum von Santiago dauert lange. Ron lässt den Tag im Gefängnis noch einmal Revue passieren. »Das berührt mich immer wieder, obwohl ich schon so viele Gefängnisse gesehen habe«, sagt er. »Menschen zu sehen, die unter diesen schrecklichen Bedingungen leben und trotzdem Gott loben. Auf ihren Gesichtern siehst du eine Freude und eine Liebe, der ich nirgendwo sonst begegnet bin. Ich wünschte, einige der entmutigten Christen in Europa und Nordamerika könnten mich auf so eine Reise begleiten und mit eigenen Augen sehen, welchen Unterschied Christus im Leben eines Menschen machen kann. Gott erwählt die, die in den Augen der Welt schwach und dumm sind, um die Weisen und Mächtigen zu erstaunen.«

»Ich bringe euch Grüße von euren Brüdern und Schwestern in Christus aus Gefängnissen auf der ganzen Welt«, begrüßt Ron am nächsten Tag die Häftlinge in einem anderen chilenischen Gefängnis. Zwischen die Hochhäuser der Innenstadt gequetscht, mit asphaltiertem Innenhof und den aufeinander gestapelten Zellenblöcken sieht es noch bedrückender aus als das vorige.

Die Gefängniskapelle im Keller wirkt besonders düster. Um Strom zu sparen, wurde jede zweite Neonröhre herausgenommen (im Übrigen sitzen selbst die Neonröhren hinter Gittern). Ich beginne mich zu fragen, ob Gefängnisse von Architekten entworfen werden, die einen Preis für das hässlichste Gebäude der Welt einheimsen möchten. Die Wände sind schmucklos und funktional. Man sieht nur nackten Beton oder glatte Eisenstäbe, keine Oberfläche wurde mit Fliesen, Teppichen oder Tapeten wohnlich gestaltet. Gefängnisse reduzieren den menschlichen Erfindungsgeist – und den Menschen – auf das Wesentliche.

»Ich bringe auch Grüße von Jose, einem Philippino, den ich in einem saudi-arabischen Gefängnis getroffen habe. Er wurde wegen Mordes verhaftet und hat die letzten fünf Jahre im Gefängnis verbracht. Er wurde von der Polizei so lange gefoltert, bis man ein Geständnis von ihm hatte. Vor Gericht widerrief er es, wurde aber trotzdem verurteilt. Vielleicht wird man ihn hinrichten.

Aber in diesem muslimischen Gefängnis fand er Christus, weil ihm ein christlicher Zellenkamerad von Jesus erzählte. Ich besuchte ihn im Gefängnis, einem schlecht belüfteten Backsteingebäude. Die Temperatur muss um die vierzig Grad betragen haben. Jose brüllte mir sein Zeugnis entgegen – Besucher dürfen sich dem Gefangenen, der in einem mit doppeltem Drahtverhau gesicherten Verschlag sitzt, nur auf einen Meter fünfzig nähern. ›Meine Haft ist die Hölle‹, brüllte Jose. ›Aber ich würde um nichts in der Welt tauschen. Hier bin ich Jesus begegnet.‹«

Während der Gottesdienst weitergeht, winkt uns der Gefängnisdirektor, ihm zu folgen. Er führt uns eilig durch ein endloses Labyrinth aus Tunneln und Stahltüren, so dass wir einen Eindruck dieser niederdrückenden Haftanstalt erhalten. Zwei Dinge fallen uns besonders auf: der Geruch von vierzig Jahren Desinfektionsmittel und die großen gerahmten Bilder der chilenischen Herrscher, die von vielen Wänden auf uns herunterblicken.

Nichts hat mich auf den Direktor dieses ältesten chilenischen Gefängnisses vorbereitet. Wenn der gestrige Direktor aus einem Casting für einen Hollywood-Schinken stammen könnte, wirkt dieser hier, als sei er einer schlechten Samstagabend-Show entsprungen. Er ist klein und dünn, mit widerspenstigem, dunkelbraunem Haar. Er trägt eine zerknitterte grüne Uniform ohne Abzeichen, Orden oder Sterne. Wie ein Wirbelwind fegt er in seinem Büro umher, rückt Stühle zurecht, zeigt uns stolz seine Sammlung von Messern und Schwertern in einer Vitrine und macht kleine Witze. Seine Augenbrauen tanzen auf und ab, als ob er damit zusätzliche Satzzeichen signalisieren wolle. Sein Gesichtsausdruck und seine Gestik erinnern mich an einen Komiker in der Rolle des Tollpatsches.

Der Gefängnisdirektor entschuldigt sich, dass er nicht genügend Tassen hat. »Hier sind nur drei«, erklärt er zwinkernd. »Trinken Sie schnell, dann spüle ich aus und bediene die anderen Gäste.« Als Ron Nikkel ihm gerade erklären will, welche Arbeit die *Prison Fellowship* leistet, unterbricht er ihn. »Ja, aber wir brauchen Musik dazu!«, sagt er. »Mögen Sie Disko-Musik, meine Freunde?« Er stürzt auf einen überdimensionalen weißen Kassettenrekorder aus Plastik der Marke *Disco Robo* zu. Eine lateinamerikanische Rumba erfüllt den Raum, der Direktor kehrt mit einem breiten Lächeln zu seinem Schreibtisch zurück und bedeutet Ron mit einem Winken weiterzumachen.

Die Szene könnte aus einer Erzählung von Kafka stammen. Die meisten Menschenrechtsorganisationen berichten, dass chilenische Gefängnisse zu den schlimmsten gehören; chilenische Häftlinge treten regelmäßig in Hungerstreik, um für bessere Haftbedingungen zu kämpfen. Und wir sitzen hier im Büro des Direktors, der eine dieser Haftanstalten leitet, jonglieren unsere Kaffeetassen auf den Knien und wippen mit den Zehen zu Rumbamusik.

Diese Ironie setzt sich bis in den Abend fort. Wir essen in einem der vornehmsten Restaurants Santiagos zu Abend als Gäste eines reichen Mannes, der sich für missionarische Arbeit in Gefängnissen einsetzt. Am Tisch sitzen Mitarbeiter von *Prison Fellowship* und der Gruppe am Ort, dazu einige Regierungsvertreter. Das Restaurant präsentiert gerade eine Show zum Thema Osterinseln, und bald betreten attraktive Frauen in leuchtend bunten Röcken und mit Büstenhaltern aus Kokosnuss-Schalen die Bühne. Trotz der Geräuschkulisse versuchen wir uns über Dolmetscher verständlich zu machen und über Gefängnispolitik zu diskutieren.

»Manchmal fühle ich mich wie ein Pendler«, sagt Ron Nikkel am nächsten Tag zu mir. »Nur dass ich in das Leid anderer Menschen hinein- und wieder herauspendle. Gestern Morgen waren wir in einem Gefängnis und sahen Menschen in ihrem ganzen Elend. Dann aßen wir gemeinsam mit den Männern, die in diesen Gefängnissen das Sagen haben. Dieser Widerspruch zerreißt mich. Nach jeder Reise komme ich völlig ausgelaugt und ratlos nach Hause. Wie können wir mit den Unterdrückten und gleichzeitig mit den Unterdrückern zusammenarbeiten? Das ist mein Dilemma.«

Dass die Gefängnisse auf der ganzen Welt gescheitert sind, begreift Ron als die größte Chance von *Prison Fellowship.* »Wenn ich ein Buch über die Strategie von *Prison Fellowship* schreiben würde, dann würde ich es *›Heiliger Umsturz‹* nennen«, sagt er. »Können wir die Mächte dieser Welt unterwandern, indem wir mit den Ausgestoßenen, den Gefangenen, arbeiten?

Die Marxisten sind mit ihren Gefängnissen gescheitert wie die Muslime, Hindus und Humanisten. Nichts funktioniert. Die Gesellschaft sperrt die Gefangenen weg, weil sie ihr peinlich sind, denn sie sind ein Eingeständnis für das Scheitern dieser Gesellschaft. Aber sie lassen Gefängnispastoren hinein, weil sie vermuten, dass sie in dieser hoffnungslosen Situation wenigstens keinen Schaden anrichten können. Und hinter diesen Gittern, gerade dort, wo man es nicht vermutet, gewinnt die Gemeinde Gestalt.

Es ist eine neutestamentliche Gemeinde in ihrer reinsten Form. In Chile gibt es beispielsweise über fünftausend verschiedene christliche Glaubensgemeinschaften. Aber in den chilenischen Gefängnissen bilden die Christen eine Einheit. Das Gefängnis reißt die Mauern zwischen Konfessionen, Rassen und sozialen Schichten nieder.«

»Außerdem«, so Ron, »öffnen Gefängnisse selbst in Ländern, in denen die Bekehrung zum Christentum mit dem Tod bestraft wird, der *Prison Fellowship* ihre Türen. In diesen Gefängnissen haben sie alles versucht, aber nichts funktioniert, und in ihrer Verzweiflung wenden sie sich an die Christen.«

In den amerikanischen Nachrichtenmagazinen erfahren wir nicht, dass Gott hier am Werk ist. Meistens berichten sie über kontroverse Fragen innerhalb der Kirche: Skandale unter Evangelikalen, Mord an Abtreibungsärzten, Demonstrationen gegen den Papst. Aber da geschieht noch etwas anderes an der Basis – genau genommen sogar unterhalb der Basis, im »Müllhaufen« der Gesellschaft. In Nordirland gibt es ehemalige

IRA-Terroristen, die zusammen mit Protestanten, die sie früher umbringen wollten, das Abendmahl einnehmen. In Neuguinea wird die christliche Gefängnisarbeit von einem Richter geleitet, der früher Menschen zu Gefängnisstrafen verurteilte und sie heute im Namen Christi besucht.

Bischof Desmond Tutu sagte einmal, dass der Westen einen »spirituellen Bankrott« erleiden würde, wenn ihm eines Tages das »moralische Kapital« der Häftlinge verloren geht. Er sollte es wissen. Einige seiner Freunde, aufrechte Menschen, die für ein schwarzes Südafrika eingetreten sind, haben einen großen Teil ihres Lebens hinter Gittern verbracht. Tutu stellt sie in eine Reihe mit John Bunyan, Mahatma Gandhi, Martin Luther King, Alexander Solschenizyn und Fjodor Dostojewski.

Ein wichtiger Nebeneffekt dieser Gefängnisarbeit liegt also darin, dass sie die Chance bietet, den zukünftigen politischen Führern das Evangelium zu bringen. Der spektakulärste Fall dieser Art ereignete sich in den 70er Jahren des 20. Jahrhundert auf den Philippinen, als Benigno Aquino, einer der führenden Sprecher der Opposition, im Gefängnis saß. In seiner Verbitterung über das Marcos-Regime wandte er sich dem Marxismus zu.

»Die Wachen warfen den Hunden mein Essen vor. Wenn sie es halb aufgefressen hatten, bekam ich den Rest«, erinnert sich Aquino. »Ich hasste sie alle.« Dann schickte ihm seine Mutter ein Exemplar des Buchs *»Born Again«* (»Wiedergeboren«), das Charles Colson, der Gründer der Gefängnisarbeit *Prison Fellowship,* verfasst hatte. Aquino merkte, dass ihn diese Geschichte der Hoffnung auf eigenartige Weise bewegte. Er wurde Christ, und diese Hoffnung war es, die ihm das Überleben im Gefängnis ermöglichte. Und hier im Gefängnis entwickelte er auch seine Philosophie der gewaltlosen Revolution.

Aquino kam 1980 überraschend frei, als Präsident Marcos ihm gestattete, sich in den USA einer Herzoperation zu unterziehen. Zufällig begegnete er Colson im Flugzeug. Colson erinnert sich an diesen Vorfall: »Ich bemerkte, dass mich dieser Orientale anstarrte und mich dann am Arm packte. ›Sie sind Chuck Colson! Ihr Buch hat mein Leben verändert.‹ Unsere Unterhaltung werde ich nie vergessen. Benigno vertraute mir an: ›Eines Tages werde ich auf die Philippinen zurückkehren – entweder um der Regierung zu dienen oder um ins Gefängnis zurückzugehen. Was auch kommen mag, ich werde eine Gefängnisarbeit aufbauen. Das habe ich dem Herrn versprochen, als ich das Gefängnis verließ.‹«

Bevor er ging, las er viel über Dietrich Bonhoeffer, der im Zweiten Weltkrieg nach Deutschland zurückkehrte, obwohl er genau um die Gefahren wusste, die ihn dort erwarteten. Aquino allerdings schaffte es auf den Philippinen nur bis auf die Landebahn des Flughafens. Als er aus dem Flugzeug aussteigen wollte, wurde er von Militärs erschossen. Aber sein Versprechen ging in Erfüllung. Zweieinhalb Jahre später wurde Marcos im Zuge der gewaltlosen Revolution, die Aquino in Gang gebracht hatte, entmachtet. Und auf den Philippinen blüht die Gefängnisarbeit.

»Ich bringe euch Grüße von euren Brüdern und Schwestern in Christus aus den Gefängnissen der ganzen Welt«, begrüßt Ron Nikkel wieder einmal eine Gruppe von Gefangenen. Wir befinden uns in Peru. Die Auslandsreisen der letzten Woche, dazu die langen Sitzungen mit ehrenamtlichen Mitarbeitern, Botschaftsangehörigen und Gefängnisbeamten, haben ihre Spuren in Rons Gesicht hinterlassen. Er wirkt müde und abgespannt.

Der Saal, in dem wir uns treffen, grenzt an einen Zellenflur, so dass außer den sechzig hier versammelten Gefangenen auch andere Häftlinge das Geschehen von ihrem Bett aus unbeteiligt verfolgen. Im Gefängnis lernt man, einiges Unangenehme hinzunehmen: Enge, den ständigen Hintergrundlärm, Glühbirnen, die niemals abgeschaltet werden, das völlige Fehlen der Privatsphäre. In den peruanischen Gefängnissen gibt es immerhin in jeder Zelle eine Toilette – und zwar genau in der Mitte, so dass man sie von allen Seiten einsehen kann.

Die im Saal versammelten Häftlinge tragen meistens Turnhosen, Badelatschen und T-Shirts mit amerikanischen Slogans. Diese kann nicht einmal ein mit Stacheldraht gesichertes Gefängnis der Dritten Welt draußen halten.

Heute erzählt Ron kaum Geschichten. Ihm ist es wichtig, eine richtige Predigt zu halten. »Wisst ihr, dass Jesus im Gefängnis saß?«, fragt er die wild aussehenden Männer. Aus ihrem Gesichtsausdruck lässt sich schließen, dass sie noch nie davon gehört haben. »Aber es stimmt. Jesus kam auf die Erde, damit Gott am eigenen Leib alles erfahren konnte, was wir erleben, und dazu gehörte auch, dass er ins Gefängnis ging.

Kennt ihr das Gefühl, wenn euch jemand verpfeift – euch den Behörden ausliefert?« Alle nicken. »Jesus kannte dieses Gefühl auch. Einer seiner besten Freunde lieferte ihn aus – es war ein abgekartetes Spiel. Das Rechtssystem war zu seiner Zeit nicht besser als unseres. Während seiner Verhandlung brachen die Herrschenden alle Regeln und verurteilten ihn zum Tod.

Und als er am Kreuz starb, starben links und rechts von ihm zwei Verbrecher mit ihm. Der eine verspottete ihn: ›Wenn du wirklich der Christus bist, dann hilf uns hier heraus!‹ Ich habe mit vielen Häftlingen gesprochen, die die gleiche Einstellung Gott gegenüber an den Tag legten. Einige von euch sind vielleicht zornig auf Gott. Ihr hört ihm erst zu, wenn er euch hier herausbringt. Aber der Verbrecher an dem anderen Kreuz zeigte eine andere Einstellung. Er sagte einfach: ›Jesus, ich bin schuldig, aber du bist unschuldig. Bitte denk an mich.‹

Und jetzt hört einmal zu – nur einem einzigen Menschen in der Bibel wird ganz persönlich versprochen, dass er in den Himmel kommen wird. Es ist der Dieb, der sich mit Verbrechen durchs Leben geschlagen hat, der nicht getauft wurde, der wahrscheinlich niemals einen Gottesdienst besucht hat. Und doch lebt dieser Dieb heute im Himmel. Jesus hat es versprochen.«

Ron kommt in Fahrt, gestikuliert und spricht lauter. Die Müdigkeit ist wie weggeblasen. Er spricht wie ein schwarzer Prediger aus den Südstaaten, erzählt in einfachen Worten eine biblische Geschichte und erklärt sie dann. »Manchmal bitte ich einen Menschen, mich ins Gefängnis zu begleiten, und der sagt dann: ›Nein, Ron, ich habe Angst. Ich will nicht mit Dieben und Mördern zusammen herumsitzen.‹ Wenn sie wirklich so empfinden, sollten sie besser nicht in den Himmel kommen, weil ich mindestens einen Dieb kenne, der dort sein wird, und außerdem auch ein paar Mörder!«

Die Häftlinge saugen seine Worte förmlich auf. Ron geht die ganze Bibel durch und erzählt von Menschen, die im Gefängnis saßen. Ein Bibelvers, der vom neuen Leben der Christen spricht, 2. Korinther 5,17, steht auf einer schmierigen improvisierten Tafel hinter ihm, und er zeigt darauf. Er erzählt vom Apostel Paulus und den langen Nächten, die er im Gefängnis verbrachte. »Paulus bezeichnete sich am liebsten als einen ›Gefangenen Jesu Christi‹. Aber wie konnte er schreiben, dass man eine neue Kreatur wird, wenn er so viel Zeit in den düsteren feuchten Kerkern der Römer verbrachte?« Ron liest einige Abschnitte aus Paulus' Gefängnisbriefen vor – unbeschwerte und fröhliche Worte. »Sie konnten Paulus' Körper unter Schloss und Riegel halten«, sagt er, »aber seine Seele war frei.«

Nachdem er eine halbe Stunde vor den Gefangenen gepredigt hat, die immer aufmerksamer zuhören, haben die Häftlinge wieder das Wort. Viele von ihnen kommen nach vorn und erzählen, wie Christus ihr Leben verändert hat.

Den Reaktionen der Häftlinge nach zu urteilen, überrascht sie Juan am meisten. Er lehnt sich auf die Schulter einer ehrenamtlichen Mitarbeiterin namens Marie und humpelt nach vorne, um seine Geschichte zu erzählen. Seine Mithäftlinge kennen ihn gut, denn Juan genießt einen Ruf als Unruhestifter. Er humpelt nach einem Zusammenstoß mit einigen Gefängniswachen. Einmal griff er einen Beamten an, und die anderen schlugen ihn so zusammen, dass sie ihm eine Hand brachen, sein Gesicht über und über mit Beulen bedeckt war und er seitdem teilweise gelähmt ist.

Juan spricht mit heiserer Stimme. Das Sprechen bereitet ihm große Schmerzen und er erklärt auch warum. Nach der Schlägerei kam er in Einzelhaft. Irgendwie schaffte er es, sich eine Dose DDT zu besorgen und aß sie auf. Die Gefängniswachen fanden ihn in seiner Zelle, dem Tod nah. Nach dieser Nacht begann Marie, eine ehrenamtliche Helferin, ihn zu besuchen. Sie sah ihre Aufgabe darin, ihm wieder einen Grund zu leben zu geben.

Marie unterbricht Juan plötzlich, um zu erklären, dass ihr selbst nicht mehr viel Zeit bleibt – die Ärzte haben in ihrem Magen einen inoperablen Tumor entdeckt. Sie zeigt auf das Tuch, das sie sich um den

Kopf gewickelt hat; infolge der Bestrahlung hat sie fast alle Haare verloren.

Im Krankenhauszimmer hielt sie Juan vor: »Wie kannst du versuchen, dir dein Leben zu nehmen, wenn ich alles tun würde, um am Leben zu bleiben? Du hast kein Recht dazu – dein Leben gehört Gott.« Durch ihr Zeugnis wurde Juan Christ.

Als Juan und Marie mit ihrer Geschichte am Ende sind, bittet Juan die sechzig Männer um ihn herum, ihm in den nächsten Tagen zu helfen. Die anderen Insassen werden über seine Bekehrung spotten. In der Gruppe knien sie nieder und beten darum, dass Juan körperlich geheilt und sein Glaube so stark wird, dass er die schwierige Zeit, die vor ihm liegt, überstehen kann. Während sie beten, führt ein Bediensteter Ron und die anderen Besucher zu einem weiteren Kreis von sechzig Menschen, die uns in einem anderen Zellenblock erwarten.

Am späten Nachmittag sitzen wir zur Hauptverkehrszeit in einem Taxi in Lima. Ich frage Ron nach seiner Predigt. Zwanzig Jahre kenne ich ihn nun schon. So eine Predigt hätte ich von ihm niemals erwartet. Ron war immer ein Zyniker gewesen. Wie bei vielen seiner Generation hatte seine fundamentalistische Erziehung Narben hinterlassen, und das hatte ihn vorsichtig und skeptisch gemacht. Ich fragte ihn, was sich geändert hatte.

»Als ich diesen Job annahm, brachte ich eine Ausbildung in Kriminologie mit, und natürlich versuche ich immer noch, alles, was ich gelernt habe, in meinen Beruf einzubringen. Aber nach und nach bin ich zu der Überzeugung gekommen, dass die tragfähige Antwort auf die Probleme im Gefängnis nicht Rehabilitation, sondern Veränderung heißt. Am Anfang habe ich gezögert, Sätze wie ›Jesus ist die Antwort‹ von mir zu geben, aber ehrlich gesagt merke ich, dass dieser Satz wirklich stimmt. In meiner Kindheit habe ich bestimmte Ausdrücke gelernt, aber erst die Gefangenen haben sie wirklich mit Bedeutung gefüllt. Sie haben mir gezeigt, dass diese Theologie eine Realität ist, nachdem ich sie immer nur als Übungsaufgabe für meinen Verstand betrachtet habe. Sie haben mir ganz handgreiflich gezeigt, wie Glauben aussehen kann.

Jesus nennt die Menschen glückselig, die arm sind, die weinen, die hungern, die man hasst, ausschließt und beleidigt. Das ist eine vollkommen zutreffende Beschreibung vieler Häftlinge, die ich kenne. Aber können sie wirklich glücklich sein? Zu meiner Überraschung lautet die Antwort Ja. Irgendetwas macht sie empfänglich für die Gnade Gottes, gerade weil sie in menschlicher Hinsicht große Not leiden. Sie wenden sich Gott zu, und er macht sie satt. Es war kein Zufall, dass John Bunyan ›*Grace Abounding to the Chief of Sinners*‹ im Gefängnis schrieb.

Selbst das allerbeste Rehabilitationsprogramm kann nur eine Hoffnung für die Zukunft anbieten, dass das Leben vielleicht anders wird, wenn sie entlassen werden. Christus bietet eine Hoffnung für die Zukunft an – selbst wenn sie auf die Hinrichtung warten –, aber auch eine Hoffnung für die Gegenwart. Er kann dem Leben einen Sinn geben, selbst wenn man es in einem so bedrückenden Gefängnis verbringen muss. Ich habe es zu oft gesehen, um daran zu zweifeln.«

In der Computerindustrie gibt es den so genannten »Tischplatten-Test«. Die Ingenieure lassen sich wunderbare neue Produkte einfallen: Schaltkreise, CD-ROM-Laufwerke, Scanner. Aber die eigentliche Frage lautet: Wird dieses Produkt die Nutzung im Alltag überleben? Was passiert, wenn es versehentlich vom Tisch fällt? Wird es zerbrechen? Für Ron sind die Gefängnisse zum Tischplatten-Test des christlichen Glaubens geworden. Dort wird der einfache, zähe Glaube jeden Tag auf die Probe gestellt – von Menschen wie Juan, dem Mann aus Peru, der sich nach seinem misslungenen Selbstmordversuch Christus zuwandte. Die ewige Wahrheit des Evangeliums wird in den nächsten Wochen in seinem Leben auf die Probe gestellt werden.

Manche Leute versuchen, die Wahrheit des Evangeliums in den Hörsälen der Universitäten zu beweisen. Sie brüten über Apologien und streiten sich über Theologie. Andere vergleichen die Kraft und die Größe des Christentums mit den anderen Weltreligionen. Ron Nikkel sagt, dass er einfach immer wieder in die Gefängnisse geht. Dort findet er das ideale Testgelände für Vergebung, Liebe und Gnade. Dort findet er heraus, ob Christus wirklich lebt.

Ich frage Ron nach der schlimmsten Situation, an die er sich erinnern kann. In meinem Artikel wollte ich der Frage nachgehen, ob der Glaube auch überleben kann, wenn ein Mensch an die äußersten Grenzen stößt. Wer könnte bestreiten, dass die Insassen dieser elenden Gefängnisse in Chile und Peru wirklich Freude empfanden? Aber galt das auch für den Rest der Welt? Hatte Ron jemals einen Ort besucht, der von absoluter Verzweiflung geprägt war, wo es keinen Hoffnungsschimmer gab? Gab es einen ultimativen »Tischplatten-Test« für das Evangelium?

Ron dachte einen Augenblick nach und erzählte mir von einem Hochsicherheitsgefängnis in Sambia, das er zusammen mit Chuck Colson besucht hatte. Ihr »Führer«, ein ehemaliger Gefangener namens Nego, hatte ihnen einen geheimen, im Innern des Gefängnisses gelegenen Zellentrakt geschildert, in dem Schwerverbrecher einsaßen. Zu Negos Überraschung erlaubte ihm eine der Wachen, Chuck und Ron diese Zellen zu zeigen.

»Wir gingen auf ein aus Stahl errichtetes Gebäude zu, das an einen Käfig erinnerte und mit Maschendraht überdacht war. An der Außenseite dieses Käfigs liegen die Zellen um einen ›Hof‹ von etwa fünfmal vierzehn Metern herum. Jeden Tag verbringen die Häftlinge dreiundzwanzig Stunden in diesen Zellen, die so klein sind, dass man nicht ausgestreckt darin liegen kann. Eine Stunde dürfen sie im Hof spazieren gehen. Nego hatte zwölf Jahre in diesen Zellen verbracht.

Als wir uns auf dieses innere Gefängnis zubewegten, bemerkten wir einige Augenpaare, die uns durch einen fünf Zentimeter hohen Spalt unter der Stahltür anblinzelten. Und als die Tür aufschwang, sahen wir, dass alles vor Dreck starrte. So etwas hatte ich noch nie gesehen. Es gab keine sanitären Anlagen – die Gefangenen waren sogar gezwungen, ihre Notdurft im Essgeschirr zu verrichten. Die sengende afrikanische Sonne hatte den Stahl aufgeheizt, dass man die Temperatur nicht mehr ertragen konnte. Ich konnte in dem Gestank kaum atmen. Wie konnte es ein Mensch an diesem Ort nur aushalten?

Als Nego ihnen mitteilte, wer wir waren, geschah etwas Erstaunliches. Achtzig der einhundertzwanzig Häftlinge gingen zur Rückwand und stellten sich in einigen Reihen hintereinander auf.

Auf ein Zeichen hin begannen sie zu singen – Choräle, christliche Choräle, vierstimmig, in wunderbarer Harmonie. Nego flüsterte mir zu, dass fünfunddreißig von diesen Männern zum Tod verurteilt worden waren und bald hingerichtet werden würden.

Der Gegensatz zwischen ihren friedlichen, heiteren Gesichtern und dieser unvorstellbar schrecklichen Umgebung überwältigte mich. Hinter ihnen, im Halbdunkel gelegen, sah ich eine Holzkohlezeichnung an der Wand. Sie zeigte Jesus am Kreuz. Die Häftlinge müssen Stunden damit verbracht haben, an ihr zu arbeiten. Und es traf mich wie ein Hammerschlag, als ich begriff, dass Jesus hier bei ihnen war, mit ihnen litt und ihnen solche Freude schenkte, dass sie an diesem Ort singen konnten.

Eigentlich hätte ich zu ihnen sprechen und ihnen Mut machen sollen. Aber ich brachte nur einige gemurmelte Grüße heraus. *Sie* waren die Lehrer, nicht ich.«

37
Beidhändiger Glaube

Man hält es kaum für möglich, aber ich verdanke den Schriften politischer Dissidenten und eines französischen Mystikers aus dem achtzehnten Jahrhundert einige neue Einsichten in den Sinn und die Bedeutung des Glaubens.

Viele Jahre lang lebten die Dissidenten in Osteuropa unter Regimen, die eine Art Paranoia verbreiteten. Die Regimekritiker handelten frei nach dem Motto: »Nur weil du unter Verfolgungswahn leidest, bedeutet das nicht, dass sie nicht wirklich hinter dir her sind.« Sie organisierten geheime Treffen, benutzten Codewörter, vermieden öffentliche Telefone und veröffentlichten ihre Essays unter Pseudonym in der Untergrundpresse.

Mitte der 70er Jahre begannen polnische und tschechische Intellektuelle aber zu begreifen, dass sie dieses Doppelleben einiges kostete. Ihnen war ein grundlegender Sinn für Freiheit und Menschenwürde verloren gegangen. Weil sie im Geheimen arbeiteten und bei jedem Schritt nervös über die Schulter blickten, hatte sie die Furcht besiegt, und das war genau das, was ihre kommunistischen Gegner seit jeher gewollt hatten. Ganz bewusst entschieden sich die Intellektuellen dafür, ihre Taktik zu ändern.

»Wir werden um jeden Preis so handeln, als ob wir frei wären«, entschlossen sich zunächst die Polen, dann die Tschechen. Die »Komitees zur Verteidigung der Arbeiter« in Polen begannen öffentliche Versammlungen abzuhalten, oft in Kirchengebäuden, obwohl sie wussten, dass Geheimpolizei und Denunzianten unter den Zuhörern saßen. Sie unterzeichneten ihre Artikel namentlich, gaben manchmal sogar Adresse und Telefonnummer an und verteilten dann die Zeitungen öffentlich an jeder Straßenecke.

Im Grunde beschlossen die Regimekritiker, so zu handeln, wie die Gesellschaft ihrer Meinung nach aussehen sollte. Wenn du Redefreiheit haben willst, dann rede frei. Wenn du eine offene Gesellschaft haben willst, handle öffentlich. Wenn du die Wahrheit liebst, sprich die Wahrheit. Der tschechische Dramatiker Václav Havel hatte diesen Prozess in Gang gesetzt, als er nicht mehr darauf schielte, was die Behörden billigen würden, sondern um jeden Preis die Wahrheit schreiben wollte.

Die Behörden wussten nicht, wie sie darauf reagieren sollten. Manchmal schlugen sie hart zu – fast alle Dissidenten saßen eine gewisse Zeit im Gefängnis –, manchmal schauten sie frustriert und fast hilflos zu. Die Regimekritiker konnten aufgrund ihrer mutigen Taktik viel einfacher miteinander und mit dem Westen in Verbindung treten, und eine Art »Freiheits-Archipel« nahm Gestalt an, ein heller Gegenpol zum düsteren »Archipel Gulag«. In gewissem Sinn schufen sie eine freie Gesellschaft, indem sie handelten, als ob ihre Gesellschaft frei wäre.

Wichtiger noch, dieser neue Ansatz machte den Dissidenten selbst Mut; sie entdeckten jene innere Freiheit, die einen trägt, selbst wenn einem die äußere Freiheit genommen wird. Das Gefängnis ist schließlich eine ideale Umgebung, um die Freiheit schätzen zu lernen. Erstaunlicherweise hielten sie an den grundlegenden Prinzipien von Freiheit und Gerechtigkeit fest, selbst wenn ihre Regierungen sie zu zwingen versuchten, das Gegenteil zu glauben.

Diese mutige Philosophie verbreitete sich auch in anderen Ländern und machte Dissidenten in China, Lateinamerika und Südafrika Mut. Richard Steele schrieb über seine Erfahrungen in einem südafrikanischen Gefängnis:

> »Es ist erstaunlich, welche Kraft in der Furchtlosigkeit liegt. Ich denke an die Menschen, die mir Befehle gaben. Sie lebten unter einer wirklichen Tyrannei und waren in weitaus größerem Maß Opfer als ich. Wenn sie mir ihre Befehle entgegenbrüllten, hatte ich vor meinem geistigen Auge immer das Bild, dass diese winzigen Kreaturen sich auf meine Füße stürzten und mich mit ihren Befehlen zu Grunde richten wollten, während ich gar nicht auf ihrer Stufe,

sondern viel höher stand. Sie konnten mich so hart bedrohen, wie sie wollten, und doch nicht beeindrucken, weil ich keine Angst hatte. Das hat mich wirklich befreit. Ich konnte der Mensch sein, der ich war, ohne sie zu fürchten. Sie hatten keine Macht über mich.«

Erstaunlicherweise haben wir die Dissidenten triumphieren sehen. Eine alternative Gesellschaft von Menschen, die sich durch eine Idee verbunden wussten, ein Königreich der Lumpen, Gefangenen, der Dichter und Philosophen, die ihre Gedanken und Worte über handkopierte Untergrundzeitungen verbreiteten, hatte in einem Land nach dem anderen eine augenscheinlich uneinnehmbare Festung eingenommen. Selbst in Südafrika kam es ohne gewaltsame Revolution zu freien Wahlen.

Ich kann mich noch lebhaft an den Höhepunkt der gewaltlosen Revolution in den Moskauer Straßen erinnern, die ich im Fernsehen miterlebte. Russen, die in der Weltzentrale des Totalitarismus aufgewachsen waren, verkündeten auf einmal: »Wir wollen handeln, als ob wir frei wären.« Sie standen vor dem KGB-Gebäude und blickten in die Kanonenmündungen der Panzer. In diesem Sommer reiste ich in Skandinavien umher, und als ich die Fernsehbilder sah, ohne die Kommentare verstehen zu können, konnte ich die Einzelheiten, die sich gleich hinter der Grenze abspielten, nur erahnen. Der Gegensatz zwischen den Gesichtern der Anführer des Putsches und denen der Menschenmassen sagte mir allerdings alles, was ich wissen musste. Mit überwältigender Klarheit zeigten sie mir, wer Angst hatte und wer wirklich frei war.

Auf derselben Reise las ich *»Das Sakrament des Augenblicks«*, ein bemerkenswertes Buch des französischen Mystikers Jean-Pierre de Caussade. Er schrieb einer Gruppe von Nonnen, denen man in den chaotischen Jahrzehnten vor der Französischen Revolution das Leben schwer machte, und formulierte für sie ein herausforderndes Programm an geistlicher Wegweisung:

»Der Glaube verleiht der ganzen Welt einen himmlischen Aspekt«, sagte er. »Jeder Augenblick ist eine Offenbarung Gottes.« Ganz egal, wie die Situation zu einer bestimmten Zeit auch aussieht, die gesamte

Geschichte wird schließlich dazu dienen, Gottes Plan für diese Erde durchzusetzen. Er riet den Nonnen, »den gegenwärtigen Augenblick als den besten zu lieben und anzunehmen und dabei auf Gottes umfassende Güte zu vertrauen ... Alles ist ohne Ausnahme ein Instrument und Mittel seiner Heiligung.«

Mir kamen sofort Gegenargumente in den Sinn, wie auch wahrscheinlich den Nonnen, als sie seine Worte zum ersten Mal lasen. *Gottes umfassende Güte* in einer Welt, die immer verrückter wird, immer mehr nach Blut giert? Ein *himmlischer Aspekt* in einer Welt, die immer heidnischer wird? Leiden, Gewalt, Verfolgung – sind das etwa auch Instrumente und Mittel der Heiligung?

Als ich im finnischen Fernsehen die Nachrichtensendungen sah, die vom Roten Platz berichteten, und die harten Worte de Caussades las, kam mir eine neue Definition für Glauben in den Sinn: die Umkehrung der Paranoia.

Ein wirklich paranoider Mensch organisiert sein Leben so, dass er alles aus einer furchtsamen Perspektive betrachtet. Was auch immer geschieht, gibt dieser Furcht neue Nahrung. Versuchen Sie einmal, einen unter Verfolgungswahn Leidenden zu trösten: »Ich bin hier, um dir zu helfen, ich will dir nicht wehtun«, und Sie werden damit seine Furcht nur vergrößern.

Mit dem Glauben ist es gerade andersherum. Ein gläubiger Mensch organisiert sein Leben so, dass er alles aus einer vertrauensvollen, nicht aus einer furchtsamen Perspektive betrachtet. Ein tief gegründeter Glaube schenkt mir die Überzeugung, dass Gott regiert, trotz des augenscheinlichen Chaos, das im Moment herrscht; dass ich dem Gott der Liebe nicht egal bin, gleichgültig, wie niedergeschlagen ich mich auch fühle; dass kein Schmerz ewig währen wird und dass das Böse am Ende nicht triumphieren wird. Der Glaube betrachtet sogar das finsterste Ereignis der ganzen Geschichte, den Tod von Gottes Sohn, als notwendiges Vorspiel zum hellsten und fröhlichsten Ereignis. Der Glaube erlaubt mir, selbst auf diesem Planeten, der von einer dunklen Macht regiert wird, dem »Gott dieser Welt«, unter der Herrschaft Gottes zu leben.

Vor vielen Jahrhunderten bezeichnete Gregor von Nicäa den Glauben eines Gemeindeleiters als *beidhändig*, weil er Angenehmes mit der rechten Hand und Schwierigkeiten mit der linken Hand empfing, überzeugt, dass beides dem Plan diente, den Gott mit ihm hatte. »Gottes Plan für uns ist immer das, was zu unserem Besten beiträgt«, sagte de Caussade. Starke Worte. Heute kann ich sie glauben, aber was ist mit morgen?

In unserer eigenen Zeit haben wir gesehen, was geschehen kann, wenn sich eine Gruppe von Menschen zusammenschließt, um eine Wahrheit auszuleben – *wir sind frei* –, die um sie herum überall als Lüge denunziert wird. Mauern und Reiche zerfallen. Was wäre, wenn wir in Gottes Reich so handelten, *als ob* die Worte des Apostels Johannes buchstäblich wahr wären: »Der in euch ist, ist größer als der, der in der Welt ist«? Was würde geschehen, wenn wir so zu leben begännen, *als ob* das am häufigsten wiederholte Gebet der Christenheit tatsächlich erhört worden wäre, dass Gottes Wille auf der Erde geschähe wie im Himmel?

38
Vergiss nicht zu lachen

Der Dichter W. H. Auden sagte einmal, dass die menschliche Spezies drei Eigenschaften besitzt, die sie von den Tieren unterscheidet. Wir sind die einzigen Wesen, die arbeiten, lachen und beten. Das macht mich nachdenklich. Wie steht es mit Christen, die in relativer Freiheit, Sicherheit und Bequemlichkeit leben? Wenn der Glaube Menschen verändern kann, die mehr leiden müssen, als man eigentlich ertragen kann, wie sieht es dann mit dem Rest von uns aus? Können wir uns daran messen?

Was die *Arbeit* angeht, macht keiner den Christen etwas vor. In Lateinamerika, Osteuropa und selbst im kommunistischen China müssen ihre Gegner zähneknirschend einräumen, dass Christen trotz all ihrer Fehler fleißig sind. Schließlich haben unsere Vorfahren die protestantische Arbeitsethik erfunden.

Diese Ethik steht bei uns so hoch im Kurs, dass sie sogar alles andere schluckt, was ihr unter die Augen kommt. Wir betreiben unsere Kirchen wie eine Firma; wir tragen unsere Stille Zeit in den Tagesplaner ein (am besten auf dem Computer); unsere Pastoren arbeiten so hektisch wie japanische Manager. Für Christen ist Arbeit zur einzigen gesellschaftsfähigen Sucht geworden.

Die Kunst des *Gebets* sollten wir inzwischen eigentlich gemeistert haben, aber hier habe ich meine Zweifel. Wir stehen in der Versuchung, Gebet zu einer anderen Form der Arbeit umzufunktionieren, und das erklärt möglicherweise, warum wir in den Kirchen hauptsächlich Fürbittegebete sprechen. Wir bringen Gott unsere Anliegen in Form von Wunschzetteln, aber allzu selten schaffen wir es, auf Gott zu hören.

Ich habe herausgefunden, dass biblische Gebete (wie zum Beispiel die Psalmen) sich wiederholen, unstrukturiert sind und nicht immer auf den Punkt kommen. Sie ähneln mehr einer Unterhaltung im Friseursalon als einem Wunschzettel. Von den Katholiken kann ich in dieser Beziehung viel lernen, denn sie haben besser begriffen, dass Gebet auch Anbetung bedeutet. Seltsamerweise scheint das Gebet für Menschen, die sich den ganzen Tag damit beschäftigen – Henri Nouwen, Thomas Merton, Macrina Wiederkehr, Gerald Manley Hopkins, Teresa von Avila –, weniger eine Aufgabe zu sein, die man bewältigen muss, sondern eine niemals endende Unterhaltung, wie im alltäglichen Leben, nur dass man dabei ein Publikum hat.

Ich erinnere mich an ein Interview, das Dan Rather mit Mutter Teresa führte. »Was sagen Sie Gott, wenn Sie zu ihm beten?«, wollte er wissen. Mutter Teresa sah ihn mit ihren dunklen Augen an und entgegnete leise: »Ich höre zu.« Etwas durcheinander versuchte Rather es noch einmal: »Also, und was sagt Gott?« Mutter Teresa lächelte. »Er hört zu.«

Was das *Lachen* betrifft, das dritte von Auden formulierte Standbein, hinken Christen dem Rest der Welt hinterher. Wie sonst sollte man erklären, dass es nur wenige christliche humoristische Zeitschriften gibt, die dann auch nur in geringer Auflage erscheinen, und dass christliche Zeitschriften zornige Leserbriefe von Abonnenten erhalten, die grundsätzlich nicht begreifen, dass der eine oder andere Beitrag satirisch gemeint war? Um dieses Ungleichgewicht zu korrigieren, schlug Auden vor, den ausgelassenen mittelalterlichen Karneval, der der Fastenzeit vorausging, wieder zu beleben. Er schreibt:

> »Der Karneval feiert die Tatsache, dass die menschliche Rasse aus sterblichen Geschöpfen besteht, die ohne unsere Zustimmung in diese Welt kommen und sie wieder verlassen, die essen und trinken, ihre Notdurft verrichten, rülpsen und Winde fahren lassen müssen, um zu leben, und sich vermehren müssen, wenn unsere Spezies überleben soll. Unsere Gefühle dabei sind zweischneidig. ... Wir schwanken dauernd zwischen dem Wunsch, gedankenlose Tiere, und dem Wunsch, körperlose Geister zu sein, denn in beiden Fällen hätten wir keine Probleme mit uns selbst. Der Karneval löst diese

Zweideutigkeit durch Lachen, denn Lachen ist gleichzeitig Protest und Annahme.«

Im Mittelalter bot der Karneval dafür ein Ventil. Hier konnte man diese Zweischneidigkeit ausleben. Junge Männer verkleideten sich als Mädchen, junge Mädchen als Männer. Man versteckte sich hinter Masken und Kostümen, die im Allgemeinen den menschlichen Körper mit all seinen Ungereimtheiten parodierten: falsche Nasen, aufgeputzte Frisuren, nackte Schädel, fette Bäuche, Reißzähne, Hörner.

Einmal erlebte ich den Rosenmontag in der Bourbon Street in New Orleans mit, und ich muss sagen, dass er kaum noch Ähnlichkeit mit dem mittelalterlichen Karneval aufwies. Junge Frauen zogen durch die Straßen und brüllten: »Brüste für Perlen!« Im Austausch gegen eine bunte Plastikhalskette zogen sie ihr T-Shirt hoch und entblößten sich. Sie waren betrunken, lüstern und sogar gewalttätig, und damit parodierten sie nicht mehr die Tatsache, dass sie wie Tiere waren, sondern suhlten sich darin.

Der Abstieg vom Karneval der Kirche zur Unflätigkeit des Rosenmontags ist auch ein theologischer Abstieg. G. K. Chesterton drückte es so aus: »Wenn es nicht stimmt, dass ein göttliches Wesen zu Fall kam, dann kann man nur zu dem Schluss kommen, dass eins der Tiere völlig verrückt wurde.« Genau an diesem Punkt scheiden sich die Geister von Christen und modernen Materialisten. Der Karneval parodiert ein göttliches Wesen, das zu Fall kam; der Rosenmontag feiert ein Tier, das völlig verrückt wurde.

C. S. Lewis bemerkte einmal, dass die wesentlichen Begriffe der elementaren Theologie allein aus der Existenz von schmutzigen Witzen und der Einstellung dem Tod gegenüber geschlossen werden könnten, selbst wenn uns keine anderen Hinweise zur Verfügung stünden. Schmutzige Witze befassen sich fast ausschließlich mit Ausscheidung von Exkrementen und Sex, zwei der »natürlichsten« Prozesse der Welt. Aber wenn wir darüber grinsen und Zweideutigkeiten von uns geben, behandeln wir sie damit als vollkommen unnatürlich und sogar komisch. Stellen Sie sich einmal vor, ein Pferd oder eine Kuh würden sich schämen, in der Öffentlichkeit ihren Darm zu entleeren. Oder stellen Sie sich einen Hund oder eine Katze vor, die so sehr von sexuellen Komplexen geplagt werden, dass sie keine Lust haben, sich zu paaren.

Körperfunktionen, die wir mit den Tieren gemeinsam haben, wirken einzig und allein auf Menschen peinlich und seltsam. Ganz ähnlich liegt der einzige triftige Grund, dass wir Phänomene wie übergroße Nasen und den Reflex zu rülpsen komisch finden, darin, dass wir noch einen Nachklang aus Eden im Ohr haben. Ein fast verborgener tief liegender Instinkt sorgt dafür, dass es uns seltsam vorkommt, dass wir – aufrecht gehende Wirbeltiere, auf die ein göttlicher Funke übergesprungen ist – in vielem den anderen Wirbeltieren so sehr gleichen.

Was den Tod angeht, fürchten wir Menschen uns vor ihm. Er stößt uns ab, als ob wir diese Wirklichkeit nicht wahrhaben wollen, obwohl sie allgemein gültig ist. Jede Kultur hat bestimmte Zeremonien entwickelt, um diese letzte Reise eines Menschen zu begleiten. Selbst wir Menschen im christlichen Westen mit unserem traditionellen Glauben an ein Leben nach dem Tod ziehen dem Leichnam neue Kleider an, balsamieren ihn ein (für wen, etwa für die Nachwelt?), begraben ihn in luftdichten Särgen oder Betonhöhlen. Diese Rituale machen deutlich, dass wir uns hartnäckig weigern, uns dieser nachdrücklichsten aller menschlichen Erfahrungen zu beugen. Wie Lewis erklärt, verrät uns diese Anomalie, dass der Mensch gewissermaßen unter Spannung steht. Als Individuum ist er ein Geist, der nach dem Bild Gottes geschaffen, aber zeitweise mit einem Körper aus Fleisch zusammengeschweißt wurde. Die schmutzigen Witze und unsere fast krankhafte Beschäftigung mit dem Tod drücken aus, dass uns dieses Zwischenstadium unbehaglich ist. Wir sind nicht »aus einem Guss«, denn vor langer Zeit öffnete sich ein Spalt, der die sterblichen und unsterblichen Anteile voneinander trennte. Theologen führen diese Trennungslinie auf den Sündenfall zurück.

Christen haben anderen Menschen etwas Entscheidendes voraus, so C. S. Lewis weiter: »Nicht, weil sie in geringerem Maße gefallene Geschöpfe wären, oder weil sie in geringerem Maße dazu verdammt wären, in einer gefallenen Welt zu leben, sondern weil sie wissen, dass sie gefallene Geschöpfe in einer gefallenen Welt sind. Und das ist, glaube ich, der Grund, warum wir nicht verlernen dürfen, über uns selbst zu lachen. Ich habe einige Klassiker des Materialismus gelesen – Charles Darwin, Karl Marx und Bertrand Russell –, und bis jetzt habe ich in ihren Schriften nicht einmal die Andeutung eines Lächelns gefunden. Auch bei den Menschen, die sich für eine ›politisch korrekte‹ Sprache einsetzen, geht es ähnlich ernsthaft zu. Man kann nur das parodieren, was man respektiert, genau wie man nur Gott lästern kann, wenn man glaubt.«

Ich glaube, dass Gebet und Lachen eine ganze Menge gemeinsam haben. Wir stehen dann auf dem gleichen Boden, räumen freimütig ein, dass wir gefallene Geschöpfe sind. Wir nehmen uns selbst weniger ernst. Wir denken daran, dass wir geschaffen wurden. Arbeit bringt Hierarchien und Spaltungen mit sich, Lachen und Gebet vereinen.

W. H. Auden schließt seine Überlegungen mit einer Warnung ab:

> »Man kann nur ein befriedigendes Leben führen, ob nun allein oder in der Gemeinschaft, wenn man allen drei Bereichen den ihnen zustehenden Respekt zollt. Ohne Arbeit und Gebet wird das Gelächter des Karnevals hässlich, die komischen Obszönitäten schmutzig und pornografisch, die gespielte Aggression wendet sich in wirklichen Hass, wirkliche Grausamkeit. Ohne Arbeit und Lachen wendet sich das Gebet ins Gnostische, wird überspannt und pharisäerhaft, während diejenigen, die von Arbeit allein leben wollen, ohne Lachen und Gebet, zu krankhaften Liebhabern der Macht werden, Tyrannen, die am liebsten die Natur versklaven würden, um ihre unmittelbaren Bedürfnisse zu befriedigen – ein Versuch, der nur in einer Katastrophe enden kann, mit einem Schiffbruch auf der Insel der Sirenen.«

39 Heilige und Halbheilige

Esra und Nehemia, zwei Zeitgenossen, von denen die Bibel berichtet, sahen sich derselben Herausforderung gegenüber. Jeder der beiden versuchte den zurückgekehrten Flüchtlingen in Jerusalem wieder Mut zu machen und sie dazu zu bewegen, die Stadtmauern wieder aufzubauen. Außerdem sollten sie ihre moralischen Einstellungen überdenken und ihr Leben wieder danach ausrichten. Aber diese beiden Männer gebrauchten völlig unterschiedliche Methoden.

Als Esra in Jerusalem ankam und aus erster Hand sah, dass sein Volk in moralischer Hinsicht völlig heruntergekommen war, erlitt er einen Schock. Er zerriss seine Kleidung, riss sich Kopf- und Barthaare aus und setzte sich angewidert hin. Noch Stunden später sah man ihn weinen und auf dem Boden liegen. Seine Trauer war so deutlich, seine Buße so ansteckend, dass sich die führenden Köpfe der Stadt entschlossen, ihr Leben zu ändern.

Nehemia betrat die Bühne einige Jahre später. Er ging auf Konfrontationskurs. Als sich die Kaufleute außerhalb der Stadtmauer aufstellten, um am Sabbat ihre Ware zu verkaufen, bedrohte er sie körperlich. Und als seine Mitjuden gegen Gottes ausdrücklichen Befehl Ausländerinnen heirateten, verfluchte er sie, schlug sie zusammen und riss ihnen das Haar aus.

Diese letzte Szene beleuchtet den Unterschied zwischen diesen beiden biblischen Helden: Einer reißt sich sein eigenes Haar vor Verzweiflung aus, der andere reißt voller Zorn anderen Leuten das Haar aus.

Esra war ein Priester, ein Mystiker. Er hatte sich geweigert, sich für die knapp anderthalbtausend Kilometer weite Reise von Babylon nach Jerusalem von einer bewaffneten Eskorte begleiten zu lassen, obwohl seine Emigrantengruppe achtundzwanzig Tonnen Silber mit sich führte. Er befürchtete, dass die Anwesenheit von bewaffneten Wachen vermuten lassen könnte, dass er Gott nicht genügend vertraute, und verließ sich stattdessen auf Fasten und Gebete, um seinen Zug zu schützen.

Nehemia, Bürokrat und gewiefter Pragmatiker, kannte solche Skrupel nicht. Er zog in Jerusalem an der Spitze einer berittenen persischen Abteilung ein. Sobald sich die Opposition regte, organisierte er die Juden in bewaffneten Bataillonen. Bald trug jeder, der an der Stadtmauer arbeitete, in seiner freien Hand eine Waffe.

Esra und Nehemia haben mich beschäftigt, weil sie deutlich machen, dass man seinen Glauben auf unterschiedliche Weise leben kann. Wenn Esra ein Heiliger war, dann war Nehemia ein Halbheiliger.

Ein *Heiliger* (so wie ich den Begriff benutze) ist ein Radikaler, ein moralischer Extremist, der Kompromisse ablehnt und sich in den Augen der Welt manchmal zum Narren macht. Mutter Teresa stellt sich im Zentrum einer der am dichtesten besiedelten Städte der Welt hin und spricht sich gegen Geburtenkontrolle aus. »Jedes Kind ist ein Geschenk Gottes«, sagt sie. Vor vierzig Jahren suchte Martin Luther King jr. die gnadenlosesten Sheriffs in Alabama und Mississippi auf. Unbewaffnet stellte er sich direkt vor ihre Hunde und Wasserwerfer. King sagte, dass es nicht sein Ziel sei, den weißen Mann zu besiegen, sondern »den Bedrücker zu beschämen«, und der beste Weg, ein ganzes Land zu beschämen, war der, Gewalt mit aggressiver Gewaltlosigkeit zu bekämpfen.

In der Kirchengeschichte hat es auch einige *Halbheilige* gegeben, die etwas erreicht haben. William Wilberforce wurde zur Zielscheibe vieler Witze im England des achtzehnten Jahrhunderts, weil er im Parlament immer wieder gegen die Sklaverei Partei ergriff. Schließlich aber trug er mit seiner »bürokratischen Treue« den Sieg davon, und England entschied sich dafür, den mutigen und moralischen Weg zu gehen und sogar die Sklavenhalter in den Kolonien zu entschädigen. In den USA glaubte Abraham Lincoln, dass er Gott am besten dienen könnte, wenn er einen grausamen Krieg bis zum bitteren Ende durchhalten würde. –

Meine Schriftstellerkarriere hat mir hin und wieder die Gelegenheit verschafft, zeitgenössische »Heilige« kennen zu lernen. Einige haben ihre komfortablen Häuser in Nordamerika verlassen, um in Zentralamerika für den Frieden einzutreten oder in vor Dreck starrenden Flüchtlingslagern in Afrika zu arbeiten; andere verbringen ihr Leben damit, den Obdachlosen in amerikanischen Städten Unterkunft und Verpflegung zu beschaffen. Wenn ich mit solchen Menschen rede, inspiriert mich das, denn ich bekomme dann eine Ahnung davon, wie ein Christ im besten Fall aussehen kann.

Ich bin auch einigen Halbheiligen begegnet. An jedem Arbeitstag legen christliche Lobbyisten Anzug und Weste an und gehen hinüber zum Kapitol, um dort für die Interessen hungernder Kinder, abgetriebener Babys, misshandelter Häftlinge und Opfer von Menschenrechtsverletzungen einzutreten. Diese Halbheiligen spielen keine so glanzvolle Rolle, aber kann irgendjemand daran zweifeln, dass eine Organisation wie *Brot für die Welt* ebenso viel für die Armen und Hungrigen ausrichten kann wie beispielsweise Mutter Teresa?

In Indien gibt es heute eine von »heiligen Männern« angeführte Kampagne, die gegen die Zerstörung der Wälder kämpft. Diese Visionäre ketten sich an Bäume, um es den Waldarbeitern unmöglich zu machen, sie mit ihren Motorsägen zu fällen. Fernsehteams rücken an, um über diese dramatischen Protestszenen zu berichten (und ich jedenfalls unterstütze ihre Sache). Aber dieser Protest in Indien wäre vielleicht gar nicht nötig, wenn jeder Halbheilige in Amerika und Europa jeden Briefumschlag und jede Tageszeitung ins Altpapier gäbe, damit sie recycelt werden können.

Auch wenn wir Heilige bitter nötig haben, wird es immer nur wenige davon geben. Die meisten Christen in Amerika und Europa haben einen »weltlichen« Beruf, sitzen von neun bis fünf im Büro, gehen sonntags in den Gottesdienst und geben sich Mühe, ihren Alltag von ihrem Glauben prägen zu lassen. Solche Menschen haben vielleicht keine großen Visionen und leben nicht so eindeutig wie echte Heilige. Aber es tröstet mich, dass die Bibel offenbar beide Ansätze gutheißt. –

Esra und Nehemia, die die gleiche Geschichte aus verschiedenen Blickwinkeln erzählen, machen deutlich, dass keiner der beiden Ansätze ohne den anderen viel ausrichten kann. Nehemia, der engagierte, an Management-Methoden orientierte Bürokrat, erledigte seinen Auftrag in zweiundfünfzig Tagen, nachdem Esra es in zwölf Jahren nicht geschafft hatte: Unter seiner Anleitung wurde die Mauer um Jerusalem errichtet, die den Einwohnern Schutz und Sicherheit bot.

Auf der anderen Seite wandte sich Nehemia an Esra, um die religiösen Zeremonien zu leiten, nachdem das Bauprojekt abgeschlossen war. Der letzte Teil des Buchs Nehemia schildert diesen Tag als einen der eindrücklichsten Momente der alttestamentlichen Geschichte. Eine große Anzahl von Flüchtlingen versammelte sich auf einem riesigen Platz, und Esra las von Tagesanbruch bis Mittag aus dem Gesetz vor. Die beiden Führer, der pragmatische Nehemia und der integre Esra, arbeiteten als Team zusammen, und das führte zu einer Neubelebung des Glaubens, wie es seit tausend Jahren nicht mehr gegeben hatte. In dieser Erweckung spielten Heilige und Halbheilige eine wichtige Rolle.

40
Auf der Suche nach einer Sowohl-als-auch-Kirche

Vor einiger Zeit nahm ich an einer Konferenz teil, die auf dem restaurierten Gelände einer hundert Jahre alten utopischen Gemeinschaft in Indiana abgehalten wurde. Als ich mit meinen Fingern über die Wände der handwerklich ausgezeichneten Häuser fuhr und die Tafeln las, auf denen das Leben der wahren Gläubigen geschildert wurde, staunte ich über die Energie, die diese Bewegung angetrieben hatte, eine von Dutzenden, die der amerikanische Idealismus und religiöse Eifer hervorgebracht hatte.

Der Perfektionismus hat auf amerikanischem Boden viele Blüten getrieben: Gruppen, die aus der Zweiten Großen Erweckung hervorgingen, die Victorious-Life(»*Siegreiches Leben*«)-Bewegung, die Kommunitäten der Jesus-Bewegung. Mir kam aber in den Sinn, dass in letzter Zeit der Drang zum Perfektionismus praktisch verschwunden ist. Heute schlägt das Pendel in die entgegengesetzte Richtung aus. Heute werden in vielen Kirchen Gruppen mit einem Zwölf-Punkte-Programm ins Leben gerufen, die um die Themen Sex, Essstörungen, Alkohol oder Drogen kreisen; und in diesen Gruppen geht es naturgemäß um die *Unfähigkeit* ihrer Mitglieder, perfekt zu sein.

Ich gestehe, dass ich diesen modernen Trend vorziehe. Ich nehme viel öfter fehlbare als vollkommene Menschen wahr, und ich trete für ein Evangelium ein, das auf Gnade beruht. Und doch spürte ich in *New Harmony*, Indiana, nostalgische Gefühle für diese utopischen Gruppierungen in mir aufsteigen, die ich mir selbst nicht recht erklären konnte: all diese schwarz gekleideten ernsthaften Menschen, die harte Arbeit auf den Feldern leisteten und sich immer strengere Regeln ausdachten, um Lüsternheit und Gier zu zügeln, und sich bemühten, die anspruchsvollen Gebote des Neuen Testaments zu erfüllen. Allein die Namen der Gemeinschaften, die sie hinterließen, könnten einem das Herz brechen: Neue Harmonie, Friedenstal, Neue Hoffnung, Neuer Hafen.

Auch die katholische Kirche kennt ihre eigene Spielart des Perfektionismus. Ich habe mich mit der Ordensregel des Heiligen Benedikt befasst und bewegende Schilderungen der frühen jesuitischen Missionare gelesen, die nach China und Japan segelten. Verglichen mit dieser Disziplin und Hingabe wirkt die gegenwärtige Welle von kurzfristigen Missionsprojekten sehr verbraucherfreundlich. Was werden wir heutigen Menschen der Nachwelt hinterlassen? Das frage ich mich manchmal. Die Namen, die mir dabei in den Sinn kamen, können wohl kaum irgendjemanden inspirieren: Neue Verwundbarkeit, Neue Anteilnahme.

Und doch haben die meisten utopischen Gemeinschaften – wie die, in der ich mich gerade aufhielt – nur als Museum überlebt. Perfektionismus läuft auf der Sandbank der Erbsünde immer wieder auf Grund.

Vor einigen Jahren veröffentlichte Frank Douglas ein Buch mit dem Titel *»Less than Conquerors«* (»Weniger als Sieger«), das hilfreiche Einblicke in die Fallgruben des Perfektionismus bot. Charles G. Trumbull, einer der Leiter der Victorious-Life-Bewegung, sagte einmal: »Es ist das Privileg eines jeden Christen, jeden Tag seines Lebens zu verbringen, ohne die Gebote Gottes zu brechen und ohne bewusst in Gedanken, Worten oder Taten zu sündigen.« Solch hoch gesteckte Ideale, so Frank, führen paradoxerweise zu Verzweiflung und Pessimismus. Trotz aller Anstrengungen kann es ein menschliches Wesen einfach nicht schaffen, in einem Zustand der Sündlosigkeit zu leben, und schließlich macht er sich selbst Vorwürfe (und diese Vorwürfe werden von den Leitern dieser Bewegung sogar noch bestärkt: »Wenn es nicht funktioniert, glaubst du nicht genug«).

Frank weist noch auf einen weiteren Schwachpunkt einer perfektionistischen Haltung hin: Nur allzu oft verliert sie sich in Kleinkariertheit (einer der schärfsten Vorwürfe, den Jesus den Pharisäern machte). In dem von Charles Finney gegründeten Oberlin College waren eine Zeit lang Kaffee, Tee, Pfeffer, Senf, Öl und Essig verboten, um den Freuden des Fleisches so wenig Raum wie möglich zu geben. Das Experiment wurde nach kurzer Zeit abgebrochen, wie jeder bestätigen kann, der in letzter Zeit dort zu Gast gewesen ist.

Ich wuchs in einem Klima auf, das diesen verbissenen Perfektionismus förderte, und ich habe einen großen Teil meines Lebens damit verbracht, mich davon zu erholen. Hier habe ich aus erster Hand die Kleinkariertheit des modernen Fundamentalismus erlebt. In meiner Gemeinde wurde darüber diskutiert, ob Kegelbahnen moralisch einwandfrei seien (»Wird dort nicht Alkohol ausgeschenkt?«) und ob man Rollschuhfahren erlauben dürfte (»Hält man sich dabei nicht an den Händen?«), aber die Menschenrechte in Südafrika oder Bürgerrechte in Georgia, wo wir wohnten, waren in der Gemeinde kein Thema.

Gegen diese Schattenseiten des Perfektionismus bin ich gründlich geimpft worden, aber manchmal kommen in mir nostalgische Gefühle und sogar die Sehnsucht nach dem eigentlichen Anliegen hoch. Voller Staunen lese ich Thomas Mertons Buch *»Der Aufstieg zur Wahrheit«*, das die Suche eines Menschen nach der mystischen Vereinigung mit Gott schildert. Ich brenne vor Scham, wenn ich den russischen Klassiker *»Der Weg eines Pilgers«* lese. Das Buch erzählt von einem Bauern, der das Gebot »Betet ohne Unterlass« wörtlich nahm und das Jesusgebet (»Herr Jesus Christus, Sohn Gottes, hab Erbarmen mit mir, einem Sünder«) siebentausend Mal am Tag betete.

Wie können wir in der Gemeinde das Ideal der Heiligung aufrechterhalten und uns bemühen, ein gottgefälliges Leben zu führen, ohne in Enttäuschung, Kleinlichkeit, Missbrauch von Autorität, geistlichen Stolz und Exklusivität zu verfallen?

Oder, um die entgegengesetzte Frage zu stellen: Können wir heutigen Christen, die die Unterstützung durch die Gemeinschaft betonen (ohne jemals zu richten), die auf Verletzlichkeit und Erforschung des eigenen Ichs so großen Wert legen, vermeiden, uns allzu niedrige Ziele zu stecken und zu wenig erreichen zu wollen? Als individualistische Gesellschaft steht Amerika laufend in der Gefahr, die Freiheit zu missbrauchen; die amerikanischen Kirchen laufen Gefahr, die Gnade zu missbrauchen.

Mit diesen Fragen im Hinterkopf las ich die meisten neutestamentlichen Briefe durch, allerdings in einer anderen Reihenfolge als üblich. Ich begann mit dem Galaterbrief, dieser großartigen Charta der christlichen Freiheit mit ihrer feurigen Kritik an kleinlicher Gesetzlichkeit. »Zur Freiheit hat uns Christus befreit«, verkündete Paulus (5,1). Aber nur drei Absätze später fügte er hinzu: »Seht zu, dass ihr durch die Freiheit nicht dem Fleisch Raum gebt; sondern durch die Liebe diene einer dem andern.«

Als Nächstes wandte ich mich Jakobus zu, der »strohernen Epistel«, die Martin Luther im Hals stecken geblieben war. Mit Jakobus' ernsten Ermahnungen war ich vertraut, aber bisher war mir immer sein Ratschlag entgangen, wie man ein geheiligtes Leben führen kann. Auf jede Aufforderung, sich noch mehr anzustrengen, folgt als Ausgleich der einfache Rat, sich auf Gott zu verlassen (1,5+17+21; 4,3; 5,11). Er schloss: »Barmherzigkeit triumphiert über das Gericht.«

Danach las ich den Epheserbrief, darauf 1. Korinther, Römer, als Nächstes 1. Timotheus und Kolosser und schließlich 1. Petrus. Ohne Ausnahme fand ich in jedem Buch beide Botschaften: das hohe Ideal der Heiligung und auch das Sicherheitsnetz der Gnade, eine barmherzige Erinnerung daran, dass unsere Errettung nicht davon abhängt, ob wir diesen Idealen gerecht werden. Der Epheserbrief verknüpft diese beiden Stränge in einem Absatz: »Denn aus Gnade seid ihr selig geworden durch Glauben, und das nicht aus euch: Gottes Gabe ist es, nicht aus Werken, damit sich nicht jemand rühme. Denn wir sind sein Werk, geschaffen in Christus Jesus zu guten Werken, die Gott zuvor bereitet hat, dass wir darin wandeln sollen.«

Es tröstet mich, dass auch die Kirche im ersten Jahrhundert schon wie eine Wippe zwischen perfektionistischer Gesetzlichkeit und hemmungsloser Gesetzlosigkeit hin- und herschwankte. Jakobus richtete sich mit seinem Brief gegen das eine Extrem, Paulus oft gegen das andere. Jeder Brief versucht einen falschen Kurs zu korrigieren, aber sie alle betonen die zweifache Botschaft des Evangeliums.

Die Kirche sollte mit anderen Worten beides umfassen: Menschen, die nach Heiligung streben und doch gelassen sein können, weil sie ihr Leben auf der Gnade aufbauen, Menschen, die sich, aber nicht andere verurteilen, Menschen, die sich auf Gott und nicht auf sich selbst verlassen.

Die Wippe schwankt immer noch hin und her. Manche Gemeinden neigen eher in die eine Richtung, manche in die andere. Seit ich die Briefe des Neuen Testaments gelesen habe, sehne ich mich nach einer Sowohl-als-auch-Kirche. Ich habe zu viele Entweder-oder-Gemeinden erlebt.

41
Ein guter Tag für schlechte Lieder

Einige Sonntage hintereinander begann ich meinen Tag damit, aus John Miltons *»Verlorenem Paradies«* zu lesen. Die wunderbare Sprache, die ätherischen Bilder, die erhebenden Themen faszinierten mich. Dann ging ich zum Gottesdienst, und zwar in eine Gemeinde, in der Anbetungslieder gesungen und von einem Keyboard und Gitarren begleitet werden. Und wie es nicht anders zu vermuten war, wünschte sich jemand ein Lied, das besonders unter Kindern beliebt ist: »Unser Gott ist ein herrlicher Gott«. Dieses Lied enthält eine Zeile, die man besser sofort wieder vergisst: »Wenn Er die Ärmel aufkrempelt, lässt er nicht nur die Muskeln spielen.«

Für mich symbolisiert dieser steile Absturz vom *»Verlorenen Paradies«* zum »herrlichen Gott« ein großes ästhetisches Dilemma. Wie kann man Qualität schätzen, ohne darüber zum Snob zu werden? In einigen Dingen bin ich überhaupt kein Snob: Ich trage Kleidung aus zweiter Hand, übernachte in billigen Motels und fahre ein praktisches kleines Auto. Aber ich kann zwei Kaffeesorten sofort am Duft unterscheiden. Und was Musik betrifft, ziehe ich Bach und Mozart jedem Song vor, der mit drei Akkorden auskommt und eine Tonfolge immer und immer wiederholt.

Wie können wir Bach genießen, ohne dem Geist von »Kum Ba Ya« einen Dämpfer zu versetzen? Wie können wir Milton schätzen, ohne auf Traktate verächtlich hinabzuschauen? Oder, um die Frage etwas allgemeiner zu formulieren: Wie können wir Qualität erkennen, gleichgültig, ob es sich um körperliche Schönheit, Intelligenz oder sportliche Fähigkeiten handelt, ohne die herabzusetzen, die diese Gaben nicht mitbringen?

In unserer Welt werden die Begabten auf Kosten der Unbegabten belohnt. Sehen Sie sich einmal den Spielplatz eines Kindergartens an und beobachten Sie, wie die Kinder ungeschickte, hässliche oder dumme Spielkameraden behandeln. Bei den Erwachsenen setzt sich dieses Muster fort. Profisportlern zahlen wir fünf Millionen Dollar im Jahr, Lehrern nur 30.000. Wir wählen junge, schöne, viel versprechende Mädchen aus, lassen sie halb verhungern und bearbeiten sie mit dem Skalpell eines Schönheitschirurgen, um aus ihnen Supermodels zu machen, nur um damit die weniger gut ausgestatteten Frauen (99,9 Prozent der Bevölkerung) in dauerhafte Minderwertigkeitskomplexe zu stürzen.

Die Kirche schwankte in der Wertefrage immer hin und her. Wer sich entschloss, der *via negativa*, dem verneinenden Weg, zu folgen, löste das Problem, indem er alle Sinnenfreuden ablehnte. Er ernährte sich von Wasser und Brot, züchtigte sich mit einer Peitsche und lebte zölibatär.

Hieronymus, ein herausragender Vertreter dieser Schule im vierten Jahrhundert, hatte für Ästhetik überhaupt keinen Sinn, aber dafür viel Zeit für Gebet, Andacht und Selbstdisziplin. Wie ich bereits erwähnte, sublimierte er seinen Geschlechtstrieb, indem er die Hebräische Bibel ins Lateinische übersetzte. Über eintausend Jahre lang wurde seine Vulgata in der Kirche benutzt.

Augustinus, ein Zeitgenosse von Hieronymus, ging völlig anders an die Sache heran. Er wusste Schönheit zu schätzen, konnte ein römisches Festmahl genießen und arbeitete daran, Körper, Geist und Seele zu trainieren und zu fördern. Er glaubte, dass alle Dinge im Wesentlichen gut seien; der lateinische Ausdruck *dona bona*, »gute Gaben«, taucht in seinem Werk *»Vom Gottesstaat«* immer wieder auf. Für ihn lag der entscheidende Punkt darin, das Gleichgewicht zwischen den Werten der Stadt Gottes und der Stadt dieser Welt zu halten. »Die Welt ist ein lächelnder Ort«, sagte er einmal in einer Predigt.

Die so genannten Styliten, die ihre Tage nackt auf einer Säule verbrachten, und Bischöfe im Hermelinpelz, die in Palästen residierten, stehen für zwei unterschiedliche Versuche, dieses ästhetische Dilemma zu lösen. Heute wird in einigen Kirchen Bach auf Orgeln gespielt, die weitaus größer sind, als Johann Sebastian sich jemals hätte träumen lassen. In anderen Gemeinden werden Anbetungslieder von einem großen Orchester begleitet. In noch anderen ist Musik überhaupt verboten. Ich war einmal zu Gast auf einer Hochzeitsfeier, bei der Mendelssohns Hochzeitsmarsch auf einem Plattenspieler abgespielt wurde, der in sicherer Entfernung von der Kirche aufgestellt worden war. Ein besonders langes Lautsprecherkabel erlaubte es, die Vorschriften der Kirche gegen Musikinstrumente im Gottesdienst zu umgehen.

Der Lauf der Kirchengeschichte lässt nicht vermuten, dass demnächst irgendjemand eine griffige Formel präsentiert, mit der sich diese Fragen lösen lassen. Aber ich glaube, dass das Christentum, und nur das Christentum, drei wesentliche Antworten dazu beizutragen hat.

1. Gute Dinge sind ein Geschenk und kein Besitz. Augustinus hat das mit den Worten *bona dona* treffend ausgedrückt. Wir sind Geschöpfe, denen Talent, Schönheit und Intelligenz von unserem Schöpfer »geliehen« wurden, und er will, dass wir daraus etwas Gutes machen. In allem, was geschaffen ist, spiegelt sich noch ein schwacher Abglanz des Schöpfers. Von G. K. Chesterton stammt die Analogie zu Robinson Crusoe, der auf einer felsigen Insel lebt und die wenigen Dinge, die ihm das Leben leichter machen, dem Meer entreißt, geheiligte Relikte eines sinkenden Schiffs.

2. In dieser gefallenen Welt sind die guten Dinge eigentlich nur beschädigte und verdorbene Überbleibsel. Der Sündenfall hat alles geändert. Alles Gute trägt ein Risiko in sich, und es ist durchaus möglich, eine an sich gute Gabe im Übermaß zu gebrauchen oder sogar zu missbrauchen. Denken Sie nur an Sex, Nahrung oder die großartigen Ressourcen unseres Planeten. Macht, Schönheit und Intelligenz sind etwas Gutes, Eigenschaften, die unseren Schöpfer auszeichnen, aber die Geschichte der Menschheit zeigt, wie diese Eigenschaften verkommen können, wenn sie in die Hand des Menschen geraten, der vom Baum der Erkenntnis des Guten und Bösen gekostet hat.

3. Selbst aus verdorbenen, gefallenen Dingen kann man etwas Gutes machen. In Kunstmuseen ist mir aufgefallen, dass Heilige oft recht hässlich dargestellt werden, mit hageren Gesichtern, Adlernasen und widerspenstigem Haarschopf. Ich kann nicht beurteilen, ob sie einen Pfad wählten, der sie zur Heiligkeit führte, weil sie sozial Ausgestoßene waren (so wie viele Forscher und Wissenschaftler – und übrigens auch Schriftsteller – introvertierte Bücherwürmer sind), oder ob ihre äußere Erscheinung litt, weil die Ansprüche, denen sich ein Heiliger stellen musste, ihren körperlichen Tribut forderten. Wie auch immer, Heilige machen eine ewige Wahrheit der Bergpredigt deutlich: Gott richtet nach verschiedenen Maßstäben, und die Armen und Elenden, die in der Stadt der Menschen leiden und benachteiligt werden, werden in der Stadt Gottes bevorzugt. Man muss nur an die Helden der Geschichten denken, die Jesus erzählte: den abgerissenen Bettler Lazarus, die Witwe mit den beiden Pfennigen, einen verachteten Steuereintreiber. Man muss nur daran denken, wie die Geschichte Jesu selbst endete: Aus einer brutalen Hinrichtung ging die Rettung der Welt hervor.

Es tröstet mich, dass das Christentum zwar die guten Gaben Gottes ehrt, aber auch einen Platz für die findet, denen diese Gaben fehlen. In der Stadt Gottes wird eine gelähmte Joni Eareckson Tada wieder mit olympischer Anmut springen und tanzen. Und was meine Überlegungen über Kirchenmusik angeht, die ich an den Anfang dieses Kapitels stellte, versuche ich von C. S. Lewis zu lernen, der über die (anglikanische!) Kirche Folgendes schrieb:

> »Ich mochte ihre Choräle überhaupt nicht, sie kamen mir wie fünftklassige Gedichte zu sechstklassiger Musik vor. Aber als ich darüber nachdachte, begriff ich, dass darin ihr großes Verdienst lag ... Ich verstand, dass die Choräle (die ja nur sechstklassige Musik waren) trotzdem mit Andacht und zur Erbauung von einem alten Heiligen mit quietschenden Stiefeln in der gegenüberliegenden Bank gesungen wurden, und dann merkt man, dass man nicht würdig genug ist, um diese Stiefel zu putzen. Das rettet mich davor, mir etwas darauf einzubilden.«

42
Lieber Mr. Chicken, bitte schicken Sie Geld!

Einen Monat sammelte ich alle Spendenaufforderungen, die ich mit der Post bekam, in einem großen Pappkarton. Dann leerte ich ihn und zählte, wie viele Sendungen bei mir eingegangen waren: zweiundsechzig Bitten um eine Spende im Gesamtgewicht von etwa dreieinhalb Pfund. Das machte mir Angst. Wenn ich nicht sofort zu Hilfe kam, könnte die Welt in der nächsten Woche in sich zusammenstürzen.

Zunächst las ich die Briefe von politischen Organisationen, eine bunte Mischung aus fingierten Meinungsumfragen und Telegrammen. Der politische Erfolg von Jesse Helms und Strom Thrumond alarmierte die liberalen Politiker, während sich die Konservativen vor allem wegen Bill Clinton und Genossen Sorgen machten.

Dann kam eine Reihe von Spendenanfragen von Umweltgruppen (darunter auch meiner Lieblingsorganisation »Freunde des Moschusochsen«). Wenn ich nicht eingreife, werden Bergleute und Holzfäller die letzten unberührten Flecken Alaskas zerstören, die Zebramuscheln werden den Michigansee verschlucken und die gewaltigen alten Wälder werden den Kettensägen zum Opfer fallen. (Wie viele junge Wälder müssen wohl sterben, um das Papier für die Spendenkampagnen zu liefern, die die alten Wälder retten sollen?)

Die restlichen Briefe, mehr als zwei Drittel der Gesamtzahl, kamen von religiösen Organisationen. Vor einigen Jahren spendete ich einer Gruppe Geld, die sowjetische Dissidenten unterstützt und zufällig jüdisch ist. Jetzt gehört Simon Wiesenthal zu meinen treuesten Korrespondenten, und ich bekomme auch Bittbriefe von obskuren jüdischen Organisationen. Lassen Sie einmal den folgenden Brief von Richter Wapner auf sich wirken, der heute das Nationale Institut für jüdische

Hospize vertritt: »Sind Sie jemals auf einem kalten Krankenhausflur an einer armen alten Seele auf einem Rollbett vorübergegangen? ... Ihre bleichen Wangen sind eingesunken, ihr Haar weiß und leblos, ihre Knochen fast ohne Fleisch.«

Ich bekomme auch Bittbriefe von katholischen Orden. Das Passionisten-Kloster versicherte mir, dass für einen Mindestbeitrag von zehn Dollar die Namen von zwölf mir lieben Menschen, die jetzt im Fegefeuer sitzen, in einer besonderen Messe zu Allerseelen verlesen werden. Ich hätte auch den »Dienern des Parakleten« Geld senden können, um zur Rehabilitierung von gefallenen Priestern und Brüdern beizutragen – offenbar eine wachsende Industrie.

Der weitaus größte Stapel aber trug als Absenderangabe irgendeine evangelikale Organisation. Als Erstes fiel mir auf, dass sie den Bittbriefen aller anderen frappierend ähnlich waren: dieselben fingierten »Expresstelegramme« mit dem roten »Dringend!«-Aufdruck, dieselben P.S., in blauer Tinte unterstrichen, dieselben Appelle, dass sich der Wert meiner Spende verdoppelt, wenn ich innerhalb von zehn Tagen antworte. Wahrscheinlich besuchen diese Burschen alle dieselben Werbeseminare.

Ein Redakteur des *Time*-Magazins rechnete einmal aus, dass ein kompletter Werbebrief im Direkt-Mailing etwa sechsundzwanzig Cent kostet, Porto und Kauf der Adressenlisten eingeschlossen. Die Kosten steigen, wenn im Brief die Anrede eingedruckt wird »Lieber Mr. Yancey«. Diese Personalisierung ist im Übrigen keine exakte Wissenschaft. Mein Nachbar, der einen Schnellimbiss mit dem Namen »Popeyes Hähnchen« besitzt, bekommt Briefe, in denen er mit »Lieber Mr. Hähnchen« angeredet wird. Und im Hauptquartier der »Gemeinde Gottes« traf einmal ein Brief ein mit der Anrede »Liebe Frau Gottes«.

Viele Leute wissen nicht, dass, wenn eine Organisation Adressenlisten kauft, um neue Spender zu gewinnen, nur etwa einer von hundert reagiert. Deshalb kostet es sie möglicherweise sechsundzwanzig Dollar, bis sie ihre erste Fünfundzwanzig-Dollar-Spende in der Hand hält. Der *»Time«*-Redakteur schickte, boshaft wie er war, Organisationen, mit deren Zielen er nicht übereinstimmte (zum Beispiel der Amerikanischen Schusswaffen-Vereinigung), eine Fünf-Dollar-Spende, nur um mitzuerleben, wie sie ein Vielfaches dieses Betrages aufwandten, um ihm noch mehr Geld aus der Tasche zu ziehen.

Ich halte nicht viel von dieser cleveren, aber verschwenderischen Methode, und ich versuche, nicht allzu zynisch über das Spendensammeln zu denken. Schließlich habe ich selbst Spendenbriefe geschrieben, und ich verstehe gut, dass eine Organisation Kontakt zu ihren Spendern aufbauen und halten muss. Der Grund, warum ich so viele Bittbriefe erhalte, liegt ja gerade darin, dass ich gewissen Organisationen, die ich für unterstützungswürdig halte, Spenden zukommen lasse.

Aber wann ist es wirklich genug? Nachdem ich nacheinander zweiundsechzig Bittbriefe durchgelesen hatte, war ich hauptsächlich von dem Schnickschnack beeindruckt, den sie sich hatten einfallen lassen. Eine Gruppe, die Geld für Bibeln in Russland sammelte, hatte einen auffälligen roten Stempel mit dem Text »Genehmigt: die russische Regierung« auf den Umschlägen aufgedruckt. Ein christlicher Fernsehsender versprach mir ein Wunder, falls ich eine Siebener-Schnapszahl-Summe einzahlte, 7,77 $, 77,77 $ oder sogar 777,77 $. Der Spender der größten Summe sollte sogar ein gerahmtes Originalblatt einer Bibel von 1564 bekommen. Einer meiner Freunde schrieb dem Sender zurück und schlug vor, dass sie ihm eine entsprechende Spende zukommen lassen sollten, damit Gott sie selbst mit den versprochenen Segnungen belohnen würde.

Ich hatte bereits eine beachtliche Sammlung von Videobändern zusammengetragen, auf denen verschiedene Missionsgesellschaften ihre Tätigkeit vorstellen, bevor ich schließlich klein beigab und mich entschloss, einen Videorecorder zu kaufen. (Zu meiner Enttäuschung liefen die meisten Bänder nur zehn Minuten lang, so dass ich sie nicht wiederverwenden konnte.) Eine dieser Organisationen schickte mir einen Scheck über 1500 Dollar. Leider musste ich entdecken, dass dieser Scheck nicht auf mich ausgestellt war, sondern auf die Organisation, die ihn mir geschickt hatte und so auf die Dringlichkeit ihres Anliegens aufmerksam machen wollte. »Dieser Faksimile-Scheck ist nur dann gültig, wenn er von einem Scheck über die gleiche oder eine größere Summe begleitet wird, ausgestellt von Mr. und Mrs. Philip D. Yancey.«

Eine Missionsgesellschaft brüstet sich damit, dass sie niemals direkt um Geld bittet. Es ist aber schon seltsam, wie oft sie mir per Brief ihre Gebetsanliegen mitteilt und mich bittet, für die Summe von sagen wir 16.000 Dollar zu beten, die sie unbedingt bis zum 1. März benötigt.

Ich habe die größte Hochachtung vor der OMF, der Nachfolgerin der alten China-Inland-Mission, die sich tatsächlich verpflichtet hat, niemals um Spenden zu bitten. Es dauerte einige Wochen, bis ich ihre Adresse ausfindig gemacht hatte, und ich habe von ihnen noch keinen einzigen Bittbrief erhalten!

Spendenkampagnen scheinen den Brennpunkten der Tagespolitik zu folgen, und es sieht so aus, als wären der Mittlere Osten und Afrika an die Stelle von Osteuropa getreten, was die großen Krisenherde betrifft. Vor ein paar Jahren bat man mich noch, bei der Verteilung von Bibeln auf dem Roten Platz zu helfen und AIDS-Kinder in Rumänien zu retten, heute bittet man mich, Flüchtlinge im Sudan und in Ruanda zu unterstützen und die Übersetzung einer Kinderbibel ins Arabische zu fördern (»Genaue Ortsangaben können nicht gemacht werden, weil diese Informationen das Leben unserer Mitarbeiter gefährden«).

Ein Brief der Amerikanischen Lepra-Mission rief bei mir Mitgefühl hervor, aber möglicherweise nicht aus den Gründen, die die Absender beabsichtigt hatten: Diese Organisation, die so treu gegen ein so altes Problem kämpfen musste, tat mir Leid. Es gibt zwölf Millionen Leprakranke auf der Welt, aber dieses Leid schafft es nie, in den Katalog der am meisten Aufsehen erregenden Katastrophen zu kommen. Das bringt auf ein anderes Problem. Jede Organisation, die in der Entwicklungshilfe tätig ist, wird Ihnen erzählen, dass ein Kanalisationssystem und die Versorgung mit sauberem Wasser weitaus größere Auswirkungen auf die Gesundheit haben, als überhastet Ärzte und Medikamente in ein Krisengebiet zu schicken. Aber versuchen Sie einmal, Geld für ein Kanalisationssystem zu sammeln!

Um mir Klarheit über diese Fragen zu verschaffen, schlug ich 2. Korinther 8 bis 9 auf und las den längsten Spendenappell der Bibel. Er ist ein Meisterstück der Diplomatie und des sanften Drucks. Der Apostel Paulus überhäuft die freigiebigen Mazedonier mit Lob, um den Wettbewerbsinstinkt bei seiner Zielgruppe, den Korinthern, zu wecken. Er stellt ihnen das Beispiel Jesu vor Augen: »Obwohl er reich ist, wurde er doch arm um euretwillen.« Er lobt die Korinther im Voraus für die Spende, die sie geben werden.

Allerdings bin ich hier auf etwas Seltsames gestoßen. Ich habe in diesen Kapiteln vergeblich nach dem Grund gesucht, weshalb die Korinther spenden sollten. Paulus richtet die Aufmerksamkeit nicht auf die Juden, die unter der Hungersnot rund um Jerusalem zu leiden haben (Römer 15,25), sondern auf die Geber, denen es gut geht. Er unterstreicht nicht die Bedürftigkeit der Empfänger (verhungernde jüdische Kinder in der Wüste), sondern die Tatsache, dass die Gläubigen in Korinth geistlich gestärkt worden sind.

In diesem Abschnitt des Paulusbriefs stammt die einzige drängende Bitte von anderen Spendern, die »uns mit vielem Zureden gebeten [haben], dass sie mithelfen dürften an der Wohltat und der Gemeinschaft des Dienstes für die Heiligen«. Was macht das Geben zum Vorrecht? Paulus lobt das Geben als geistliche Disziplin, die die Aufrichtigkeit der christlichen Liebe zeigt, in die Fußstapfen Christi tritt und den Herrn selbst ehrt. Und schließlich legt Freigiebigkeit auch ein großartiges Zeugnis vor den Augen der Welt ab: »Denn für diesen treuen Dienst preisen sie Gott über eurem Gehorsam im Bekenntnis zum Evangelium Christi und über der Einfalt eurer Gemeinschaft mit ihnen und allen.«

Einen fröhlichen Geber hat Gott lieb, nicht einen zögerlichen, verkündet Paulus in diesem Abschnitt. Kein Wunder. Wenn wir erst verstanden haben, dass es uns selbst und nicht nur den Empfängern gut tut, wenn wir geben, können wir uns ein fröhliches Grinsen nicht verkneifen. Geben macht uns – wie die Liebe – nicht kleiner oder ärmer, denn der Segen fällt auf den glücklichen Geber zurück. Paulus drückt es so aus: »Er wird wachsen lassen die Früchte eurer Gerechtigkeit.«

Als ich diesen Paulusbrief durchgelesen hatte, wandte ich mich wieder den zweiundsechzig Spendenbriefen zu. Nicht ein einziger ging darauf ein, dass ich als Christ Gott ehren und ihm gehorchen müsste, um sein Gebot zu erfüllen. Die Gegenleistungen, die mir in Aussicht gestellt wurden, waren sehr weltlicher Art: ein Fotokalender, die Erwähnung meines Namens in einer Spenderliste, eine Auflistung im Jahresbericht, ein Gratisbuch im Wert von 14 Dollar 95.

Wer hat also Recht: die Experten von Spendenkampagnen, die glauben, dass sich amerikanische Christen viel zu sehr um sich selbst drehen, um auf solch hochherzige Appelle zu reagieren, oder der Apostel Paulus, der jede einzelne Regel brach, die jemals von diesen Experten aufgestellt wurde? Wenn wir nur die Spendenlisten aus Korinth hätten ...

43
Treibjagd unter Brüdern

Einmal im Jahr treffe ich mich mit zwanzig anderen christlichen Schriftstellern, um mich intellektuell und geistlich anregen zu lassen. Freiberufliche Schriftsteller haben keine Kollegen, mit denen sie tagaus, tagein das Büro teilen, und deshalb treffen wir uns regelmäßig, um uns gegenseitig zu unterstützen und Mut zu machen.

Die Unterhaltung im Speisesaal dreht sich von Fragen wie »Was liest du im Augenblick?« bis hin zum Klatsch über die Verlagswelt. In letzter Zeit hing allerdings eine Wolke über unseren Gesprächen. Einige von uns hatten unter bösartigen Angriffen zu leiden – und zwar nicht vonseiten der säkularen Humanisten oder fundamentalistischer Muslime, sondern von Mitgliedern der christlichen Gemeinschaft.

Karen Mains Karriere als Schriftstellerin und Moderatorin wurde von einem Boykott gefährdet, weil einige Christen in ihrer Schilderung des Traumlebens Einflüsse von C. G. Jung wahrzunehmen glaubten. Außerdem warfen ihr Kritiker vor, katholische Schriftsteller wie Julian von Norwich zu zitieren und katholische Gäste zu ihren Radio- und Fernsehsendungen einzuladen.

Eugene Peterson ist in das Schussfeld eines selbst ernannten Sektenwächters geraten, weil er in seiner Nacherzählung des Neuen Testaments das »Wort Gottes verzerrt«. Richard Foster hatte es gewagt, in einem seiner Bücher über geistliche Übungen den Begriff »Meditation« zu erwähnen, wodurch er in Verdacht geriet, der New-Age-Bewegung nahe zu stehen. Madeleine L'Engle wurde aufgrund der gleichen Kriterien mitten im New-Age-Lager angesiedelt. Interessierte sie sich nicht für moderne Physik und fantastische Literatur, schrieb sie nicht über Zeitreisen und bekannte sich öffentlich dazu, das »Jesus-Gebet« zu sprechen, wie es von einem russischen Mystiker empfohlen wurde?

Auch andere Schriftsteller, die nicht persönlich anwesend waren, wurden zur Zielscheibe ähnlicher Angriffe. Tony Campolo war einer Schmierenkampagne zum Opfer gefallen, in der einige Christen skurrile Pamphlete gedruckt und sie als Veröffentlichung eines Homosexuellenverbandes ausgegeben hatten, um Campolo in das denkbar schlechteste Licht zu rücken. Chuck Colson erzählte mir, dass der hässlichste Brief, den er jemals erhalten hatte, von einer Gruppe von Christen kam, nachdem er den Templeton-Preis für Fortschritt in der Religion entgegengenommen hatte. »In den Tagen der Watergate-Affäre gingen unsere Brüder weit weniger barmherzig mit uns um als die säkularen Medien«, sagte er. Was für ein vernichtendes Urteil! Und ein anderer Schriftsteller erzählte mir, dass sich ein christlicher Buchgroßhändler weigerte, in Frankreich ein Buch auszuliefern, das Zitate von C. S. Lewis enthielt, der offenbar posthum auf die Liste der erbitterten Gegner des christlichen Glaubens gesetzt wurde.

Ich räume freimütig ein, dass ich nicht jedes Wort, das von diesen Menschen geäußert wurde, gehört oder gelesen habe. Vielleicht haben sie das eine oder andere gesagt, das man sich genauer ansehen oder sogar kritisieren sollte. (Als Schriftsteller weiß ich, wie leicht man etwas zu Papier bringt, das man später bedauert.) Was mich aber nachdenklich macht, ist der bösartige Ton dieser Angriffe, die von Sarkasmus und Unterstellungen strotzen. Campolo, Colson, Foster, L'Engle, Lewis, Mains, Peterson – sind das wirklich die Feinde des Himmelreichs?

Was hat die Gemeinschaft der Christen nur befallen, dass sie paranoid und schlichtweg gemein reagiert? Die Taktik einiger dieser Kritiker erinnert mich an die schlimmsten Angriffe, die von Joseph McCarthy und Carl McIntyre geführt wurden, die ich damals, als ich im Südstaaten-Fundamentalismus aufwuchs, zu meinen Helden erkoren hatte. Erst viel später begriff ich, dass ihre Verschwörungstheorien einem Kartenhaus glichen, das man auf Gerüchten, Hörensagen und instinktiven Schuldzuweisungen errichtet hatte.

Heute sehe ich die gleiche Dynamik am Werk. Beispielsweise hörte ich einmal eine USA-weit ausgestrahlte Sendung, in der mir unter dunklen Anschuldigungen vorgeworfen wurde, 1993 an der *Chicago Declaration II*–Konferenz teilgenommen zu haben, auf der Bücher verkauft wurden, »die fröhlich davon sprachen, Voodoo-Praktiken in die Abendmahlsfeier einfließen zu lassen«. Ich fand diesen Bericht höchst interessant, denn ich hatte erstens kaum von dieser Konferenz gehört und zweitens den betreffenden Monat ganz und gar in Australien und Neuseeland verbracht, also auf der anderen Seite der Weltkugel.

Was tun wir einander an? In der letzten Nacht vor seinem Tod sprach Jesus das großartige Gebet, das im Johannesevangelium aufgezeichnet ist, in dem er Gott vor allem um die Einheit seines Leibes bat, »damit die Welt glaube, dass du mich gesandt hast«. Machen wir uns heute über dieses Gebet lustig? Welche Botschaft senden wir damit in die Welt hinaus, die uns beobachtet?

Natürlich sind wir Gott Rechenschaft schuldig, was die Einhaltung von biblischen und moralischen Prinzipien angeht. Ich mache mir aber Sorgen, wie viel Energie wir aufbringen, Glieder des Leibes Christi anzugreifen. Diese Kampagne bindet viele Kräfte, die wir eigentlich einsetzen sollten, um unsere Hauptaufgabe, die Verkündigung des Evangeliums, zu erfüllen. Und sie bestärkt die schlimmsten Befürchtungen der Kritiker über den Zustand der Kirche.

Vor einiger Zeit las ich einige Biografien über den Evangelisten Billy Graham, und ich staunte darüber, wie er mit der Opposition umging. Graham wurde in den Tagen McCarthys und McIntyres bekannt. Man zerfleischte ihn, weil er Katholiken zu Gesprächen einlud, mit John Kennedy zum Golfspielen ging, sich mit Juden und liberalen Christen traf und in kommunistische Länder reiste. All diesen Vorwürfen begegnete er mit sanften Worten, Demut und Freundlichkeit. Schließlich war es dieser Geist, der wie ein Schirm die gesamte evangelikale Bewegung beschützte und dazu beitrug, dass sie sich weiterentwickeln konnte. Wie wird es mit dieser Bewegung weitergehen, wenn Grahams Frieden stiftender Geist nicht mehr da ist?

Als ich darüber nachdachte, wie McCarthys Methoden heute im Leib Christi wieder um sich greifen, fiel mir ein Leitartikel ein, der vor über zwei Jahrzehnten in *»The Wittenberg Door«* abgedruckt wurde. Er erzählte von einem Kinderferienlager in den Wäldern Kaliforniens.

Nachdem die Jungen sich mit wilden Geschichten vom Kinder fressenden »Bigfoot« Angst gemacht hatten, der in den Wäldern sein Unwesen trieb, gingen sie gegen drei Uhr morgens in ihrem überfüllten Zehn-Mann-Zelt schlafen. Ein paar Stunden später wachte einer der Jungen mit einer vollen Blase auf und kletterte zum Eingang, hatte aber zu viel Angst, den Reißverschluss aufzuziehen und nach draußen zu gehen. Als die anderen Jungen am nächsten Morgen erwachten, entdeckten sie, dass ihre Schlafsäcke in Urin getränkt waren. Der Junge hatte sich vor dem wirklichen Feind, dem Monster da draußen, so sehr gefürchtet, dass er schließlich seine Freunde beschmutzte.

Die Zeitschrift wandte diese Geschichte auf Spaltungen innerhalb der Kirche an, und diese Analogie gilt heute mehr denn je. Hat uns die zunehmend gewalttätige und heidnische Gesellschaft so eingeschüchtert, dass wir darüber vergessen, dass sich die wahren Feinde außerhalb, nicht innerhalb des Zelts befinden?

Es ist an der Zeit zu begreifen, dass unterschiedliche Auffassungen nicht zur Spaltung führen müssen. Es ist an der Zeit, uns daran zu erinnern, dass Jesus die *Liebe*, nicht theologisch oder politisch korrekt formulierte Aussagen, als das Kennzeichen eines Christen herausstellt. »Daran wird jedermann erkennen, dass ihr meine Jünger seid, wenn ihr Liebe untereinander habt.«

Einmal lernten die Jünger Jesu von einem »Außenstehenden«, wie man sich für das Reich Gottes einsetzt. »Wir wehrten ihm, denn er folgt dir nicht nach mit uns«, berichteten sie Jesus. Es lohnt sich darüber nachzudenken, was Jesus ihnen erwiderte: »Wehrt ihm nicht! Denn wer nicht gegen euch ist, der ist für euch.«

44
Am Jüngsten Tag

Jedes Jahr vor dem Osterfest wenden sich meine Gedanken den Ereignissen der einen Woche zu, die für Jesus die schrecklichste und die schönste seines Lebens auf der Erde war. Palmsonntag, das letzte Abendmahl, Karfreitag, Ostersonntag – all diese Ereignisse haben ihren festen Platz im Kirchenjahr. Eine Begebenheit aber steht in auffälligem Gegensatz dazu, nämlich die Rede über die Endzeit (Lukas 21; Markus 13; Matthäus 24).

Einer der Jünger hatte gerade eine Bemerkung über die massiven Steine des herodianischen Tempels gemacht: »Ganz schöne Felsbrocken!« – die Art von beiläufigem Kommentar, die man von jedem Pilger mit losem Mundwerk, der in der großen Stadt zu Besuch war, hätte hören können. Aus dem Nichts setzt Jesus zu einer seiner längsten Reden an, eine Mischung von verstörenden Bildern und Kommentaren darüber, was auf die Jünger und den Planeten Erde zukommen wird.

Die großen Steine werden in sich zusammenfallen – jeder einzelne, sagt Jesus. Mehr noch, Erdbeben und Hungersnöte werden kommen, Sterne vom Himmel fallen, Sonne und Mond werden sich verdunkeln. »Bittet aber, dass eure Flucht nicht geschehe im Winter oder am Sabbat. Denn es wird dann eine große Bedrängnis sein, wie sie nicht gewesen ist vom Anfang der Welt bis jetzt und auch nicht wieder werden wird.«

Ich kann mir lebhaft vorstellen, wie die Jünger, noch begeistert vom triumphalen Einzug in Jerusalem und beeindruckt von der Tempelreinigung, sich verwundert anblicken. Was geht hier vor?

Bibelkommentare gehen im Allgemeinen auf die Einzelheiten der Rede ein: die Bedeutung des unvergleichlich düsteren Ausdrucks »Gräuelbild der Verwüstung«, die Identifizierung der falschen Propheten und des Messias, die genauen Vorzeichen, die der letzten Nacht der Welt vorangehen werden. Wenn ich die Worte Jesu lese, fasziniert mich vor allem ihre emotionale Kraft, nicht so sehr die Einzelheiten. Die Endzeitrede mit ihren prophetischen Worten hat mehr mit der rechten als der linken Gehirnhälfte zu tun. Sie bietet aufschlussreiche Hinweise auf die Gefühlslage Jesu, wie sie kurz vor seinen eigenen traumatischen Erfahrungen aussah.

Zunächst einmal scheint in dieser Rede, die er kurze Zeit vor seiner Verhaftung und Folter hielt, natürlich seine *Angst* durch. Auf seltsame Weise tröstet es mich, wenn ich lese, dass Jesus auf Schmerzen etwa so reagierte wie ich: Er fürchtete sich und wollte weglaufen. Er betete nicht: »Danke, Vater, dass du mir die Gelegenheit schenkst zu leiden«, sondern: »Lass diesen Kelch an mir vorübergehen«. Dreimal bat er den Vater darum, und als er betete, fiel sein Schweiß wie Blutstropfen auf die Erde. Der Hebräerbrief fügt hinzu, dass Jesus »Bitten und Flehen mit lautem Schreien und mit Tränen« Gott darbrachte (Hebräer 5,7). Aber Jesus würde nicht vom Tod errettet werden, und dieses Wissen muss auf dem Ölberg in ihm wie eine Zeitbombe getickt haben.

Hinter den Worten Jesu nehme ich auch *Erbarmen* wahr. »Flieht ins Gebirge«, ruft er aus. »Weh aber den Schwangeren und den Stillenden in jenen Tagen!«, seufzt er. Die Romanschriftstellerin Mary Gordon erinnert sich, wie sie in ihrer Pubertät diese Worte zum ersten Mal in der Kirche hörte. Sie fühlte sich sofort zu Jesus hingezogen, weil er sich um Frauen sorgte und kümmerte. »Ich wusste, dass ich Kinder haben wollte. Ich spürte, dass diese Worte für mich bestimmt waren. Heute denke ich manchmal: Wie viele Männer würden die Schwierigkeiten, die Schwangerschaft und Stillen mit sich bringen, in ihre Überlegungen einbeziehen?« Jesus ist ihrer Meinung nach »der einzige liebevolle und Anteil nehmende Held der Weltliteratur«.

Das mitfühlende Erbarmen, das Jesus seinen Jüngern entgegenbringt, schimmert auf düstere Weise durch. »Dann werden sie euch der Bedrängnis preisgeben und euch töten«, sagt er ihnen und schildert die dunkle Zukunft, die auf sie wartet, Folter und Demütigung. Wenn ich diese Worte lese, muss ich jedes Mal an eine grauenvolle Szene aus dem Roman *»Silence«* (»Stille«) von Shusako Endo denken. Ein portugiesischer Missionar muss gefesselt mit ansehen, wie Samurais japanische Christen foltern, einen nach dem anderen, und sie schließlich ins Meer werfen. Sie haben geschworen, Christen umzubringen, bis der Priester seinem Glauben abschwört. »Er war in dieses Land gekommen, um sein Leben für andere Menschen hinzugeben, aber stattdessen opferte ein Japaner nach dem anderen sein Leben für ihn.«

Was muss Jesus empfunden haben, als er mit klarem Blick die schrecklichen Konsequenzen seines Wirkens sah, und zwar nicht nur für sich selbst, sondern auch für seine besten Freunde, ein kleines und mutloses Häuflein? »Es wird aber ein Bruder den andern dem Tod preisgeben und der Vater den Sohn ... Ihr werdet gehasst werden von jedermann um meines Namens willen.«

Schließlich entdecke ich in der Endzeitrede auch einen kaum hörbaren Nachhall der Vorfreude: »Und dann wird erscheinen das Zeichen des Menschensohns am Himmel. Und dann werden ... alle Geschlechter ... sehen den Menschensohn kommen auf den Wolken des Himmels mit großer Kraft und Herrlichkeit.« In kraftvollen Worten schildert er den kosmischen Aufruhr, der das Ende der Welt ankündigt.

Wenn wir die geheimnisvollen Abschnitte der Bibel lesen, in denen es um die Endzeit geht, verwirrt uns das manchmal mehr, als es uns tröstet. Aber wenn ich die Worte Jesu im Zusammenhang lese, die er nur Tage vor seinem Tod weitergab, kann ich besser verstehen, warum sie in die Bibel aufgenommen wurden und warum Jesus sie aussprechen musste. Er, das Lamm, das sein Leben hingibt, kann die eingeschüchterten und ängstlichen Jünger nicht zurücklassen, ohne ihnen einen Blick in die Zukunft zu ermöglichen. Er verspricht ihnen: Das Lamm wird wiederkommen, und dieses Mal in Macht und Herrlichkeit, und Jesus wird dem Kampf, der seit Eden nicht aufgehört hat, ein Ende setzen – genau dem Kampf, unter dem seine geliebten Jünger zu leiden haben.

In der Offenbarung findet sich der widersprüchliche Ausdruck »Zorn des Lammes«, um dieses in der Zukunft liegende Ereignis zu beschreiben. Die Schöpfung wird sich noch ein letztes Mal in Krämpfen winden, wenn das Böse ausgetrieben wird. Dann werden Pilatus,

Herodes, Kaiphas und alle, die ihrem Beispiel folgten, genau das bekommen, was sie verdienen. Und das gilt für uns alle.

Es muss für Jesus eine schreckliche Bürde gewesen sein, die Zukunft zu kennen, wenn auch nicht in allen Einzelheiten. In der Endzeitrede, die er in den letzten Wochen seines Lebens hielt, gibt Jesus diese Bürde an uns weiter. Vieles bleibt verborgen und unklar. Er sagt gerade genug, damit wir wachsam bleiben und die Hoffnung behalten.

»Was wäre, wenn dies die letzte Nacht der Welt wäre?«, fragt John Donne in einem düsteren Sonett. Furcht, Erbarmen, Vorfreude – zusammengenommen können uns diese drei widerstreitenden Gefühle helfen, uns auf diesen Tag vorzubereiten.